U0060612

思想觀念的帶動者

文化現象的觀察者

本土經驗的整理者

生命故事的關懷者

# Psychotherapy

探訪幽微的心靈，如同潛越曲折逶迤的河流
面對無法預期的彎道或風景，時而煙波浩渺，時而萬壑爭流
留下無數廓清、洗滌或抉擇的痕跡
只為尋獲真實自我的洞天福地

心靈工坊
|PsyGarden|

*A Teaching Seminar with Milton H. Erickson*

# 跟大師學催眠
## 米爾頓‧艾瑞克森治療實錄

傑弗瑞‧薩德 Jeffrey K. Zeig, Ph.D.——著

朱春林、朱恩伶、陳建銘、秘魯等——譯

王浩威——策劃、審閱

# 目錄

獻給馬丁・傑弗瑞・薩德夫婦（Mr. and Mrs. Martin J. Zeig）


探索每一生命，總會引發一些困惑……也帶來一些啟發。

我的聲音將隨你到各處，化成你的父母、你的老師、
你的玩伴的聲音，也化成風和雨的聲音。



——米爾頓・艾瑞克森醫生（Milton H. Erickson, M.D.）

# 敞徉於艾瑞克森宇宙的最佳起點

黃天豪

華人艾瑞克森催眠治療學會理事長、
新田、初色心理治療所首席顧問臨床心理師

在當代心理治療的領域中，米爾頓‧艾瑞克森醫師被譽為「現代醫療催眠之父」，他獨特的方法與卓越的成就，影響了許多心理專業人士。而傑佛瑞‧薩德博士所編著的《跟大師學催眠》一書，是認識和學習這位大師的絕佳起點。

這本書提供了米爾頓‧艾瑞克森教學研討會的詳盡記錄。透過書中的內容，我們有機會了解到艾瑞克森的方法和技巧，以及他對於個體發展與心理治療的深度洞察。書中提及的諸多案例，讓我們得以一窺這些思想的具體樣貌。例如，我們可以從艾瑞克森身上學到，如何真正聽見案主的語言──包括所有說出口與未說出口的話語（頁 97，搭機恐懼症）；如何為案主量身訂做、個別化每一次的心理治療（頁 164，黎巴嫩男孩）；如何順勢而為，運用案主的症狀（頁 176，神經性厭食症）；以及將案主呈現出來的所有身心狀態，化為治療資源的方式（頁 236，乳癌末期）……。我無意將本書所有案例列出成為目錄。事實上，每一個案例也絕不只有一種看待的方式，在此列出的例子，只是弱水三千的一瓢。

但就算僅只是一瓢，也足以讓人品味再三。

讓我進一步為各位讀者介紹艾瑞克森的「一瓢」，如何形成獨特的「艾瑞克森宇宙」。這本書中記載的教學研討會，發生在1979年7月30日到8月4日。星期二這天，有個名為「莎莉」的女士遲到了，艾瑞克森直接運用她的遲到，開啟一段催眠引導示範（從本書頁119開始）。難得的是，在1980年1月30日與2月3日，薩德博士與艾瑞克森針對這段催眠引導，做了五個小時的詳細討論（約莫在該次教學研討會半年之後，而艾瑞克森醫師在3月25日，也就是再過不到兩個月，便因急性感染過世。）這是非常難得的機會，因為艾瑞克森極少評論自己的治療。這些討論的內容，收錄在本書的｜附錄一｜。在2002年10月，薩德博士又針對這段治療與討論，增添了新的評論與解析，並拍攝剪接成「處理阻抗（Working with Resistance）」這部教學影片，讀者們可以在艾瑞克森基金會的網站購買這部影片觀看。而這些新的評論解析內容文字稿，又收錄在薩德博士另一本書，《喚醒式治療》的第二章。

　　其實，單單這段影片與這些解析內容，我已經看了不下十次。也正因為如此，我愈發理解為何薩德博士要針對這些影片再三回顧評論。在艾瑞克森晚年的這些教學研討會中，他已經融合畢生功力，進入無招勝有招的境界。我們有幸活在各種「紀錄工具」（錄影、錄音）已經發明的年代，故而透過「回看」與「解壓縮」的過程，真的能得到極為豐富的收穫。薩德博士在前言中提到：「如果你能因此知道艾瑞克森所為的50%，你一定是個非常敏銳的觀者與聽者。」也許我們無法一次知道艾瑞克森所為的50%，但我相信多看幾次，終能累積出超過50%的理解。

　　這本書的價值，不僅體現在對心理專業人士的專業發展上，同

# 信手捻來的人性觀察

張忠勛

華人艾瑞克森催眠治療學會理事、
《讓潛意識說話：催眠治療入門》共同作者

　　正和家人在日本旅遊，收到心靈工坊來信邀約替薩德老師的書籍全新修訂版寫序，欣聞老師的書籍重新出版，當然立刻一口答應。但是回臺灣之後，仔細思索，這才驚覺到要寫什麼才能真正描繪出本書的價值，這是一個難題。

　　腦海中盡是浮現出和薩德老師相處的時光：還記得當年為了進一步了解艾瑞克森的治療取向，特別參加薩德老師第一次在臺灣開的課程。

　　整個課程中滿是驚喜，在治療示範中，薩德老師穿著有笑臉的襪子，翹著腳有意無意地摸著襪子，彷彿在引導你生活中無處不是樂趣，加上老師提到：治療師本身就是最重要的治療工具，艾瑞克森會在引導個案時，一邊說著：你可以聽到我的聲音在你的左邊、在你的右邊、在你的四周……然後一邊切換自己說話的位置，當事人聆聽到的就是忽左忽右極具變化的聲音。這就像一個剛學基本拳法的入門小弟子，突然聽到無上武功心法一樣，開啟了一個新天地。這讓我想到了一個故事……

　　從前有個國王，他有三個聰明伶俐的女兒。有一天，國王驚覺

自己年歲已高，到了該世代交替的時候。國王就出了個題目，讓三個女兒回答。他要三位公主形容她們對國王的愛，說得最好的，就把王位傳給她。

大公主清了清喉嚨，說道：「父王啊！您就像是黃金一樣，尊貴又氣派！」

國王點了點頭，接著二公主說了：「父王，您就像是鑽石一樣，閃亮又高雅！」

國王更滿意了，微笑地看著小公主，滿心期待他最心愛的小女兒會說出什麼樣的內容。

小公主一臉嚴肅地說：「我親愛的父親，您對我就像鹽巴一樣，無比重要！」

國王不可置信地要小公主再說一次，小公主不慌不忙重複了同樣的內容。

國王的神情由詫異轉為憤怒，他不能理解為什麼小公主是用這樣廉價的東西來形容自己。震怒之下，國王把小公主驅逐出了王宮。

聰明又善解人意的小公主在流浪中遇到了鄰國的王子，兩人墜入愛河，最後小公主成了鄰國的皇后。

王子知道當年小公主被驅逐出王國的故事後，希望能夠改善小公主和國王的關係，於是邀請了老國王來作客。

小公主事先告訴御廚，宴會裡所有的菜色都不能加鹽巴調味。御廚滿臉驚訝，只能依命行事。

宴會上，所有賓客看著滿桌的美食，各個食指大動。大家迫不及待地把美食送入嘴巴，卻很快吐了出來，紛紛抱怨道：「怎麼那

麼難吃？沒有味道能吃嗎？」

在眾人抱怨中，只見老國王流下眼淚，賓客們紛紛看向老國王。老國王哽咽地說：「當年，我以為小女兒用鹽巴形容我是一種貶抑，現在我才真正知道，看似平凡卻又不可或缺的鹽巴有多重要啊！」

這時，已經身為皇后的小公主推開大門，走進宴會廳，並高喊著：「父親！」老國王驚喜地看著自己心愛的小女兒，兩人立刻擁抱起來，父女終於重新團圓，且比以往更珍惜彼此關係了！

其實這個故事就像是我在學習心理治療的歷程一樣：國王難道不知道鹽巴的重要嗎？當然知道，但是知道是一回事，感受到又是另外一回事。過去，我一直試圖要改變個案的認知，但是當個案告訴你：「老師，我知道了。」之後，他真的會改變嗎？他真的改變了嗎？直到我遇到薩德老師。

當我們看到一部好看的電影時，我們彷彿身歷其境，融入在劇情當中，感受和劇中人一樣的緊張刺激或是悲歡離合。當我們看到一本好的小說或是聽到一首動人的音樂也是如此，對導演、作者和音樂家而言，怎麼樣讓觀眾、讀者、聽眾和自己的作品融入其中，產生共鳴，這就是他們最重要的任務。心理治療也是如此，治療師的課題在如何塑造一個情境讓個案產生感受，藉此鬆動過往僵化的行為或是思考模式。

艾瑞克森就是這樣的一位治療大師，很多人在學習艾瑞克森取向時，常常遇到的問題是：看完艾瑞克森的治療後，我要怎麼做才能像他一樣神奇？

艾瑞克森一點都不神奇，雖然他就像是武俠小說中的絕世高人

一樣，飛花落葉信手拈來，可以傷敵。這些飛花落葉都是源自於他在日常生活中對人性的觀察，他把這些觀察的心得和體悟放入，要打造出一個怎樣的情境來讓個案體驗或是感受。這也是艾瑞克森和其他心理治療學派極大的不同：他沒有要建立一個理論體系來解釋個案的問題和特定的治療方法。相反地，他就像是《笑傲江湖》中的獨孤九劍一樣，以無用之用乃為大用為原則。

　　說了這麼多，到底要如何練成無招勝有招的獨孤九劍？當然最好的方法莫過於由獨孤九劍嫡傳人風清揚老前輩來解說這套絕世神功精妙之處，就像薩德老師就是艾瑞克森治療取向最重要的學習對象！

# 二十世紀催眠治療的領導人

傑弗瑞‧薩德 Jeffrey K. Zeig

米爾頓‧艾瑞克森基金會執行長

　　我很榮幸很夠協助財團法人華人心理治療研究發展基金會將米爾頓‧艾瑞克森（Milton H. Erickson）醫生的工作帶到臺灣，他們策劃了這次的翻譯和我第一次到臺灣的工作坊。我也要感謝心靈工坊文化事業股份有限公司在出版和宣傳方面的著力。

　　米爾頓‧艾瑞克森（1901-1980）在心理治療史上是一位獨特的影響人物。雖然沒有師承於名家，他自我焠鍊而成為二十世紀催眠界的領導人物，同時也是短期心理治療的創始人。很多人主張，佛洛伊德（Sigmund Freud）的貢獻在於治療理論，艾瑞克森的貢獻在於治療實務。艾瑞克森發表在心理治療文獻的案例多過任何臨床工作者；他所發明的技術多過任何一位執業醫師，而且他的一些發明還沒被清楚闡釋。我研究艾瑞克森已經超過四十年，然而我知道從研讀他的工作當中還有很多值得學習之處。

　　艾瑞克森對心理治療的了解冠乎群倫。他是一位實用主義者，著迷於人類的韌性和無限的潛能。他探索人**如何**能改變。他不是一個試圖去描繪人**為什麼**是他們當前面貌的理論家。

　　艾瑞克森也有著令人驚奇的生命力。他承受著許多身體病痛的

折磨，包括長期的疼痛。當病人來到他面前，他們面對的是一位承受的磨難不亞於他們的人，可能還超過他們所受的。然而，他很快樂，用活著的姿態杵放他的喜悅。當他鼓勵病人去欣賞生命，和超越病痛與限制，他的病人知道他是從自己的經驗發聲。

《艾瑞克森 —— 天生的催眠大師》（*Experiencing Erickson: An Introduction to the Man and His Work*）和《跟大師學催眠 —— 米爾頓·艾瑞克森治療實錄》（*A Teaching Seminar with Milton H. Erickson*）是姊妹作，前者清楚地揭露了艾瑞克森身為一個人和一名治療師的樣貌，後者是他作為一位老師的風範。為了真正了解艾瑞克森的技術，我們需要去了解他身為一個人的樣貌；為了真正了解他的治療方式，我們需要看到他是如何教導他的學生。

艾瑞克森是一個獨特的老師。他不是一個理論和實務的線性講述者。他是一個經驗性的老師，著重在引發學生的潛力，如同他引發病人的潛力一般。他的教學類似於他的治療，兩者都根植在經驗性地引發內在資源。

我敬愛米爾頓·艾瑞克森。我從他身上所學的勝過任何其他的老師。我個人希望這些書能傳達一部分我對他的敬愛之意。也希望這些書能激發讀者的興趣，來認識這位心理治療史上最偉大的人物。

傑弗瑞·薩德博士
美國亞利桑那州鳳凰城
2004 年 4 月

# 催眠大師的教學與風範

理查‧凡戴克 Richard Van Dyck

荷蘭 Oegstgeest 催眠臨床中心荷蘭學會會長

　　雖然已有相當多的文章（編按：指英文，中文文章極少）介紹
已故的艾瑞克森博士的工作，本書仍值得大力推薦，它不但提供讀
者一個了解艾瑞克森博士的機會，還可透過其教學研討會的逐字紀
錄，盡可能親近他，直接向他學習。

　　有些人有機會實際參與艾瑞克森的研討會，但在展讀這本書時
又會發現，艾瑞克森教學的某些層面仍是前所未覺的。我會這麼說
當然有幾分把握，因為在學生心目中，艾瑞克森的教學法帶來的困
惑多於啟發，偏偏困惑又不必然適時伴隨著啟發。儘管傑弗瑞‧薩
德（Jeffery Zeig，本書作者）會在 | 前言 | （頁 27）中有所澄清，
| 附錄一 | （頁 352）也會介紹艾瑞克森如何處理研討會中有價值
的互動訊息，讀者仍會發現自己處在一個令人困惑與啟發的因果循
環中。

　　依賴「無意識學習」（unconscious learning）（就如艾瑞克森
在研討會中所做的）是非常有力又直擊要害的方法。然而，我們
必須承認，理性層面的理解就算抽象而難以言喻，仍有其魅力與
價值。讀者可以從參考傑‧海利（Jay Haley）、艾瑞克森和羅西

（Rossi）、班德勒（Bandler）與葛林德（Grinder），以及其他評註者的著作中，獲得更清楚的參考架構，以求更進一步分析艾瑞克森方法的重要精髓。如果讀者已熟悉這些著作，勢必更能欣賞艾瑞克森的研討會。

先不論這本書的價值所在，受邀寫這篇序文即是殊榮。我是藉由一個非常類似本書所介紹的研討會遇見艾瑞克森的。在遇見他之前的許多年，一些同事和我在荷蘭推展「指導式療法」（directive therapy）的短期治療方法；僅是透過他及傑·海利的著作，我們的療法便深受艾瑞克森的強烈影響。這份因緣起於凱·湯普森（Kay Thompson）在荷蘭教授催眠課程，他是艾瑞克森的舊識，我也因為他才知道艾瑞克森在健康狀況允許時仍接見訪客，湯普森教授為我寫了封引介信。出於極大好奇，也帶著敬畏的崇高敬意，我飛到了鳳凰城（Phoenix）。

除了略有所聞他的紫色世界（編按：艾瑞克森本身因視力緣故，偏愛紫色），我不知抵達時能期待什麼。第一次與他會面時最打動我的，是他簡單、友善的好奇，以及全然不知自己的重要性。艾瑞克森熱誠地歡迎我這位遠從荷蘭來的訪客，以一個故事開始了我們的討論（事後我才知道，他有意藉由那個故事來串聯我們之間興趣的共同點）。這段趣聞軼事是有關弗利然人（Frisian）世代在亞歷桑那沙漠飼養母牛，以及隨之而來必備的灌溉系統。他解釋多年前印地安人在開挖灌溉渠道時做了個結論：「你會納悶他們如何預知挖掘渠道的必要。」我不僅納悶，還困惑於該如何把他所言連結到我的造訪目的。

參加研討會後又給了我更多的納悶，學員期待的顯然是一位

不平凡的治療師，一種不尋常的教學法。艾瑞克森朝學生丟石頭，快要打到時，它忽然變成了橡皮製的石狀物。他強調：「事情不總是如它所現。」接下來，他會講個治療個案的故事，來闡述這個觀點。在初步檢視示範個案的病史時，這些相關內容似乎只是純粹的餘興節目。有些人想要更深入，以獲得「真正的教誨」，於是問個究竟，但是艾瑞克森又用另一個故事回應。更多進一步的問題帶來更多的故事，而不是讓我們消化一個故事，反芻它的意義。艾瑞克森總是開始另一個傳說，有時用笑話抓住我們的注意力，有時連過場都不著痕跡地帶過。

除了在教學時用故事開始，或結語時來個簡短、一句話的說明，艾瑞克森很少解釋要我們學的東西，這樣的方法迫使我們得自己得出結論，而且經常是令人喪氣的。這種隨之而來的困惑及些許不舒服感，是促成注意力維持在持續轉換狀態的方法之一，形成了艾瑞克森所稱的「自然催眠狀態」（natural trances），而這種自然催眠狀態正可促進無意識學習。

我帶著滿腹疑問參加研討會，但從沒發問，有些問題尚未說出口就得到答案，有些甚至超出自己能處理的範圍。回到歐洲，我開始理解在那趟行程中抓取到的訊息，這才漸漸看見研討會的結構。

最立即浮現的一個感想是：比起人們閱讀艾瑞克森相關文獻時，總理所當然地期待他的偉大，他本人卻甚少強調自己是個成功的治療師。他強調進步有時反而來自受限的生命本質，有時僅僅源於病患誠心接納，甚至肯定自己及自身症狀所帶來的改變。症狀的明顯改善並非永遠可能。聽到他說「對某些個案而言，治療師可以什麼都不做」這句話，真是一種解脫，也很安慰——即使是艾瑞克

森，也會有認為自己並不適合某位病患的時候（例如他與一位請求治療的口吃患者通信所示，頁 257）。

艾瑞克森一點也不想變成神話人物，他反而更像是滿腔熱忱的手工藝老師傅，想將多年心血得來爐火純青的技巧傳授給大家。他不急著給觀眾留下深刻的印象（這也許是他希望避免的，可是還是發生了），他更努力的，是讓我們跟上腳步，得到他認為對我們重要的東西，並且漸漸熟悉它。

他對手工藝技巧的愛好不僅見於藝術品與紀念品的收集，也可見諸於他告訴我們有關治療或催眠引導（induction）的故事中。

艾瑞克森的行事風格讓我想到受訓時認識的一位資深神經學學者，他也是同業中出色的手工藝師，難下診斷的個案通常都轉介給他。他從病患們一進診療室，就開始細心觀察。很明顯地，或許基於我們的權益，他一開始心不在焉地進行標準程序的神經檢查，忽然整個人就投入某個特定病理的問題所在，完全不必藉由其他人向來依賴的實驗室或龐雜的檢查儀器。廣博的臨床經驗讓他得以辨識出一般人前所未聞、在教科書中找不到、甚至是連他自己都不見得說得出所以然來的一些隱微徵象。他的手法如同艾瑞克森典型的那種令人迷惑的簡單；教人不禁崇拜的是，他可以不費吹灰之力就下診斷，如同艾瑞克森示範如何從病患呈現自己的方式中就能找到關鍵因素一樣。

學生千萬不要誤解這種方法的簡單，那可是很危險的。若不重視一步步蒐集資料的謹慎規則，可能會誤以為只要跟著直覺走就好。在艾瑞克森的教學故事中可以看見，他很少蒐集資料，做的是無關診斷的工作。然而他很有技巧發展出「問得很少、得到很多」

的手法，總是不引人注意地獲得所需的資訊。因此，更進一步說明艾瑞克森的診斷過程，好讓他的方法更為人可用，這是很重要的。

艾瑞克森非常重視如何運用普通精神醫學或動力心理治療所得到的不同知識。他十分仰賴有關活下去的一切知識，視其為直接體驗、也是日常經驗的核心，而這些偏偏是傳統心理學或精神病理學躊躇未前的。艾瑞克森的診斷手法包括了解個別習性、個人價值及特殊情境，這一切經常被認為對科學（所謂在每一角落都可以普遍驗證的知識體）沒有太大貢獻，可是對一個人及潛能的改變，卻是關鍵所在。艾瑞克森診斷方法的另一成分是他並非一位中立的事實蒐集者，而是困境解答的搜索者。他發展了一種特殊才能，從過去事件中可以指向未來的正向意義。從各式各樣的症狀裡，他看見了一個更美好生命如何可以有建設性地重新出發。

艾瑞克森是永遠活在我們心中的，因為他發展的方法改變了心理治療走向。當其他人集中心力分析原來系統的缺點，並找出補償之道時，艾瑞克森展現了如何發現潛能及如何將負面轉為助力的技巧。以傳統的心理治療思路而言，典型的方法是先建立一套功能為何產生障礙的理論，再將之運用到特殊個案。然而這取向的方向總是不斷出現新的問題，因為不能控制且無法預期的個別差異總是不斷出現。

艾瑞克森對於古典傳統理論並沒有太多貢獻，但他給予這一專業十分尊貴的財富——如何適應特殊情境、達到有效改變的許多珍貴事例。他將這一切事例留給別人，讓別人從他的無數經驗中建構出新的理論。艾瑞克森不像佛洛伊德與他的弟子，他並沒有將追隨者緊密連結形成學派，以保留自己的貢獻。許多不同取向的治療師

都深受艾瑞克森啟發，其中一些人因此成為他親近的朋友或同事，例如本書作者傑弗瑞·薩德就花了好多時間與心力跟著艾瑞克森研究。這些同僚持續收集、分析與澄清艾瑞克森的工作，好讓它能更被其他治療師所用。他不但不要有所謂的「正統艾瑞克森學派」，甚至刻意刺激不同方向的發展，這是一個有力的實例，再度證明他對學生與病患所擁有的自由與個性的尊重。

前述有些例子可在本書的〈艾瑞克森運用的趣聞軼事〉（頁33）中看到。我最喜歡的是那位有自殺意圖的護士貝蒂的故事（頁195）。這則故事已經超越了心理治療而臻藝術境界，自然有多重的意義。對觀視者而言，它是各種催眠現象的示範；對當事人而言，它是個治療，更是一個間接卻有力的重返人生追求的邀請。在引導她（編按：護士貝蒂）訪視死亡與再生的自然循環過程中，改變慢慢浮現。這過程本身是十分迷人的。請讀者注意其中唯有大師風範才有的關鍵：艾瑞克森不只點出生命的價值；他先談到死亡，在貝蒂當下的思考中，兩人相會。這則故事不僅是艾瑞克森典型的治療手法，更重要的意義在於他以獨特真實的態度做這一切，反對一般專業對本能退縮的反應。其他治療師在和個案有如此深刻又公開的涉入後，會有勇氣像艾瑞克森允許貝蒂自行決定嗎？即使艾瑞克森曾為貝蒂似乎是自殺身亡而遭受指責，但在事情多年以後才終於明朗化的現今來看，他的做法從一開始就是正確且明智的。

理查·凡戴克醫師
1980 年 6 月 24 日

# 致謝

我深感榮幸，更要謝謝許多朋友的協助與支持，幫我完成這部手稿：迪克・海曼（Dick Heiman）、戴爾・佛格爾斯壯（Dale Fogelstrom）和瑪芝・凱提（Marge Cattey）為艾瑞克森錄影提供無價的技術支援；特魯德・古柏（Trude Gruber）和伯恩德・斯密德（Bernd Schmid）提供設備，使逐字紀錄更容易完成；依莉莎白・艾瑞克森夫人（Elizabeth Erickson）、艾德華・漢考克（Edward Hancock）和洛伊・科漢（Roy Cohen）的校對與排版修正；芭芭拉・貝拉米（Barbara Bellamy）、雪倫・彼得斯（Sherron Peters）和芭芭拉・柯蒂斯（Barbara Curtis）的打字；還有貝拉米夫人（Mrs. Bellamy）的堅持完美。我也要謝謝參與艾瑞克森為期一週研討會的學員願意讓我們錄影。

要致謝的人多到難以一一盡數，包括許多曾參與我在美國與歐洲訓練工作坊的學員們，謝謝你們提供令人深思的看法，它們最後都以某種形式融入本書。

感謝撰寫本書期間，雪倫・彼得斯（Sherron Peters）的愛與支持。

感念我的導師：艾瑞克森，他傳授我許多知識，讓我可以傳遞給他人；他也教會我如何享受困惑與啟發，以及如何增進那些令我眼睛一亮的疑惑評鑑力。

# 關於艾瑞克森醫生

　　艾瑞克森是世界知名且公認為催眠治療與短期策略心理治療（brief strategic psychotherapy）的權威，他是這時代最具開創性、洞察力及巧思的心理治療人物。被譽為世界上最偉大的溝通者，也曾被尊為本世紀首席心理治療師。若說未來的歷史將證實艾瑞克森對心理治療實務的貢獻，與佛洛伊德對心理治療理論的貢獻可相提並論，並非誇張之言。

　　艾瑞克森在威斯康辛大學（University of Wisconsin）就學，從心理學學士、碩士學位到醫學博士學位。他是美國臨床催眠學會（American Society of Clinical Hypnosis，ASCH），以及該學會教育及研究基金會的創會會長，也是《美國臨床催眠期刊》（*American Journal of Clinical Hypnosis*）的首任編輯。他曾擔任懷恩州立大學醫學院（Wayne State University,College of Medicine）精神病學副教授，也是美國心理學會（American Psychological Association）與美國精神醫學會（American Psychiatric Association）的終生研究員。艾瑞克森撰寫超過一百四十篇有關催眠的學術論文，也與人共同合作出過好幾書，包括《催眠體驗：意識轉換的治療》（*Hypnotic Experience: Therapeutic approaches to altered states*）、《催眠治療：依本探索性的個案書》（*Hypnotherapy: An exploratory casebook*）、《催眠現象》（*Hypnotic Realities*）、《心智催眠及牙醫催眠的實務應用》（*The*

*Practical Applications of Mental and Dental Hypnosis*）與《催眠中的時間感扭曲》（*Time Distortion in Hypnosis*）。當然，他更是一些正在編寫或付印中書籍的對象。

提及艾瑞克森的專業成就，特別要提到的是：雖然艾瑞克森為治療性催眠創造許多充滿寬容的新技巧，他不抱持任何理論定見的態度，始終是堅定不移的。艾瑞克森從不曾提出任何明確的人格理論，因為他堅信明確的人格理論反而會讓治療師受限、變得僵化。他這一生擁護彈性、獨特與個別性，這一點充分體現於他的文字與生活方式中。

1948 年，艾瑞克森搬到亞歷桑那州的鳳凰城，他活躍於私人執業，經常旅遊各地教授催眠。晚年時，他不再旅行，學生由世界各地湧來聽課，並學習他的技巧。即使忙於工作，他始終非常居家，永遠以家人為榮，也為家人全心奉獻。

艾瑞克森終其一生必須克服許多生理問題。1967 年，他因小兒麻痺後遺症不得不以輪椅代步，他曾說小兒麻痺症是他了解人類行為及潛能的最好老師。此外他還有色盲，卻特別偏愛紫色，喜歡被紫色環繞及接受紫色的特殊禮物。

艾瑞克森是心理治療實務界的天才，然而這份天才卻因生命裡的「天才」有所失色。在晚年，包括本書的錄影帶錄製期間，他遭逢許多生理問題，小兒麻痺後遺症和其他生理疾病帶來巨大的疼痛。他是四肢幾乎麻痺的患者：沒有功能的右手臂、運用極為有限的左手臂和從不曾真正運用的雙腿。他的橫隔膜只用了一半，唇是半麻痺的、舌頭是脫位的，也無法裝假牙。我們雖然看到這麼一個將聲音發展成工具並自豪於語言操縱的人，實際上他的口語混濁難

懂。或許也因為這樣,他必須以緩慢計算過的聲音來說話。我們可以感覺到,艾瑞克森說話時幾乎也在評估每個字帶來的衝擊。

艾瑞克森必須用許多方式再訓練自己,雖然身受許多疾病之苦,他始終是我們所見過最樂意活下去的人。見過他的人都對他的個人特質留下深刻印象:艾瑞克森永遠神采奕奕又精力充沛,只要坐在他旁邊,一定會感覺到他真的是完全活在此時此刻。艾瑞克森享受生命,是活出美好生命的絕佳典範。他仁慈、體貼、熱情,經常帶著笑容,有著明亮愉悅的笑聲,當有人惹他發笑時,他總是以呵呵的笑聲感染大家。艾瑞克森對驚奇與敬佩也始終抱持愉悅的態度。他是十分正面思考的人,更以此鼓勵他的病患。他非常容易因為人們的正向改變而感到喜悅,即使病患只是手臂上提(雖然他已經見過這種情況三萬次以上了),他仍由衷高興且驚嘆,很驕傲他們可以完成任務;而所有的敬佩和喜悅都是非語言的表達,完全不打折扣。

艾瑞克森從不會將病患或學生的正向改變視為個人功勞,相反地,他明顯為那人可以發覺自身的新潛能和新力量而感到快樂。

艾瑞克森生於 1901 年 12 月 5 日,成長於內華達州與威斯康辛州鄉村。鄉村生命是艾瑞克森終生重要的一部分,他永遠面向未來,永遠不裝模作樣。

1980 年 3 月 25 日,艾瑞克森死於急性感染。在死亡降臨前,他始終是活躍的,處於相當健康的狀態。在他許多的教學故事裡,有些是關於慢性疼痛的病人。這些病人自從用了他的技巧後,都可以繼續積極地生活,直到突然陷入昏迷而平靜死去。在相似的情況下,艾瑞克森在 1980 年 3 月 23 日突然陷入無意識,他維持兩天的

半意識狀態，直到 3 月 25 日星期二晚上過世，享年七十九歲。當他平靜辭世時，家人環繞身邊。直到最後一刻，艾瑞克森都盡可能不中斷教學行程。

在鳳凰城的執業生涯時，他常要學生及病患攀爬鳳凰城最高的山——女人峰（編按：Squaw Peak，印地安語，女人或妻子的意思）。女人峰大約高三、四百公尺，登頂步道約兩公里長。遊客不少，大多為健身及登高遠眺鳳凰城山谷而來。山徑雖費勁，一般健康的人在四十五到六十分鐘內就可以登頂。上山的途中，強勁的風勢和忽上忽下的地勢，讓登頂的人常有持續許久的成就感，並對所居的世界有更寬廣的觀點。傳說艾瑞克森博士的骨灰就撒在女人峰。希望果真如此，因為艾瑞克森視登山活動為治療的一部分。為了向他致意，人們將會繼續攀爬女人峰。


## 艾瑞克森博士的著作

- Cooper,L. F. & Erickson, M. H. (1959). *Time Distortion in Hypnosis*. Baltimore: The Williams & Wilkins Company.

- Erickson, M. H., Hershman, S.,& Secter, I.I.(1961).*The Practical Applications of Mental and Dental Hypnosis*. New York: The Julian Press, Inc.

- Erickson, M. H. ,Rossi, E. L.,& Rossi, S.I.(1976).*Hypnotic Realities. New York: Irvington*.

- Erickson, M.H.& Rossi, E.L.(1979).*Hypnotherapy: An exploratory casebook*. New York: Irvington.

- Erickson, M.H.& Rossi, E.L.(in press).*Hypnotic Experience: Therapeutic approaches to altered states.* New York: Irvington.

- Haley, J.(Ed.)(1967).*Advanced Techniques of Hypnosis in Therapy: Selected papers of Milton H. Erickson, M.D.* New York: Grune & Stratton.

- Rossi, E.L.(in press). *The Collected Papers of Milton H. Erickson, M.D.*(4 volumes).New York: Irvington.

# 從故事中激發潛能的治療與教學

　　來自瑞士的物理學者朋友曾經告訴我一個有關丹麥知名物理學者波爾（Niels Bohr，編按：即量子物理學之父）的故事。在一次授課中，波爾博士討論「海森堡測不準定理」（Heisenberg's Uncertainty Principle）。這個「互補性」（complementarity）的定理指出，當觀察者發現粒子所在位置的訊息時，他同時失去了此粒子動量的訊息；相反地，當觀察者發現粒子動量的訊息時，也會失去粒子所在位置的訊息。一位學生問波爾：「『互補性』要澄清的是什麼？」波爾想了一會兒，回答：「精確。」

　　也許這故事不可信，但這則趣聞軼事表達了一個重要的見解：論及真理時，為求清晰表達，我們必須簡單，卻因此不夠精確；為求精確則必須冗長、詳盡，但又會讓人困惑，因而犧牲了清晰。

　　本書是依循艾瑞克森博士在亞歷桑那州鳳凰城的自宅，為健康專業人員舉辦為期一週的教學研討會的逐字謄寫稿。艾瑞克森的溝通是複雜難懂的，讀者會注意到他完美的精確。然而，為了了解艾瑞克森的治療過程，讀者會有無可避免的困惑和缺乏清晰。

　　先介紹一下艾瑞克森教學研討會是必要的。艾瑞克森自從私人執業退休後，仍活躍於教學。一群群來自世界各地的學生要求參與教學研討會，包含了內科醫師、心理師、精神科醫師與碩士級心理

治療師等。每個上班日，艾瑞克森在大約中午到下午四點授課。當知名度漸增，要排到時間向他學習的困難漸增，譬如 1979 年底便知他 1980 年的行程已全部排滿。

1979 年夏天（7 月 30 日到 8 月 4 日），我安排在艾瑞克森家錄製一週的教學研討會，這就是本書的雛型。對這一週的研討會，我未加任何評論，希望將機會保留給讀者，自行融入在逐字稿中，得出你自己的結論和對艾瑞克森方法與技術的理解。

其他作者曾詳細描述艾瑞克森的技術：海利（Haley，1973）以互動角度描繪艾瑞克森的方法；班德勒與葛林德（Bandler & Grinder，1975）以基於轉換措辭的語言學取向分析艾瑞克森的溝通形態；羅西（Erickson，Rossi，& Rossi，1976；Erickson & Rossi，1979）這位榮格取向的分析師，則用內在精神觀點來了解艾瑞克森。也許可以這麼說：艾瑞克森透過如此殊異的三位理論者好好交代了他的工作。相信藉由閱讀這些作者的分析，人們對艾瑞克森的技術會得到一個平衡的觀點。

艾瑞克森以間接手法見長，終其一生都是間接教學，早期課程更是以運用間接技巧聞名。有趣的是，他的名望也是間接傳播的，靠人們描述甚過他的自我推銷。

本書無意提供了解艾瑞克森的另一種方式，也不是要呈現艾瑞克森還有什麼新玩意，而是要以新的角度呈現這個人。透過此書，人們可感覺到艾瑞克森教學故事串成的流動，也可以從他的歷程（process）中看到更多。對從沒見過艾瑞克森的人而言，本書就像將艾瑞克森的活動化為視覺影像的機會；對那些有幸見過他的人，本書更提供觀看他這個人與其工作的不同角度。

常聽人說，聽艾瑞克森說話總是讓人一頭霧水，想來如果閱讀他的趣聞軼事及觀賞他的錄影帶應該是很不同的經驗，從這樣的角度來理解艾瑞克森所為也會容易得多。與艾瑞克森共處，可能因為他運用的口語與非口語不同層次更感困惑。舉例來說，離開艾瑞克森教學研討會時，如果每個人都說：「他今天跟我說了話。」相信我，一點也不稀奇。

乍讀艾瑞克森教學故事似乎很容易，其實不然。我曾在全國專業人員學會會議上播放艾瑞克森的影片與錄影帶，然後挑戰這群專業人員說：「如果你能因此知道艾瑞克森所為的 50%，你一定是個非常敏銳的觀者與聽者。」就算閱讀逐字稿會比較容易進入艾瑞克森的世界，我還是要給讀者這個挑戰。

為證明挑戰之大，本書的｜附錄一｜（頁 352）提供了艾瑞克森和我針對這週研討會中，他所做的一兩個催眠引導的評論。原本預計五十分鐘催眠引導的討論，因此拉長到將近五個小時。閱讀那些引導（發生在星期二與莎莉的那一段），並與｜附錄一｜比較所得的理解，對讀者而言應該是很有趣的。

有一些事請謹記於心，艾瑞克森是始終如一的人，說故事既是他的工作，也是生活，如果談到家人、同事、學生或病患，那都是真實的。當有人前來請教，艾瑞克森總是以趣聞軼事回應，因此在本書中，人們一定可以深深體會到艾瑞克森的治療與教學手法。

艾瑞克森非常投入於講述自己的教學故事，人們會感覺好像真正再次體驗他陳述的那些故事。他總是帶著戲劇感，以生動的手法交織故事。很可惜的是，這些非語言行為、聲調、笑聲與活潑，想當然爾會在文字稿中消失無蹤。

艾瑞克森把這些趣聞軼事說了又說，因為他太熟悉它們了。他會在溝通中加入很多動作與表情，藉由使用新增的口語和非口語技術，使訊息更有力。除去故事的內容，艾瑞克森也在同一時刻把趣聞軼事用在另一治療層次上進行溝通。事實上，他從不滿足於只在一個層次上溝通，或許就像他不喜歡一次只專注在一件事情上。

多數的治療師被訓練只注意病患一個層次的溝通，卻發現病患溝通的意義位於另外的層次，包括歷史的、症狀的及其他「心理的」層次。艾瑞克森證明，如果病患能在不同的層次上溝通，治療師也能，這是他的功績之一。治療的溝通不一定需要明晰、簡潔及直接，聚焦於多層次的治療溝通會是有力的技術。艾瑞克森向來都是運用多層次溝通。當人們閱讀逐字稿時就能理解，他多次在同一時間描述一個原則、用一個趣聞軼事說明它，並向學生展示如何運用此原則。

在逐字稿中，我盡可能保留溝通的原本面貌，偶爾才為了易於閱讀而稍稍更動。更何況艾瑞克森多半用正確的文法把句子說得很完整，這使得他教學故事的編輯工作並不困難。

艾瑞克森運用故事完全視團體的組成而定，若團體對小孩有興趣，他就多講些與小孩有關的；若對疼痛控制有興趣，他就多集中在疼痛控制上。本書中的團體是個混合的基礎團體，因此艾瑞克森的取向是一般性的。此外，他的確會花一整天談論一個或兩個主題。而隨著趣聞軼事的運用，艾瑞克森對團體中每一成員的靈活性，不知不覺擴大了治療性。

在教學研討會中，艾瑞克森的非口語行為是十分有趣的，他講故事時常盯著地板看，用周緣視線端詳學生及病患的反應，又因為

只能有限地控制身體，他常藉著改變聲音的落點，傳遞一個治療性
訊息給某一名特定的學生。

艾瑞克森不必用正式的引導來聚攏學生的注意力，人們傾聽著
他，閉上眼便可自發地進出催眠狀態。他本人似乎也是如此進出催
眠狀態中，就像他用這次機會教學，獲得更多外在的東西，減少了
因小兒麻痺後遺症帶來的慢性疼痛。


## 參考書目

- Haley,J. (1973).*Uncommon Therapy*. New York: Norton.

- Bandler, R.& Grinder, J.(1975).*Patterns of Hypnostic Techniques of Milton H. Erickson*, *.M.D.* Volumn 1.CA:Meta Publications.

- Erickson, M.H., Rossi,E.L.,&Rossi,S.I.(1976).*Hypnotic Realities*.New York:Irvington.

- Erickson, M.H.& Rossi, E.L.(1979). *Hypnotherapy: An exploratory casebook*.New York: Irvington.

# 第一章

# 艾瑞克森運用的趣聞軼事

「若要一個人談談他的兄弟，只需告訴他你自己手足的故事。」艾瑞克森提醒我們，改變的力量就藏在病患的內在，治療師所要做的只是如何去喚醒——這是趣聞軼事最佳的運用，引導病患在自己的力量與成就下，努力地為自己改變。

艾瑞克森的註冊商標，可說是他用趣聞軼事（anecdote）作為教學手法與治療工具。艾瑞克森從不失焦的精準溝通，緊緊扣住每一個案，原本就廣為人知。他對趣聞軼事的運用，更是證明了他將口語溝通做到最高度和最有效的運用。為了使讀者更容易了解接下來的研討會紀錄，我要先詳細說明趣聞軼事的運用。我在 1973 年對艾瑞克森的最早介紹，就是討論他趣聞軼事的運用如何成為有力的多層次溝通。

# 在心理治療中運用趣聞軼事

字典對趣聞軼事的定義是：對有趣或驚異事件的一小段說明。趣聞軼事可以是虛構，例如童話、民間寓言、聖經寓言或諷喻故事；也可以是真實生命事件及冒險故事。艾瑞克森所說的趣聞軼事，絕大部分來自他自己、家人與病患生命事件的非小說式描述。

趣聞軼事可用在各種形式的心理治療與治療過程中的任何階段，至今尚無任何禁忌。

某些步驟已經是所有心理治療都通用的，像診斷、建立同理關係與治療計畫完成時，趣聞軼事也都可用在這些治療活動中。

## 診斷

敏銳的觀察者可運用趣聞軼事幫助診斷。一個趣聞軼事可以投射式地運用，有點像用羅夏克墨漬測驗（Rorschach）。就形式而言，趣聞軼事所提供的刺激可導出確定診斷的重要徵兆。這好比是治療者告訴病患一個含有多種成分的故事，同時留意病患會對故事

的哪一成分有所反應。例如，一則牽涉到配偶關係的故事，可以引出一個人小時候與父母處不來的問題，甚至，這些問題可以再分支到個案現在的性功能失調，再引到酗酒問題上。

這個濃縮的故事含有許多成分，觀察力敏銳的治療師會留意病患對趣聞軼事某些部分的非口語反應，甚至會注意到哪一特定部分讓病人有口語反應。如此一來，診斷訊息將隨之浮現，治療師可以再追蹤下去。

這裡引用一個作者自己執業的臨床例子，說明趣聞軼事如何為診斷增添訊息。有位病患前來要求催眠治療，希望診治他已有十三年歷史的畏懼症（phobia）。第一次會談時，我先告訴她一些趣聞軼事，是關於一些病患為了克服問題，各自花費不同時間的故事：有些人出乎意料地迅速康復，不需要什麼領悟；有的人復原得慢，感覺費力的同時，卻很享受對問題的頓悟。這位病患有個自己不察的習慣：不斷肯定地點頭。當我說的故事中有關復原得慢的部分，她一直點頭，而在立即復原的部分卻沒點頭。如果我講另一個類似但順序不同的故事，她的反應也跟聽到第一個故事一樣。

她的點頭證實她會復原得慢，所以第一次會談沒做什麼治療，我只問了許多有關病因和症狀的問題。在接下來的那個月多做兩次治療，為的是紓解她的畏懼。後來我知道沒有必要進行更密集的治療，因為她已表明自己會慢慢復原。

艾瑞克森說故事時，總是持續觀察病患的行為反應。他通常不直接看著病患，而是以高度發達的周緣視線密切觀察病患的行為反應。艾瑞克森的感知力說來很傳奇，他勤奮地訓練自己留意和了解人類行動中非常隱微的差別。從他當下診斷的精確性就可看出他的

治療反應力。他所發展出的能力，能夠為個別病患迅速感知核心問題，關於這一點的重要性再怎麼強調都不為過。只是關於他診斷取向的探討超出本書範疇，在此不多贅述。

## ▌建立關係

一般認為建立連繫感和同理關係是心理治療的基石之一。有些理論者（如 Carkhuff & Berenson，1967）認為同理反應是心理治療最主要工具之一。但同理技巧的缺點是，病患會因此學到一種自我診斷式的同理心，不斷觀察自己的感覺狀態。這樣的自我覺察，干擾了對自我感覺流動的享受和運用。對有些個案，直接同理的處理可能是禁忌或多餘的，例如，有些人就是不喜歡調整到可以感受自己感覺的狀態，有些並不希望自己的感覺被直接點出來，有些甚至覺得尷尬萬分。

艾瑞克森的治療取向認為，能自動地（automatically）或無意識地發揮，就是功能運作最好的時候，這也是指沒有意識干擾或阻礙。艾瑞克森用了好多間接手法，就是要儘快達成在不覺察的狀況下就改變。

趣聞軼事與運用間接手法相同，也能用來同理病患，同理他當下意識覺察或無法覺察的歷程。在這情況下，病患並不需要意識到治療師所做的同理反應。趣聞軼事也可以用來與無意識建立同理關係。雖然同理反應可以不為病患意識覺察是個事實，病患仍舊能承認治療師在口語或非口語層次做了個「無意識」的同理反應。

為說明同理效果的趣聞軼事的運用，我舉更早以前艾瑞克森教學研討會中的一個案例。1975 年，有三個學生來到艾瑞克森的辦

公室求教他的技術。艾瑞克森說了個故事，關於一名競爭心強的病患來找他，要求幫他進入催眠狀態。艾瑞克森說他用的方法是：要這位病患看著自己的哪根手指會先抬起來、哪隻手會先碰到自己的臉，幫助他進入催眠狀態。艾瑞克森利用病患的競爭心，幫他達成了目標。對這些學生來說那是個迷人的趣聞軼事，因為艾瑞克森同時教導他們有關他的技巧的有趣層面。

這故事顯然有另一目的，在過程中，有的學生爭逐艾瑞克森的時間和注意。當這個趣聞軼事的多重目的被點出時，艾瑞克森討論了他技巧的其他面向，向學生指出他看到他們之間不斷的競爭。

學生那時可以有意識地承認（他們做了），也可以非口語地表達他們雖承認，但還沒準備好將這訊息搬到意識層面。最後，當這故事被用到當下情境時，學生可能沒識別到隱含的意義。對艾瑞克森而言，前述三種反應的任一種都是令人滿意的，因為它們緊扣著學生自己的需求和人格。艾瑞克森早已準備好隨時跟著任何一個被指出的反應繼續追蹤下去。關於這件事，他自己的評論是，他願意有意識地討論這則趣聞軼事，因為那是個教學情境。

此外，這則趣聞軼事還有第三個訊息：將學生導向成接受暗示或逼到牆角般出現這一切特定行為反應。討論此趣聞軼事後，艾瑞克森補充說，他其實不知道那些學生中有多少競爭，但他明白絕對不要他們爭相將矛頭對著自己來。

## 治療過程

趣聞軼事可運用在治療歷程中的任一階段以達成治療目標。且看看下列八種不互相排斥的類別。

## 一、提出重點或彰顯重點

　　趣聞軼事能提出或彰顯重點。透過趣聞軼事的運用，重點可能變得難忘又有力。想想人類的記憶結構，相較於用簡單句子記住事情的方法，有主題的趣聞軼事顯然更容易留在記憶中。趣聞軼事能「標示」人的記憶，簡單的事剎時變得生動，看看以下例子。

　　1980 年早期，我被捲入生平第一樁催眠法律案件，我請艾瑞克森給我一些忠告。他以一句話開始：「了解對手的律師。」接著說起他曾受聘到兒童法庭為一個丈夫作證，他太太罹患嚴重的精神疾病，先生顯然是孩子的最佳監護人。

　　艾瑞克森說他很熟悉對方律師，這位律師是一位十分仔細的人。輪到他作證那天，對方有備而來地準備了十四頁打好字的問題要問他。一等他步上證人席，律師就問：「艾瑞克森醫生，你自稱是精神醫學專家，誰有權威來佐證你的說法？」艾瑞克森回答：「我就是自己的權威。」艾瑞克森知道如果說個人名，律師一定會引用對立的另一權威來打擊他的專家威信。

　　律師接著又問：「艾瑞克森醫生，你自稱是精神醫學專家，究竟什麼是精神醫學？」艾瑞克森這麼回答：「舉個例子吧！如果我是美國史專家，我一定會知道賽門歌弟（Simon Girty）也叫做『下流歌弟』（Dirty Girty）。任何一個美國歷史專家，就不會知道『賽門歌弟』也叫『下流歌弟』。」艾瑞克森望著對方律師，只見他把頭埋在雙手之間，法庭書記則在書桌下尋找鉛筆，和他同方的律師則盡力壓抑無法控制的笑聲。

　　艾瑞克森給了那個類比後，對方律師把資料推向一旁，長嘆一聲：「艾瑞克森醫生，我沒進一步的問題了。」

然後艾瑞克森看著我說：「那律師的名字……歌蒂（Gertie）。」艾瑞克森說後來他的律師不論何時看到對方律師，總會不自覺地聯想到他所說的「下流歌弟」。

艾瑞克森的趣聞軼事非常幽默又迷人，因為他總是用一種令人愉快的方式點出重點。如果他只是告訴我：「別被情境要脅。」其影響微乎其微；相反地，當他用舉例的方式，此訊息的影響力就大大增加了。

## 二、建議解決方法

艾瑞克森常用趣聞軼事向病患直接或間接提供建議，也就是講一個和他的病情**可相比擬的趣聞軼事**且／或一個**有相同主題的多層次趣聞軼事**。這些趣聞軼事的結論當然是可以提出新想法或先前被忽略的解決方法。例如，病患描述生命中遭逢多重失敗，艾瑞克森會說另一個也面臨許多挫折的人的故事，然後小心地建構出一個成功的結果。因此，治療故事中的每一個失敗都漸漸變成堆砌出成功的一塊塊磚頭。

在被整理成本書的那場研討會中，有個帶著新想法、**可相比擬**的趣聞軼事。〈星期二〉時，艾瑞克森引導莎莉經歷了一些困頓、尷尬的情境，接著又對莎莉說了個有位病患經歷尷尬情境，最後因此更成功、變得更有彈性的生命故事。

艾瑞克森也可能在對病患說故事的同時，建議一個被忽略的解決方法，說別人有著類似問題如何成功運用解決方法，讓病患自己決定如何連結及運用到生活中。這時，趣聞軼事的特殊運用會比直接建議帶來更大的治療效果，因為病患比較容易抗拒所謂的建議。

趣聞軼事也可用在解決方法的間接暗示上。當一個解決方法是以間接方式呈現，結果會是病患覺得是自己想出了解決方法，改變的功勞歸到病患身上。

艾瑞克森經常以同一主題的多面向趣聞軼事來示範他的間接教學法。例如有一次他討論一個重要的概念，是關於「如何在病患內在的參考架構中與他相會」，他藉由同一主題的多面向趣聞軼事，把所有重點串在一起（同時，艾瑞克森會不斷示範如何和這些學生的內在參考架構互相強調此原則）。艾瑞克森在說趣聞軼事之前或結束時，會提到其中要談的主旨。但如果明白學生或病患已無意識地（或有意識地）抓到重點，他也可能隻字不提主旨為何。

## 三、讓人們自我了解

治療師常用的方法之一是面質（confront）病患，讓他以現實眼光來看自己，了解真正的自己。趣聞軼事的運用，多少可以間接地提供患者更多的了解。

研討會的紀錄中，〈星期三〉快結束時，艾瑞克森說了個象徵性心理治療的故事，個案是一對夫妻。艾瑞克森只是要這位精神科醫師和他太太從事戶外活動，包括爬女人峰及到植物園走走。艾瑞克森用活動為媒介，讓這對配偶象徵性地了解自己並採取適當行動。同時，也為那些聽課的治療師提供一個實例，透過這個也是治療師的案例，幫助他們了解自我。

說完精神科醫師的趣聞軼事後，艾瑞克森再引出另一個精神分析師與他太太的趣聞軼事。閱讀這兩則趣聞軼事，你會知道它帶給讀者（與聽眾）的是：你很難不聯想到自己。艾瑞克森就是能用趣

聞軼事引導聯想，讓人有更多的自我理解，因而採取適當行動。

　　這是艾瑞克森非常重要的手法。他很喜歡這麼說：「若要一個人談談他的兄弟，只需告訴他你自己手足的故事。」艾瑞克森提醒我們，改變的力量就藏在病患的內在，你所要做的只是如何喚醒那力量。趣聞軼事可以用來引導人們聯想，但實際上是病患自己做了改變，「治療師只是提供了這種氛圍」。

## 四、播下新想法的種子和增加動機

　　稍早提到那位恐懼症個案聽到的都是成功的治療故事，這也是趣聞軼事的目的之一：增加病患的正向期待。此外，趣聞軼事還可診斷改變的動機，從病患點頭的風格，治療師可以很清楚看到，她被激勵從以前的恐懼反應中做必要的改變；唯一的疑問只是：要多少時間。

　　艾瑞克森非常擅長用故事刺激病患或學生的基本信念。他知道故事的順序，所以可以在同一天稍晚時再用故事建立那個信念，或數天、數週後重複前言。

　　「播種」（seeding）概念在催眠治療中是非常重要的，若催眠治療師要暗示手臂上提，必須把各個小小步驟或種子「串」（chaining）在一起。例如，操作者先將當事人的注意力帶到手，然後帶到手部知覺的可能性，再來是動作的潛能，之後的動作是可以期待的，接下來再將注意力帶到動作的事實，最後才暗示真正的動作。當治療師知道了所期待的結果，在治療早期時就能播下結果的種子。在艾瑞克森的手法中，「播種」是非常普遍的，而且為溝通增添了許多力量。

## 五、治療性地控制關係

病患常常會學到一種不具適應性、富操縱性又自我挫敗的關係型態，這時，趣聞軼事可以拿來作為有效控制關係的工具，使病患保持在「相對弱勢」（one-down）的互補位置（參見 Haley，1963）。治療師的這種策略，對於一些置身弱勢立場時會變得固執、無法自在也無法有效行動的病患而言，其實是有治療效用的。雖然在關係中處於相對弱勢，透過趣聞軼事的運用，病患還是可以學到一些讓自己感覺安全的東西，例如，讓病人維持「失去平衡」，以致於不能繼續使用習慣行為來控制關係；知道有人不受他的症狀影響後，病患反而會變得較有安全感。

## 六、嵌入指令

趣聞軼事有嵌入指令（embed directives）的功能（參見 Bandler and Grinder，1975）。這個技巧是從故事脈絡中截出一段重要的詞句，然後直接或間接傳遞給病患。嵌入指令可以間接呈現給病人或學生，譬如，藉由不足的語氣（underemphasis），或藉由治療師改變聲音的落點。

舉個例子，在〈星期五〉的紀錄中，艾瑞克森討論了人類的性發展。他說了當年在伍斯特州立醫院（Wooster State Hospital）擔任他督導的 A 博士的故事。這故事看來是離題的，但想像一下最後一句話如何指向那位阻抗的學生而產生了效果。那句話提議一個人繼續維持「不要有表情，閉上嘴巴，睜大眼睛與耳朵，然後等著，等到有一些真正的證據支持你的推論和見解，再做出你的判斷」。

## 七、減低阻抗

正因為趣聞軼事原本就是間接的形式，更可以降低對新想法的阻抗。趣聞軼事在病患內在引發聯想，病患因此可以啟用這個被引發的聯想。人們很難抗拒自己擁有的聯想。

趣聞軼事也可以間接地呈現想法。通常一個趣聞軼事就會包羅許多想法，在過程中，病患必須變得主動介入意義的賦予，並揀選與自己有關聯的部分，如此就能激發病患內在的改變動能。

因為本身的結構，趣聞軼事的訊息能很快轉變成無意識，病患無法有意識地吸收和了解這個複雜的趣聞軼事所包含的全部啟示。病患可以體驗到在自身意識知覺之外的行為改變，是因為他可以回應趣聞軼事的某些部分，即使那部分並非有意識地被吸收。所以常常有人表示，病患見了艾瑞克森以後發現自己改變了，卻沒有察覺艾瑞克森治療溝通究竟產生什麼效果。

一般說來，艾瑞克森會在需要增加間接手法時，開始運用趣聞軼事。病患愈是抗拒新的想法，艾瑞克森愈會頻繁運用間接技巧和趣聞軼事。這是依循一個原則而來：間接手法的總量是和治療者察覺的阻抗總量成正比（Zeig，b）。

此外，趣聞軼事還能技巧地化解阻抗。例如透過一則趣聞軼事播種一個新想法，治療師很快就轉到不同主旨的第二則趣聞軼事。以這種治療形態而言，讓病患阻抗第一則趣聞軼事中的想法便困難許多。再者，運用這種手法，隱含在第一則趣聞軼事中的想法會有更多機會且更快變成無意識地存在。

趣聞軼事還有個功能：分散病患的注意力。艾瑞克森曾說過自己有時會基於治療的理由，用趣聞軼事來讓病患覺得無聊。這個技

巧可以讓病患較不防備、較有反應，再趁機植入治療性的想法。

## 八、問題的重新建構與重新定義

趣聞軼事可用來重新建構問題。曾有許多作者描述過重新建構的技術（如 Watzlawick、Weakland & Fisch，1974）。重新建構是為有症狀的情境提供另類的和正向的態度，是在態度的層次上下功夫的技術。病患對自己的症狀有一定的態度，重新建構的技巧可以改變病患對自己症狀的原有態度。改變病患原本對症狀的態度是十分具有治療效果的。艾瑞克森向來是「所謂治療就是任何能改變習慣的作為」此一理念的擁護者。改變可能發生在正面方向，也可能在負面方向上。改變一個人對自己症狀的態度，常常也就改變了整個症狀的情結（參考 Zeig，b）。

重新定義是以和病患稍稍不同的方式來界定問題的技術。經由不同方式來定義一個問題時，心理治療可以用來修正這個問題的新定義，因此也修正了這個問題。艾瑞克森用趣聞軼事進行重新建構與重新定義的例子可見於〈星期二〉的研討會。那天一開始，艾瑞克森和克莉絲汀談話，告訴她有關頭疼的趣聞軼事。當你讀到這些趣聞軼事時，請注意艾瑞克森如何重新建構與重新定義克莉絲汀的頭疼。

上述的分類絕對不足以陳述一切功能。許多未提到的運用明列如下：

1. 趣聞軼事可用於建構自我的技術，即建立一個人的情緒、行為和／或思想，協助病患在生活中得到更多平衡。

2. 趣聞軼事本身是創造性，也是不尋常的溝通方式，就此意義

而言，它們可以是美好生活的典範。

3. 趣聞軼事可用來刺激、再次喚醒人們的情感、思想與行為，協助一個人看到先前因為不了解而錯失自己生活中的資源。艾瑞克森提醒我們，病患求助於治療師，但他們的問題其實可以從自己的生命史中找到解決的資源。趣聞軼事正可幫助提醒病患發現自己的資源。

4. 趣聞軼事可減少病患對害怕的敏感度。在治療恐懼症患者時，可以運用一系列的趣聞軼事，選擇性地增加或減少緊張，來減低對害怕的敏感。

趣聞軼事可以廣泛地運用在各種不同取向的心理治療中，也可以用在催眠治療正式或自發的引導中。

## 在催眠中的運用

趣聞軼事和正式的催眠有三個基本結構上的相似點：一、治療師都是跟一位被動的當事人說話，企圖引發病患的內在力量，向病患證明他有力量自行改變；二、當事人都被界定是相對弱勢的互補角色；三、就技術面而言，治療師都必須從病患最細微的行為線索著手。

因為結構相似，趣聞軼事可以非常有效地運用在正式或自然的催眠。如同在心理治療中的使用，趣聞軼事也能以相同方式用於催眠治療的引導階段和使用階段，用來診斷可催眠度（hypnotizability），建立治療關係。

## 催眠診斷階段的運用

趣聞軼事可以是診斷手法之一，用來評估當事人所呈現的可催眠度及催眠狀態（trance）。雖然類似在心理治療中的診斷運用，關於可催眠度的診斷，還要再加上四個特別相關的因素——吸收（absorption）、回應（responsiveness）、專注（attentiveness）和控制（control）。

1. 述說趣聞軼事時，治療師必須留意聽者所表現出來的吸收程度。當事人愈是全神貫注，愈被故事所吸引，就愈是典型的最佳催眠當事人。

2. 運用趣聞軼事評鑑特定當事人的回應形態。有些人對直接暗示有較高的回應，有的人則對間接暗示較有反應。我們可用趣聞軼事來了解當事人反應最佳的暗示方式，例如，當治療師提到故事中的主角突然抬起頭看時間時，注意當事人對這特殊暗示的反應，就可以判斷回應形態。

3. 用趣聞軼事診斷病患專注的形態：集中或分散，內在或外在。注意力集中的當事人動作比較少，一段長時間只集中在一件事情上。注意力較分散的人動作較多，注意力常常從這事轉移到那事。至於內在傾向的人，整個人的注意力是被自己的內在生活所占滿——他們自己的感覺、思想和運作。外在傾向的人，對四周發生的事較為專注。（艾瑞克森自己像極了貓，他喜歡專注觀看，是非常外在取向的。）

4. 藉著趣聞軼事，治療師能了解當事人在關係控制上的彈性。有些病患要成為強勢者，有些是弱勢者，有些則要求平等。這些不同需求會在對「前催眠」（prehypnotic）的趣聞軼事

中，以語言和非語言的反應表現出來。

雖然許多其他因素也能被用來診斷催眠形態，只是當治療師跟病患隨意說故事時，以上四個因素——吸收、回應、專注和控制——特別經得起診斷所需要的考驗。考慮到這樣的診斷取向（且不要離本書範圍太遠）時，建構治療策略有關的提示也就非常清楚。治療師所說的趣聞軼事和指令愈是貼合當事人的經驗，愈能發揮最有力的效用。例如，把催眠和心理治療的技術用於相對弱勢、注意力外在傾向、對直接暗示有高度回應的人，必須不同於應用在相對強勢、注意力內在傾向、對間接暗示有高度回應的人。

除非能熟練操作這一切，否則在一開始的階段，治療師要用趣聞軼事幫助診斷可能會是相當累人的，因為既要編整自己的故事，同時又要注意病患的反應。

## ▍催眠引導階段的運用

趣聞軼事能用在正式的催眠。塔特（Charles Tart，1975）曾巧妙地描述催眠引導是包括基本意識狀態的瓦解（disruption）和意識新催眠狀態的形塑（patterning），而這兩個階段都可以運用趣聞軼事。

### 瓦解

正式催眠的引導階段中，困惑（confusion）技巧是用來瓦解當事人的意識常態（conscious set）。趣聞軼事本身容易讓人困惑，使聽者失去平衡；聽者會想挑戰趣聞軼事的內容，好了解其中的關聯，並運用到自己的情境裡。而且，趣聞軼事自身的多重寓意可以

造成困惑，內容也是曖昧不明的。即使是個敏銳的聽者，聽艾瑞克森講故事時，也不可能察覺所蘊含的每一訊息及所有可能的指涉。趣聞軼事藉由對意識常態的分心及去除潛能（depotentiate），甚至可以組成催眠引導（參見 Erickson、Rossi & Rossi，1976），讓當事人對同時發生與緊接著發生的事變得更開放、更有反應。

艾瑞克森常常很自然地用趣聞軼事作為催眠引導的開場白。我曾見過他以前的病患說，他們會聽著艾瑞克森的故事，聽著聽著突然發現自己已在催眠狀態中。有個病患描述，有一次在聽艾瑞克森說故事時，很尷尬地發現竟然好想睡覺，後來知道那就是艾瑞克森所要的，於是閉上眼睛，進入催眠狀態。

## 形塑

趣聞軼事能用來形塑（pattern）催眠狀態（所謂形塑催眠狀態，也就是為個人建立其催眠狀態所擁有的經驗特徵）。治療師可以用趣聞軼事向病患描述並建議催眠可能的樣貌，譬如告訴一位沒有催眠經驗的當事人關於另一位有較多催眠經驗的人所發生的事情；或者，在趣聞軼事中討論的過來人，他們的行為和這位未曾經驗的人正發生的行為是一致與重疊的。這些方法通常都可以給無經驗者一些間接的暗示。

另一個形塑催眠狀態的方式，是讓當事人證明自己身上能發生一些典型的催眠現象（意識可覺知或不可覺知的）。透過引導性趣聞軼事的運用，可以使人聯想到任何典型的催眠現象。例如，艾瑞克森最喜歡的催眠引導方法之一，是把早期在學校學習時所經驗的一些趣聞軼事拿來當成討論主題，包括如何習得字母，以及不

經由意識的理解過程就可以習得字母的心理形象和視覺形象。這類趣聞軼事會暗示並引發許多典型的催眠現象，包含年齡退化（age regression）、非凡記憶（hyperamnesia）、解離（dissociation）及幻覺（hallucination），同時強化了注意力的內在吸收（internal absorption）和內在固著（internal fixation）。

## 催眠利用階段的運用

在催眠的利用階段（utilization phase），也就是後引導（after induction），趣聞軼事也能如同用在心理治療般，點出重點、增強動機、提醒人們在學習時不曾用到的資源。例如在疼痛控制上，透過趣聞軼事的運用，提醒催眠當事人曾經有個小傷但不覺得痛，直到過了一段時間才覺得好痛。這樣一個故事表示，可以再次喚醒當事人曾經有過的疼痛控制經驗。

當病患身陷故事時，趣聞軼事可以變得迷人，而且促成解離的發生，因此可以把病患推上思想列車，駛出麻煩的症狀。趣聞軼事的運用，對於疼痛控制也非常有效。

# 整合運用——多層次溝通

心理治師學會藉一個外顯溝通層次中的一個小部分，來詮釋病患心理層次「真正」發生的額外意義。有趣的是，雖然治療師覺察到溝通的多層面，而且運用在診斷方面，但多半沒被訓練將之運用為治療工具。多層次溝通治療性用途的證實，可說是艾瑞克森對心理學的重要貢獻之一，他以實例說明了哪些有用的東西可用於治療

溝通，哪些無用的東西可以棄之不用。

　　為說明有力的多層次溝通，1973 年 12 月，我初次被介紹認識艾瑞克森的過程可以作為引子。當時艾瑞克森所告訴我的趣聞軼事，等於是示範了前述趣聞軼事單純運用的複雜結合。在詳細描述這個趣聞軼事、並分出其中的階段之前，我要從與艾瑞克森的第一次見面細細說起。

　　我在 1972 年開始學習催眠，漸漸對艾瑞克森的工作印象十分深刻。結果一個意外的發現冒出來。我寫信給在土桑市（Tucson）唸護理的表親，說明自己正在學習催眠，建議她如果去鳳凰城務必要拜訪艾瑞克森，因為他是心理治療的天才。表姊回信給我，說她認識艾瑞克森倒數第二的女兒蘿西安娜，她們兩人在舊金山時曾是多年室友。我寫信給蘿西安娜也寫給艾瑞克森，詢問我是否能和他一起學習。他說他會把我當成學生。1973 年 12 月，我開車到鳳凰城，開始了第一次的學習。

　　最初的正式引見是頗不尋常的過程。我大約晚上十點半抵達艾瑞克森的家，蘿西安娜在大門迎接我，用個手勢將我介紹給她父親。他坐在靠門左側看著電視，當她說：「這是家父，艾瑞克森醫生。」艾瑞克森分解動作般地慢慢抬起頭。當頭終於抬平，他機械式地再一點一點把脖子轉向我。當他碰到我的視線、看進我的眼睛時，又用同樣分解的慢動作往下看著我的身體。用「十分震驚」來形容這樣的打招呼方式，還算是保守了。蘿西安娜領我進到另一個房間，解釋她父親只是在開玩笑。

　　不管怎麼說，艾瑞克森的行為正是絕佳的非語言催眠引導，誘發催眠的所有必要成分全表現在他的非語言行為了。他混淆也瓦

解我的意識組合——我原先期待他會握手說「嗨」。他還進一步模仿催眠現象，倣效病患手臂上提時會有的僵硬分解式動作。不僅如此，他的行為吸引了我全部的注意力，當他順著我的身體中線往下看時，他是在暗示我：「深入進到你自己的內在吧。」總之，他用非語言技術瓦解了我的意識組合，然後形塑一個新的無意識組合。

艾瑞克森直接展現他如何將力量放進溝通裡。

隔天早上，艾瑞克森被他太太推進客房，沒說一句話，也沒有視線接觸。我看他痛苦地把自己從輪椅上移動到辦公椅上。我問他能不能使用錄音機，他仍然沒有視線接觸，只點頭說好，然後開始對著地板，以緩慢而且字斟句酌的方式說話。

艾瑞克森：希望你沒有被滿屋子的紫色**嚇到**……。

薩德：嗯。

艾瑞克森：我有部分色盲。

薩德：我知道。

艾瑞克森：這紫色電話……是四個研究生送的禮物。

薩德：嗯。

艾瑞克森：其中兩位知道他們的主修會被當……，另兩位知道會被當……他們的輔修。但那兩位知道主修會被當的過關了……他們的其他輔修……也全過了。那兩位知道主修會過但輔修會不及格的……他們的主修沒過，輔修卻及格了。換句話說，他們選擇了我給的協助。（這時艾瑞克森第一次看著我並調整姿勢），接著又說：有關心理治療……（艾瑞克森繼續介紹及討論他的治療取向，細節請參見 Zeig, a）

這則簡短的趣聞軼事是優雅的溝通片段，包含了訊息的許多層次，是許多寓意壓縮在一個相對簡短的溝通裡的絕佳例子。

　　下面是我整理出艾瑞克森在趣聞軼事中指點我的一些寓意：

1. 這則趣聞軼事是催眠的困惑引導。催眠始終沒被點出，趣聞軼事中所提的主修與輔修令人困惑，同時又催眠性地調整了我的注意力。我已學過艾瑞克森的困惑引導（confusion induction）（Erickson，1964），並融合到我的技術中。但艾瑞克森的技巧如此不著痕跡又如此不尋常，以致我當時沒能理解他其實正對我使用困惑技巧。

2. 艾瑞克森的第一句話包含了「震驚」這個字，用一種特別的形式強調。其實艾瑞克森非常了解，這麼多紫色並沒真的嚇到我。看過他以紫色裝飾的辦公室和客房、見到他全身紫色的裝扮，我早已從紫色的震驚中復原。他再度強調「震驚」這個字，不過是要集中我的注意力、改變已發生和即將發生的無意識震驚。他辦到了。

3. 艾瑞克森的非語言行為也教人迷惑。他不看我，說話時只看著地板。我曾有好一段學習時期被告誡：「說話時看著人家。」艾瑞克森的非語言行為瓦解了我的習性。當他真的看著我時，那視線帶來更多的困惑和震驚，再次改變我的行為和注意力。

4. 這次溝通的效果之一是，我對整個趣聞軼事完全失憶，直到回家重新播放自己也出席過的一場催眠研討會的錄音帶時，才知道自己說了什麼。那時我才理解艾瑞克森提供了一個困惑催眠引導。對我而言真是美妙的學習，一個充分體驗失憶

能力的傑出示範。

5. 這故事中有許多事情是有意義的，故事的內容與研究生有關。艾瑞克森透過我當下的參考架構與我相會。藉由談論研究生——一個我能充分聯繫且了解的主題，他建立起與我的關聯。

6. 這則趣聞軼事的最初級內容有個訊息：向艾瑞克森學習的研究生，發生了一些意料外的事，我自然把這趣聞軼事連結到自己的情境，一些未預期的事也可能發生在我身上。其實，有些未曾預期的已經發生。至少以前從沒人如此自我介紹，或以如此不尋常的方式和我說話。

7. 更進一步地，這則趣聞軼事是有關學生選擇艾瑞克森所給的幫助。透過這個相似的比擬，他暗示我是個學生，也會從他所給的協助和教導中做出選擇（雖然也許是未預期的）。

8. 這則趣聞軼事還有個附加的訊息，那些學生來向艾瑞克森求教，送他禮物作為回報。艾瑞克森從沒跟我收過任何費用，因為我負擔不起。艾瑞克森的態度是，如果你能付學費就付；如果你經濟拮据，他是不為時間收費的。然而我可以送他禮物，作為對他付出時間的彌補。我送他的是一個木雕，就放在桌上（如同紫色電話）。我不確定的是，送禮物這行為的「種籽」，是否包含在這則趣聞軼事中。送他禮物，或許只是基於回應。

9. 艾瑞克森的趣聞軼事足以影響我們之間將建立的是什麼關係。他阻止我說話與自我介紹，清楚表明這將是一個互補關係，他是說話的一方，而我是相對的弱勢，是聽話的一方。

10. 我很確定艾瑞克森也在評估我的回應。他用周緣視線一直留意我對他所提概念的反應。例如當他提及那具紫色電話時，我可以瞄、也可以不瞄桌上的紫色電話，他因此知道了一些我對暗示的回應形態。

11. 還有另一個觀點。1980 年有位心理治療師唐從鳳凰城來看我，要求我當他研習艾瑞克森取向心理治療的個別督導。他跟我解釋 1972 年曾和一些研究生拜訪艾瑞克森，為了回報他，他們送他一個電話：「很難的任務，紫色電話，但最終還是找到了。」

而在接下來的一次個別教學中，我為唐播放第一次面見艾瑞克森的錄音帶。唐說他和其他三位研究生去跟艾瑞克森學習，艾瑞克森透過他們的預科考試指導他們，後來其中兩位通過考試，兩位沒通過。

艾瑞克森告訴我的這則趣聞軼事完全是真的！

在簡單的介紹後，艾瑞克森與我討論的下一個個案，是他早期對精神病患者進行治療的一個例子（Zeig, a）。那次的經驗對治療關係的能力是非常有效的，因為對談的是一位心理治療的新手，討論的是 1930 年代他剛入行時所做的治療。除此之外，他還討論對精神病患者進行治療的一個案例，加上我也有與精神病患者工作多年的經驗。艾瑞克森用這些事實表明他對我知之甚詳。

接下來，艾瑞克森與我討論兩個算是沒有成效的心理治療案例。事實上，艾瑞克森和兩位精神病患者進行的治療都不多。其中一個被用來說明：對那病患而言，任何假設都是錯的；另一個案例

則是用來舉例：快速而正確的診斷之重要性。這裡的弦外之音有個很重要的訊息是：艾瑞克森說明了解有些病患是不肯順從心理治療的重要性，而這樣的病患也就不必花費太多心理治療的能量。想想這訊息可是出自一位在心理治療界享有盛名者之口呢！

這些第一次面見艾瑞克森的趣聞軼事，充分呈現複雜又有力的溝通手法，正是艾瑞克森風格的特色。艾瑞克森的教學方法，在他擅用多層次溝通的能力下，更加強而有力。

# 為什麼要用趣聞軼事

先說個「北風與太陽」（讀者也許都耳熟能詳）的小故事。

北風與太陽爭論誰比較強，要以自己最有名的成就一較高低，一個說完換另一個說出更偉大的事蹟。此時正好有個旅人走過，他們決定一決勝負，看誰比較快能讓旅人脫下披風。

愛自誇的北風首先嘗試，太陽則躲到一朵灰雲後觀察。北風吹起狂風，幾乎要把旅人的披風撕裂了。只見這旅人把披風抓得更緊，北風怎麼使力都徒勞無功。這麼簡單的事都做不到，窘迫的北風失望地敗下陣，卻不甘示弱地說：「我就不信你能辦得到。」

和藹的太陽露了臉，驅散所有聚攏的雲，灑落最溫暖的陽光。旅人感激地抬起頭，但是突來的熱度讓他快昏倒了。他很快脫下披風，衝向最近的遮蔭處，以求舒服些 (Stickney,1915)。

總而言之，趣聞軼事有以下用途與特色：

1. 趣聞軼事是不具威脅性的。
2. 趣聞軼事是引人入勝的。

3. 趣聞軼事促成獨立。一個人從訊息中找出意義，因此開始了自我引發的行動。所以說趣聞軼事可以促成自我決定的能力。病患因改變而帶來成就與責任。改變來自病患自己內部深處，而非來自治療師的指導。

4. 趣聞軼事能繞過對改變的自然阻抗。趣聞軼事以最容易被接受的最大可能來呈現指令和暗示。當病患有了症狀，他精神官能症的防衛因此建立，趣聞軼事可以間接突破他的防衛。若病患準備接受暗示，就用不著間接技術。一般說來，間接技術所需的總量與所預期的阻抗成正比。艾瑞克森的風格裡，催眠引導對有典型催眠反應的當事人運用較多的直接技術，對較阻抗的當事人則傾向使用趣聞軼事的間接技巧。

5. 趣聞軼事能控制關係。傾聽需要運作，才能賦予趣聞軼事新的意義。因為傾聽趣聞軼事，聽者被迫失去平衡，不能再以習慣方式控制關係。

6. 趣聞軼事塑造所謂的「彈性」（flexibility）。艾瑞克森致力於創造力。他對趣聞軼事的運用，表達他對敏銳性和創造力的強烈興趣。瑪格麗特‧米德（Margaret Mead，1901-1977。編按：著名人類學家，擅長文化心理學。）在寫到關於艾瑞克森的特色時，特別提到他是一個具有強烈創造欲望的人。

7. 艾瑞克森用趣聞軼事創造困惑，並促成催眠回應。

8. 趣聞軼事標示記憶，讓所呈現的想法更容易牢記。

# 結論

　　趣聞軼事必須建構成可以與當事人的內在參考架構彼此相遇，也唯有在和個別的病患謹慎扣合，同時也適當個別化時，才是最佳的運用。趣聞軼事必須符合病患自己的行為與理解，同時也在緊隨其發展時，才能發揮最大效用。就此意義下，先前潛伏的療癒能力被引發。趣聞軼事最佳的運用，不是哄騙病患擺脫症狀，而是引導他在自己的力量與成就下，努力為自己進行改變（參見 Zeig, a）。

　　趣聞軼事對病患有更進一步的的身教效果，它示範一種富創造力又有彈性的存有方式，病患因此從經驗中學習面對自己的僵化與自我設限的習慣，因而變得更有彈性、更有能力。

　　把這想法放在心中，隨時留意你的聯想，實現艾瑞克森呈現給你教學的趣聞軼事所帶來的效果。

## 參考書目

- Bandler, R.& Grinder, J.(1975).*Patterns of Hypnotic Techniques of Milton H. Erickson, M.D.* Volume 1.California: Meta Publications.

- Carkhuff, R.R. & Berenson, B.G.(1967).*Beyond Counseling and Therapy.* New York: Holt, Rinchart and Winston.

- Erickson,E.H.(1964).The Confusion Technique in Hypnosis. *American Journal of Clinical Hypnosis*,6,183-207.

- Haley,J.(1963). *Strategies of Psychotherapy.* New York: Grune & Stratton,Inc.

- Mead, M. (1977). The Originality of Milton Erickson. *American Journal of Clinical Hypnosis*,20,4-5.

- Stickney, J. H. (1915). *Aesop's Fables*. Boston:Ginn & Co.

- Tart,Charles T.(1975).*States of Consciousness*.New York:E. P.Dutton.

- Watzlawick,P.,Weakland,J.,& Fisch,R.(1974).*Principles of Problem Formation and Problem Resolution*. New York: Norton.

- Zeig, J.K.(in press) (a). Symptom Prescription and Ericksonian Principles of Hypnosis and

    Psychotherapy. *American Journal of Clinical Hypnosis.*

- Zeig, J. K. (in press) (b). Symptom Prescription Techniques: Clinical Application Using Elements of Communication. *American Journal of Clinical Hypnosis.*

---

本章部分文字載於 1978 年 10 月 14 日舉行的美國臨床催眠學會【ASCH】的科學會議。

# 第二章

# 研討會

本書無意提供了解艾瑞克森的另一種方式，也不是要呈現艾瑞克森還有什麼新玩意，而是要以新的角度呈現這個人。對從沒見過艾瑞克森的人而言，本書就像將艾瑞克森的活動化為視覺影像的機會，對那些有幸見過他的人，更提供觀看他這個人與其工作的不同角度。

# 星期一

當病患用他的語言跟你說話時，別轉譯成你的語言。傾聽病患時，別以為你了解他，因為你是用你的耳朵聽，以你的語言想。但病患的言詞是全然不同的。你要企圖像病人一樣理解他的話。

　　課程在艾瑞克森醫生的客房舉行，有三個小小房間：臥室、等候室（有一個茶水間）和辦公室。我們在較大的等候室上課，因為辦公室太小，無法容納有時多到十五人的團體。房間內有三個書架，此外還點綴了許多證書、相片和紀念品。

　　學生都坐在有靠墊的摺疊椅上，圍成了圓圈。艾瑞克森坐的輪椅左邊有張綠色的充氣椅，那通常是「當事人座」。

　　艾瑞克森被他太太推進來，一些學生得到允許，把麥克風別在艾瑞克森的西裝領上。他手握一支末端綴有紫色毛髮人頭的鉛筆，這些紫色鬍鬚整齊豎立著，尾端全收攏在一起，「人們來到這裡像這樣。」他向團體展示鉛筆時說。然後他興致勃勃地在兩隻手掌間旋轉鉛筆，鉛筆的滿頭鬍鬚因此散開來，「離開時像這樣。」接著說明在座每位需填寫的資料表。他要求大家將個人資料寫在一張銅版紙上：當天日期、姓名、地址、郵遞區號和電話號碼；婚姻狀況及子女數；教育程度和畢業學校；年齡和出生日：兄弟姊妹的數目、性別和年齡；成長於鄉下或城市。

　　等學生填完，艾瑞克森仔細看每一份資料，說點看法，糾正一些沒完整填寫資料的學生。

課程開始於從紐約來的心理治療師楊，她回答艾瑞克森醫生的意見時說了些多年身為獨女的經驗。


艾瑞克森：一個十五歲的女孩會對一個七歲大的男孩有多少同情？

楊　　：在這之後，事情才開始有了轉變。

艾瑞克森：可憐的弟弟。

楊　　：他還是過得很好。

艾瑞克森：你有兄弟姊妹嗎？（艾瑞克森問從瑞士來的社工師安娜）

安娜：有。我沒聽清楚要填什麼資料，你要我們寫什麼？

艾瑞克森：兄弟姊妹，他們的年紀和性別。

珊蒂：艾瑞克森醫生，我是珊蒂。（正走進來的是從紐約來的治療師珊蒂）

艾瑞克森：（跟珊蒂點頭）卡羅，你的學歷和日期沒填。（卡羅是麻州來的臨床心理學博士生）

卡羅：畢業日期？

艾瑞克森：不，今天的日期。你的姓名、地址、電話號碼、郵遞區號、學歷、畢業學校、兄弟姊妹的性別、婚姻狀況、子女、成長於鄉下或城市。

席佛德：我是從德國海德堡（Heidelberg）來的席佛德。（她是臨床心理學博士）

艾瑞克森：幸會。

席佛德：可以多別一支麥克風在你身上嗎？

艾瑞克森：多少小蟲（譯註：指麥克風）都可以。

席佛德：謝謝。

珊蒂：你能再多忍受一支嗎？

艾瑞克森：我聲音小，兩次小兒麻痺症把我的舌頭移位了，加上嘴唇半麻痺、只有一半橫隔膜，我沒辦法太大聲。你可以錄音，但到時候恐怕會很難聽懂我說了什麼。如果你不懂的話，儘管問我。如果還是有困難，另一個辦法是坐近一些。通常聽力不好的人會乾脆就不聽了。（艾瑞克森笑）

在教心理治療時，我強調意識覺察（conscious awareness）狀態和無意識覺察狀態（unconscious awareness）。為方便起見，我要談一下意識心靈（conscious mind）和無意識心靈（unconscious mind）。意識心靈是你的當下覺察（immediate awareness），意識上你覺察到輪椅、地板上的地墊、現場其他人、燈光、書架、晚上開的仙人掌花、牆上的畫、吸血鬼就在你背後（吸血鬼是一隻掛在牆上風乾了的魟魚）。換句話說，在我說的話和你身邊的東西之間，你正將你的注意力區隔開來。無意識心靈是由你一生的所有學習所構成，有許多即使已經全然忘記，它們仍支援你的自動運作（automatic functioning）。你的一大堆行為是這些遺忘了的記憶的自動運作，例如……我現在要挑你。（艾瑞克森對著加州來的內科醫生克莉絲汀笑著說，她有很重的德國口音）你知道怎麼走路嗎？怎麼站起來？請你告訴我怎麼站起來。

克莉絲汀：或許可藉著轉移我身體重心的同時……

艾瑞克森：你要怎麼轉移你的身體重心？

克莉絲汀：我確定要做許多無意識的調整。

艾瑞克森：喔？那是什麼？

克莉絲汀：我不確定。

艾瑞克森：你能以某種穩定的步伐走過沒有人車的六個街區嗎？你
　　　　　能不能以穩定的步伐走一直線？

克莉絲汀：可能沒那麼精準穩定，而且，我想我愈注意是不是穩
　　　　　定，就會愈不穩定。

艾瑞克森：那麼你要怎麼走？

克莉絲汀：如果我注意？……會比我不注意還糟。

艾瑞克森：什麼？

克莉絲汀：會比我不注意還糟。

艾瑞克森：你要怎麼自然地走下去？匆匆忙忙的嗎？

克莉絲汀：把每一步放在另一步之前，並且不要注意它。

艾瑞克森：怎麼走成一直線？

克莉絲汀：我不知道。大概只能適度的直吧。

艾瑞克森：那麼你要在哪兒停下來？在哪兒暫停？

克莉絲汀：時機恰當時。

艾瑞克森：吶，這就是我說的託辭。（艾瑞克森笑）你要在哪兒暫
　　　　　停，在哪兒停止？

克莉絲汀：有紅燈我就會停。

艾瑞克森：哪兒？

克莉絲汀：人行穿越道。

艾瑞克森：一直走到人行穿越道之前都不必停嗎？

克莉絲汀：或許在那之前。

艾瑞克森：在那之前多遠？

克莉絲汀：幾步路，或許一步。

艾瑞克森：好吧，假設不是紅綠燈而是停止標誌；又或許沒有標誌的話呢？

克莉絲汀：若有人車我會停。

艾瑞克森：我說過沒有人車。

克莉絲汀：那麼我可能會繼續走。

艾瑞克森：就說有個交叉路口吧，（艾瑞克森比了個姿勢）還有個紅燈，你走到這兒，你往上看，然後轉頭看看到人行穿越道有多遠。如果有個停止標誌，你減速看它。當你走到人行穿越道，接下來會做什麼？

克莉絲汀：我停下來之後嗎？

艾瑞克森：走到人行穿越道後。

克莉絲汀：我會停下來，然後四處看看。

艾瑞克森：看哪兒？

克莉絲汀：我預期會有人車過來的方向。

艾瑞克森：我說過沒有人車。

克莉絲汀：那麼我會繼續走，看看對面的街道，估計我該用多大的步伐。

艾瑞克森：你必須停下來，看看要走多遠，你很自發地左看看、右看看、上看看。當你走到人行穿越道對面會暫停，估量人行道與街道的高度差異，然後就不必再左看或右看。接下來有什麼事會讓你慢下來？

克莉絲汀：迎面而來的人車？

艾瑞克森：這個嘛，如果你很餓，經過一家餐廳時會減速。我看到你的項鍊，你大概會轉向珠寶店。（克莉絲汀笑）若是一個喜歡打獵及釣魚的男人可能會轉向運動器材店的櫥窗。

你會在哪兒停下來？在哪棟建築？……如果你走過一個看不見的障礙物呢？你們之中沒有人想走過麵包店嗎——管他男人、女人或小孩？（對克莉絲汀說）好啦，既然你是個醫師，你是怎麼學會站的？同樣的問題也問你們所有人。你知道怎麼學著站起來的，你最早一步的學習是什麼？

克莉絲汀：努力嘗試。

艾瑞克森：你甚至不知道「站起來」是什麼意思，你怎麼學會站的？

克莉絲汀：或許是偶然。

艾瑞克森：不是每個人都有相同的偶然。（笑聲）

羅莎：因為我想要得到某些東西。（羅莎是以色列來的治療師）

艾瑞克森：喔？你想追求什麼？

羅莎：我追求什麼嗎？

艾瑞克森：不要這樣回答問題。

安娜：或許是藉著等待，等著做別人都做的事。當時機到了，小嬰兒就成長了。

艾瑞克森：對，但你是怎麼辦到的？

安娜：生理上，把我的腳放下，我想像……然後用手幫忙。

艾瑞克森：（對團體說話，但看著他前面地板上一個特定的點）我必須學著站起來兩次，一次是嬰兒時，一次是十八歲時。我在十七歲時全身麻痺，我有個和我年紀相差很多的妹妹，她

還是嬰兒時，我看著她爬過我眼前，觀察她如何站起來。我是跟比我小十七歲的妹妹學習怎麼站起來的。

首先你得把自己向上拉直，然後，或早或晚偶然地，（你們全都有這樣的偶然）你發現自己在腳上放上一些重量，之後發現膝蓋彎曲就坐下去了。（艾瑞克森笑）接著你將自己拖拉起來，再試著用另一隻腳，膝蓋又彎曲了。花了好長時間，你學著把力量放在腳上，同時把膝蓋打直。你必須學著分開腳，不讓它們纏在一起，如果纏在一起就站不起來了。你必須學著把腳分得愈開愈好。然後讓膝蓋打直，之後你的身體又再一次背叛你——你的臀部彎了。

過好一會兒，經過許多努力，你讓膝蓋打直，雙腳分開，臀部挺直，抓住遊戲圍欄邊邊。你有了四個地基——兩隻腳和兩隻手。

然後當你舉起手臂，發生了什麼事？（艾瑞克森舉起他的左手）你跌坐下來。學著抬起這隻手可不容易，要把手伸出去更困難，因為身體會像這樣。（艾瑞克森把身體擺向右邊又擺向左邊）然後那樣，然後這樣。接著你必須學習不管怎麼動這隻手，都可以讓身體保持平衡，然後學習怎麼移動另一隻手。再來學著協調加入頭、肩膀、身體的動作。最後，你終於可以不用雙手幫忙就能站起來了。

現在你要怎麼把重心從兩隻腳移到一隻腳？這可是個艱鉅的工作，第一次嘗試時忘了要把膝蓋及臀部打直，因此你坐下去了。過一會兒你試著把重量放在一隻腳上，然後挪動它向前。它改變了你的重心，因此你又跌坐下去。你花了好長一

段時間學習如何把一隻腳往前挪，終於跨出第一步，它看來
是如此完美。然後你用同一隻腳挪出第二步，看來卻沒那麼
完美了。當你挪出第三步時又跌倒了。你花好久時間才學會
左一步、右一步、左一步、右一步。你們全都會走路，但不
完全知道這動作或過程。（艾瑞克森對克莉絲汀說）呐，你
會說德語，不是嗎？

克莉絲汀：是的。

艾瑞克森：比起德語，學英語容易嗎？

克莉絲汀：一點都不，英文難多了。

艾瑞克森：為什麼？

克莉絲汀：德語是我的母語，它來得一點都不費力，因為我聽到的
一直都是德語。我學英語……

艾瑞克森：你必須學一整套新的發音，將它與耳朵協調。你能說
「那鳥飛得好高」嗎？

克莉絲汀：那鳥飛得好高。

艾瑞克森：用德語說。

克莉絲汀：Der Vogel fliegt hoch.

艾瑞克森：你能用德國北部低地的方言（Plattdeutsch）說嗎？

克莉絲汀：不能。

艾瑞克森：為什麼？

克莉絲汀：我沒學過。我不認為我懂，那方言挺難的。

艾瑞克森：你知道這個嗎？「當個普瑞士（Preiss）真好（發成
「價錢」（price）的音），但當個貝爾（Bayer）更好。」
（發成「買主」（buyer）的音）

克莉絲汀：我不懂你在說什麼。

艾瑞克森：當個普瑞士真好，但當個貝爾更好。

克莉絲汀：我從沒聽過這個。

艾瑞克森：我不會說德語，發音可能錯了。當個普魯士人（Prussian）真好，但做個巴伐利亞人（Bavarian）更好。（笑）

席格佛萊德：能請你說大聲點嗎？

艾瑞克森：啊！我要指控你們說話說得太小聲了。我想事實是我聽不清楚。（艾瑞克森笑）（艾瑞克森看著地板說話）好啦。在心理治療中，你教病患運用一堆他很久以前學過的事，是他不知道怎麼學來的事。

接下來我要說的是，我們有成千上萬的大腦細胞，成千上萬的大腦細胞，而大腦細胞是高度分工的。你用一組大腦細胞學德語，用另一組成千上萬的大腦細胞學英語，再用另一組細胞學西班牙語。讓我這麼說吧：我用兩位住院病患的事向一位醫學院學生說明一些事。兩位病患都有一些輕微的腦出血——非常輕微的腦出血。其中一位能指稱事物，但你若問他東西的用途，他答不出來。他能識別鑰匙、門、門把、鑰匙孔，知道東西的名稱，卻不知道動詞。

另一位病患說不出這些名稱，但能說明用途，他說不出鑰匙，也沒辦法說門、門把、鑰匙孔。但你若給他一支鑰匙要他打開門，他不知道你在說些什麼；但若你把鑰匙插入鑰匙孔，他會把門打開。你說「轉開門把」，他聽不懂；如果這樣示範，（艾瑞克森做了個轉動門把的動作）他就懂了。你

推開門，他能了解。

換句話說，你的大腦細胞是如此專精，以致於你腦中儲存了許多知識，它們全都是相互關聯的。我要你們注意的另外一件事是催眠。催眠是停止運用一個人的意識覺察；在催眠中，你運用的是無意識覺察，因為你能無意識地了解和有意識地了解一樣多的事，甚至更多。（對珊蒂說話，她坐在綠色椅子上）我要請你換一下你的位子。（對克莉絲汀說）你姓什麼？

克莉絲汀：克莉絲汀。

艾瑞克森：克絲提？

克莉絲汀：克莉絲汀。（坐到綠色椅子上）

艾瑞克森：巴柏（Joe Barber）曾讓你進入催眠狀態嗎？

克莉絲汀：是的。

艾瑞克森：很多次嗎？

克莉絲汀：有幾次。

艾瑞克森：好。靠著椅子，看著那匹馬。（艾瑞克森要求她看著房間書架上的石膏馬。克莉絲汀調整姿勢，把筆記本放到一邊，腿分開些，手放在大腿上）你看到了嗎？

克莉絲汀：看到了。

艾瑞克森：就用平常的方式看。我要你們全都注意聽我說。好，克莉絲汀，看著那匹馬。（克莉絲汀重新調整姿勢，把筆記本放到左邊，介於她和椅子之間）你不必動、不用說，我要提醒你一些很久以前學過的東西。當你第一次上學，老師要你學寫字母，那似乎是很難的事。所有的字母耶，所有那些不

同的形狀和樣式，更糟的是還有印刷體和小寫。（克莉絲汀慢慢瞇著眼）當我一直跟你說話時，你的呼吸已經改變、你的心跳已經改變、你的血壓已經改變、你的肌肉張度已經改變、你的動作反射已經改變。現在，（克莉絲汀閉上眼睛）我喜歡你閉上你的眼睛，我要你覺得非常舒服。你愈覺得舒服，就愈深入催眠狀態。你會進到催眠狀態，深入到你覺得自己的身體都不存在。你會覺得只有一個心而沒有身體，一個飄浮在空中的心靈，飄浮在時間之流中。許久許久以前的記憶將會回來，那些你已遺忘多年的記憶。

我的聲音將追隨你到各處，化成你的爸媽、你的老師。它可以變成德語發音。也會化成你玩伴的聲音，你同學、你老師的聲音。

接著我要你學些非常重要的事。我要你的身體繼續熟睡，酣然入眠，進到很深的催眠狀態，但我要你的頭部是清醒的，只有你的頭。你的身體是睡著的。從脖子以上你會是全然清醒的。要這麼做很難，但你能讓脖子以上是清醒的。那很難，可是你辦得到。同時讓你的身體深深地睡著。你能做得更好，即使不想醒來，但脖子以上會醒過來。（克莉絲汀睜開眼睛）你覺得如何？

克莉絲汀：很好。（克莉絲汀笑著。一開始，當她跟艾瑞克森說話時身體是僵硬的，視線只集中在艾瑞克森身上）

艾瑞克森：有什麼記憶想和大家分享嗎？

克莉絲汀：我唯一經驗到的是你所說的。

艾瑞克森：喔？學校呢？

克莉絲汀：我不相信對學校還有記憶。

艾瑞克森：你不相信你對學校時光還有記憶？

克莉絲汀：我能在意識上談論一些事，但我沒體驗到什麼。

艾瑞克森：你確定嗎？

克莉絲汀：（往上看）我想是的。

艾瑞克森：你覺得你是清醒的。

克莉絲汀：就像你說的，我從脖子以上是醒著的。（笑）我想我如果做一些努力，或許可以移動手，但我不想做。

艾瑞克森：當你出生時，你所學到一件重要的事（克莉絲汀看著攝影機）就是，你並不知道你得到一個身體。你不知道「這是我的手，（艾瑞克森比劃著他的左手）這是我的腳」。當你餓了哭，（克莉絲汀看向團體）媽媽把你抱起來，拍拍你的肚子，再把你放回去。你的思考還沒充分發展，情緒卻不然。當下一陣飢餓又湧上時，（當她的右手慢慢抬起時，克莉絲汀看著團體）你情緒上對自己說：「那頓晚餐沒能讓我撐很久。」你媽媽會把你抱起來拍拍，又放回去，你覺得這就像一頓美好的晚餐，直到下一次飢餓痛苦來襲，你情緒上又再一次體驗到「那頓貧乏晚餐沒能維持很久」的事實。

有時你碰巧注意到手，（克莉絲汀的手停止動作，停在肩膀下的高度）你學著拿起撥浪鼓或一些玩具玩弄。它看來很有趣，你去抓它，卻碰到問題：怎麼玩具在你想碰它時就溜走了。有一天你碰巧抓住它，看來卻好困惑，怎麼玩具看起來是一回事，而實際上卻不覺得……在你身體兩側。你有掌心和背部的自動反射動作，你學著用這些反射能力讓自己比較

容易完成想做的事。你的手怎麼抬起來了？

克莉絲汀：在我睜開眼睛前就注意到它想抬起來。我現在知道它在
　　　　　哪裡了。

艾瑞克森：那很重要嗎？或者說，重要的是你的手抬起來，而你卻
　　　　　不知道為什麼？

克莉絲汀：（笑）對！我總是合理化，因為以前發生過。

艾瑞克森：那是怎麼一回事？

克莉絲汀：我總是合理化而且看著它發生，因為以前發生過。總是
　　　　　這隻手會這樣。

艾瑞克森：什麼導致它抬起來？

克莉絲汀：（搖頭）我不知道。

艾瑞克森：你不了解你的許多行為，你習慣用右手指示，抬高你的
　　　　　臉。（克莉絲汀的手開始移向臉，很快地手背碰到臉。她
　　　　　的手掌朝向團體，大拇指和小指是張開的）你知道不是你做
　　　　　的，你知道它會停在你的臉上，沒辦法挪開它。你愈是想挪
　　　　　開，它就愈黏著你的臉。因為你做不到，所以你努力試著想
　　　　　挪開。（克莉絲汀笑）唯一能把手放下的方法……（艾瑞克
　　　　　森抬起他的左手）你是很有反應的人，我做一個手的動作，
　　　　　你開始照著做。

克莉絲汀：你說什麼？

艾瑞克森：我做一個手的動作，你開始照著做。現在唯一能讓你的
　　　　　手回到腿上的方法，是讓你的另一隻手舉起又放下。

克莉絲汀：在這種時候我總是有很大的衝突，我認為我能做到，同
　　　　　時又覺得應該有禮貌。我不確定我是不是在表現有禮貌，或

我真的做不到。

艾瑞克森：我了解，你讓你的理智干擾了你的學習。

克莉絲汀：總是這樣耶。

艾瑞克森：現在，我要你們都注意我。你們看到有個人安靜地坐在那裡，動也不動，起先她不轉頭看我，只用眼睛看著我。通常當你要看一個人時，會把臉轉向他。（跟克莉絲汀說）你只用你的眼睛看我，你把你的眼睛、身體和脖子分開了。

克莉絲汀：我的手累了。

艾瑞克森：什麼？

克莉絲汀：我的手累了。

艾瑞克森：真高興聽你這樣說，當你想把右手放下時，你的左手會抬起來把右手壓下去。你認為你是清醒的，不是嗎？

克莉絲汀：（軟弱地）是呀。

艾瑞克森：你確實是清醒的，不是嗎？你不知道你是睡著的。你想你需要多久時間才能把眼睛睜開？

克莉絲汀：我不知道。

艾瑞克森：**現在**接近了嗎？（克莉絲汀眨眼）接近了嗎？（克莉絲汀的眼睛是閉著的）你現在想合理化嗎？（克莉絲汀睜開眼睛）

克莉絲汀：真希望我能忽略這愚蠢的意識心靈，它總想合理化每件事。

艾瑞克森：你覺察到這個事實，可是又不能忍受它？

克莉絲汀：是啊。

艾瑞克森：你開始懷疑自己以前怎麼能忍受？

克莉絲汀：嗯。

艾瑞克森：你表現得像有薦骨阻斷（sacral block）？

克莉絲汀：像什麼？

艾瑞克森：薦骨阻斷。一種薦骨部位的麻醉[1]……

克莉絲汀：喔。我懂了。喔，是的。

艾瑞克森：你是那樣嗎？

克莉絲汀：差不多。

艾瑞克森：她沒看到自己在擺動，（艾瑞克森指著另一女士）卻看
　　　　　到除了自己之外的其他人的擺動。現在你們全都了解，當我
　　　　　說「看到除了自己之外的其他人的擺動」的意思了，你是清
　　　　　醒的，卻全然動彈不得。（克莉絲汀稍微移動右手肘）現在
　　　　　讓你的手臂愈來愈累，直到你要……（克莉絲汀閉上眼睛）
　　　　　用左手把右手壓下去……（克莉絲汀笑，打開眼睛，抬起左
　　　　　手慢慢把右手壓下）。你覺得手臂比較清醒了，不是嗎？

克莉絲汀：我的手？是啊。

艾瑞克森：你的手能動嗎？手指，不是你的手。

克莉絲汀：要很用力。（笑）

艾瑞克森：你能合理化你的努力嗎？這裡有位麻醉醫師對催眠很有
　　　　　興趣，現在為懷孕婦人來一個薦骨阻斷吧。我多次幫她進
　　　　　入像這樣的催眠狀態，沒提其他的事。我告訴她：「進產房
　　　　　時，你只要想著嬰兒的性別、長相、特徵、有沒有頭髮。過

---

[1] 譯註：薦骨是位於脊椎尾端、介於骨盆兩個臀關節之間的三角骨，麻醉此段可
　　阻斷下半身的痛覺。

一會兒，負責你下半身的產科醫師會把嬰兒抱起來讓你看。你將會有著徹底的薦骨阻斷，全面性的麻醉。」

我女兒貝蒂·愛莉絲生第一個寶寶時，醫師是我的學生，他很焦慮。我女兒跟他說：「別擔心，醫師，你是產科醫師，知道份內該做的事。在產房，你只管負責我的下半身，我來管我的上半身。」她告訴護士及其他助手在澳洲教書的事。

過了一會兒，醫師說：「貝蒂·愛莉絲，你要不要知道這是什麼？」他舉起一個男嬰。她說：「啊，是個男孩。給我，我要像其他媽媽一樣數數他的手指、腳趾。」除了說些在澳洲教書的事，她應該知道到底發生了什麼事。

我注意到你們全都不斷地變換姿勢。（克莉絲汀笑）

（艾瑞克森看著地板）有個病患來找我做治療。來了幾個月後，有一天她說：「我要進入催眠狀態，艾瑞克森醫生。」她在催眠狀態時說：「我覺得好舒服。我要留在這兒一整天。」我說：「真不幸，還有其他病患要來，你不能待在這兒整天耶。」她說：「我才不管其他人。」我跟她說可我是靠看病維生的。她說：「好吧！我付你剩下每個鐘點的費用，我要留在這裡整天。」（艾瑞克森看著克莉絲汀）我要怎麼擺脫她才好？我跟她說：「既然如此，你就好好享受你的催眠。我希望你不用上廁所。」（對克莉絲汀說）你的肩膀醒了。

克莉絲汀：你要我其他部分也醒來嗎？

艾瑞克森：我想這樣會讓你不那麼尷尬。（艾瑞克森哈哈大笑，克莉絲汀則微笑著）

克莉絲汀：我就是不知道該做些什麼。

艾瑞克森：這個嘛，我希望你不必匆匆忙忙地去上廁所……（克莉
　　　　　絲汀笑著並挪動手）你現在愈加熟悉你自己了。（克莉絲汀
　　　　　調整身體和手）

克莉絲汀：是的。

艾瑞克森：你不必去上廁所。（笑聲）

　　　　　（對團體說）你們誰不曾進入過催眠狀態？

　　　　　（對卡羅說）你沒有過。（對席佛德說）你也沒有。好吧！
　　　　　博士，在催眠狀態中漂亮女孩比男人耐看，這是你的經驗
　　　　　嗎？

席佛德：你能再說一遍嗎？我沒聽懂。

艾瑞克森：漂亮女孩比較耐看。

席格佛萊德：這下我懂了。（笑聲）

艾瑞克森：（跟卡羅說）吶，你要換位置……（克莉絲汀和卡羅交
　　　　　換座位）

　　　　　你們注意到了嗎？我沒問克莉絲汀什麼。

羅莎：你問我們以前有沒有進入過催眠狀態，她說沒有，是嗎？我
　　　從來沒有過催眠狀態，我以為你是問另一個問題，所以我
　　　沒……

艾瑞克森：（對克莉絲汀說）你的名字是克莉絲提，對吧？

克莉絲汀：不對，是克莉絲汀。

艾瑞克森：克莉絲汀，我要你坐到那邊嗎？

克莉絲汀：我以為你要我和她換位子。

艾瑞克森：不，我是問她。（指著卡羅）

克莉絲汀：喔，你要我怎麼做？

艾瑞克森：你已經做了。我沒要你醒來。（笑聲）我讓你的意識心靈接管。我只問她是不是要坐這兒，而你包辦了其他一切事。

（跟卡羅說）你不曾有過催眠狀態？（卡羅坐著，把手臂擱在椅臂上）

卡羅：我不確定，（卡羅搖著頭）或許有過一次，或許沒有。（卡羅稍稍調整她的手）

艾瑞克森：你叫什麼名字？

卡羅：卡羅。

艾瑞克森：卡羅，（艾瑞克森從腕關節抬起卡羅的左手，任它僵硬地懸著。卡羅看著她的手、看著艾瑞克森。她的腕關節彎曲，手指打得很開）讓一個陌生男人把你的手抬起懸在半空中，對你而言是很平常的經驗嗎？（卡羅看往別處又看回艾瑞克森）

卡羅：從來沒發生過，（卡羅笑）但我要等著看會發生什麼事。

艾瑞克森：你認為你在催眠狀態中嗎？

卡羅：不。

艾瑞克森：你真的不認為？

卡羅：不。

艾瑞克森：你確定？

卡羅：看到這之後，我不確定了。（卡羅笑）

艾瑞克森：你不確定了。你認為你的眼睛會很快閉上嗎？（這時卡羅正看著艾瑞克森。艾瑞克森繼續看著她）

卡羅：我不知道。

艾瑞克森：你不知道。

卡羅：好像會。

艾瑞克森：你真的確定眼睛不會閉上，不會一直閉著嗎？

卡羅：我不確定。我想眨眼。（笑著）

艾瑞克森：你猜很快就會眨眼，然後一直閉著。

卡羅：這個想來會比較好。（團體中傳來笑聲，卡羅微笑）

艾瑞克森：你一點都不確定，不是嗎，卡羅？

卡羅：對呀。

艾瑞克森：但是你開始確定眼睛會閉上，（卡羅眨眼）很快，現在……而且會一直閉著。（卡羅的眼睛閉上）

在心理治療中，你應該知道，你的病患知道自己過去所學甚於你這個治療師的了解。你不知道自己是如何入睡。你不知道如何放鬆覺察，放鬆你的意識覺察。所以當一個病患來看我時，我有這麼些許許多多的疑惑，我往正確的方向質疑，而病患往錯的方向質疑。（艾瑞克森慢慢挪動卡羅的手臂到腿上時，對著卡羅說）更多更多的舒適，進到更深的睡眠狀態，就好像你沒有了身體，就好像你只剩下心靈，只剩理解力，你浮在空中，在時間的流動中。

或許你是個小女孩，正在家裡面玩，或者在學校裡。我要你重新拾回遺忘了的許多很久以前的記憶。我要你重拾小女孩的**感覺，所有**感覺。不管你有什麼感覺，等一下挑一些告訴我們。

你可能在學校操場玩遊戲，可能在吃午飯，可能對老師的衣

服很感興趣，一些在黑板上看見或在相簿中的相片……一些你早已忘記的事。

那年不是 1979 年——是好早以前，甚至不是 1977 年、不是 **1970 年**。我不知道那是 1959 還是 1960 年。我不知道你正望著耶誕樹或教堂，或正和一隻狗或貓在玩。

等一下你會醒來，告訴我們這個叫做卡羅的小女孩。她真是個漂亮的小女孩，卡羅，在 1959 或 1960 年。或許你會想知道長大成為大女孩時要做什麼。我要你感覺脖子以上醒著、身體卻深深睡著的經驗。（艾瑞克森等了一會兒，之後卡羅把頭轉向他，看著他）

嗨！（艾瑞克森直直看著卡羅。在整個催眠引導中，艾瑞克森都看著卡羅前面的地板）你要跟我說什麼嗎？

卡羅：你像個好人。（卡羅的聲音聽起來好小）

艾瑞克森：是嗎？

卡羅：嗯。

艾瑞克森：謝謝。我們在哪兒？

卡羅：我想是在公園。（卡羅說話時，注意力集中在艾瑞克森）

艾瑞克森：在一個小公園。當你長成大女孩時想做什麼？

卡羅：我不知道，還要好久呢！

艾瑞克森：是還要好久。你現在要做什麼？

卡羅：玩遊戲。

艾瑞克森：什麼樣的遊戲。

卡羅：玩球。

艾瑞克森：球？

卡羅：跳房子遊戲。

艾瑞克森：跳房子。你住在哪兒？離公園近嗎？

卡羅：不。

艾瑞克森：在哪兒？

卡羅：我住很遠。我只是到這兒來玩。

艾瑞克森：你住在很遠的哪裡？

卡羅：瑞丁（Reading）。

艾瑞克森：那是哪兒？

卡羅：賓州。

艾瑞克森：賓州。（小小聲地）你多大啦？

卡羅：五歲。

艾瑞克森：你五歲了。

卡羅：或許三歲，我想，也許四歲。

艾瑞克森：三歲或四歲。你最喜歡這公園的什麼？

卡羅：我喜歡跟我爺爺來這兒看他的朋友。

艾瑞克森：你希望他們現在在這兒嗎？

卡羅：不要。

艾瑞克森：這兒有很多樹嗎？

卡羅：有樹，有長凳，還有個小商店。

艾瑞克森：附近有人嗎？

卡羅：那時候嗎？

艾瑞克森：現在。

卡羅：現在，有，嗯。

艾瑞克森：什麼人？

卡羅：教授。

艾瑞克森：你才三、四或五歲，你從哪學來像「教授」這麼有學問的字眼？（卡羅笑）

卡羅：嗯，我知道現在和那時的區別。

艾瑞克森：你怎麼能知覺現在卻站不起來？

卡羅：我在那個過去時刻感覺不到我站不起來。

艾瑞克森：現在你能覺察。

卡羅：很奇怪。

艾瑞克森：是的。要不要我跟你說個祕密？

卡羅：我好想聽。

艾瑞克森：現在，所有在這兒的人都忘記去聽交通的吵雜聲，（艾瑞克森笑）我從沒要他們當個聾子。突然，瞬間他們又聽到交通噪音了。你們之中多少人是處於催眠狀態？（有些人已閉上眼睛）環顧四周，你會看到很多靜默不動的人。

（對卡羅說）閉上你的眼睛。（卡羅閉上眼睛）閉上吧，享受酣然的睡眠，在非常舒服的催眠狀態中，你們也一樣，（艾瑞克森對其他人說）你們也是。現在，閉上你們的眼睛，全都進入深沉的催眠狀態，有上萬的腦細胞能運作，你會學到你要學的。

在教精神科住院醫師時，我會給他們一本書，要他們回家去讀。我跟他們說：「今天算起三、四個月後的某天，我要跟所有人開會。你們最好把書看完，提出心得報告。」他們知道我是當真的。有些住院醫師是很好的被催眠者，大約四個月後，我找他們開會說：「記得嗎？我曾要你們看一些書，

現在是討論的時候了。」那些不是被催眠者一聽我這麼說好高興，因為他們看了我指定的功課，提出心得報告當然不是問題。

那些很好的被催眠者的住院醫師看起來既不開心又苦惱，當我一個一個點名時，他們很不高興地說：「對不起，艾瑞克森醫生，我忘了看那些書了。」我會告訴他們：「我不接受藉口。我要求你看書，而且三、四個月前就告訴你，好讓你準備報告，現在你卻告訴我還沒看？你知道書名和作者嗎？」他們會告訴我書名和作者，再次道歉。我會說：「把紙和筆拿出來，每個人都總結一下，你認為作者在第三章的重點是什麼，第七章還有第九章的重點又是什麼。」他們失去控制地看著我說：「我們怎麼會知道？」「咦！既然你們知道作者和書名，那就是一切了。你們都乖乖坐下，摘要說明這三章。」他們坐下來開始寫：「我認為作者在第三章討論了 a、b、c、d、e、f、g，還有一連串的……在第七章，我認為作者說明……」然後又列出一些主題。「在第九章，我認為作者闡述……」之後我拿出那本書，要他們看第三章，再看看他們的報告。他們會問：「我怎麼會知道的？」他們在催眠狀態時其實已經看了書，只是想不起來。好玩的是，他們竟有一個比從大腦出來好得多的報告。這事發生幾次以後，他們不再害怕要提出讀書報告的討論會，因為知道自己一定可以做得很好。（艾瑞克森笑了，看著卡羅）

卡羅，我要你很快醒過來。溫柔地、舒服地醒過來。

對於掛在那兒的吸血鬼，你有什麼看法？（艾瑞克森指著）

白天那是他住的地方，晚上他活過來，以血維生。（卡羅
笑）現在你們全都看到吸血鬼。你看，如此一來他就不需要
棺材，沒人懷疑他是誰。（卡羅移動手臂）

（跟卡羅說）你要我為你算命嗎？

卡羅：好啊！

艾瑞克森：（艾瑞克森看著卡羅伸過來的手掌）你看這條線——你
　　　　看到「ㄇㄨㄟˋ ㄎㄥㄙ」幾個字了嗎？那是公園的名字。

卡羅：什麼的名字？

艾瑞克森：公園的名字。

卡羅：公園。

艾瑞克森：在賓州。你到那兒去看你爺爺嗎？你喜歡去在瑞丁的小
　　　　公園嗎？在賓州嗎？我怎麼看起手相來了？

卡羅：什麼？

艾瑞克森：我怎麼看起手相來了？

卡羅：不賴呀！（卡羅笑，把手放下）

艾瑞克森：我幹嘛談到吸血鬼？我是怎麼說到吸血鬼的？吸血鬼曾
　　　　為童年請命。

席佛德：什麼？

艾瑞克森：請命——童年利益。

安娜：為什麼東西請命？

席佛德：對小孩的影響嗎？

艾瑞克森：不是，是利益。

席佛德：利益。

艾瑞克森：（對團體說）我正在說的是小孩會思考的事，而看手相

是另外一個有用的事。至於吸血鬼，和瑞丁公園完全不相干，則我用來引導她的失憶，並將其注意力從這張椅子轉移到瑞丁公園、到她的童年、到她的過去的引線。我沒有告訴她要遺忘。

（跟卡羅說）我在說些什麼？

卡羅：我沒聽懂。（笑）

艾瑞克森：她沒聽懂。（笑）你們全都被師長父母教過：「當我跟你說話時看著我，當你跟我說話時也該看著我。」她來這裡聽我的課，而我喚起她早年的行為模式。

（對克莉絲汀說）即使我在談論她，她仍然沒聽懂。

（對卡羅說）你什麼時候離開有個瑞丁公園的賓州？

卡羅：高中以後。

艾瑞克森：我怎麼知道你和你爺爺去過瑞丁公園？

卡羅：（耳語）我告訴你的。

艾瑞克森：（和卡羅的耳語同時發生）他去過，不是嗎？你喜歡去看他的老朋友。還有其他你不想讓我知道的黑箱祕密嗎？（笑聲）

在治療中，實際在做治療的是病患，你不過是提供一個適當的氛圍，讓他們提出因某種理由壓抑許久並已遺忘的事。

所有的交通噪音又沒了，這不是很有趣嗎？（艾瑞克森笑）現在你們又聽到了。

好啦，讓我們移向三個不同的方向，可能是理性的、可能是情緒的、也可能是動作的。有些人就是動得比別人多。

好，從這個地方移到那個地方的能力……北極熊能住在北極

而非南極，企鵝住在南極而非北極。動物是受限的，牠們住在海岸線之上、之下，或沙漠中、熱帶雨林中，我們能住在任何地方，這是人類的特色。

我們有情感，或者說有情緒的生活，此外我們還有認知，或者說是理智的生活。我們從小就被教導要強調理智（intellectual），好像這真是件了不得的事，重要的是人類擁有這些不同的層面。有一年，我在鳳凰學院教一群牙醫、醫師和心理師催眠。課從晚上七點到十點半，學員來自優馬鎮（Yuma）、旗杆鎮（Flagstaff）、臺地村（Mesa）和鳳凰城，下了課他們都要回家。第一學期有位來自旗杆鎮，名叫瑪莉的心理師。從第一堂課，只要我開始上課，她馬上進到很深的催眠狀態。我叫醒她。她表示從沒學過催眠，也不曾當過被催眠者，她自己也非常驚訝就這麼進入催眠狀態。她大約三十到四十歲，是心理學博士班的博士候選人。我叫醒她，要她保持清醒。可是一開始上課，她很快又進入很深的催眠狀態。我得再叫醒她，跟她說：「保持清醒。」可是沒用，只要我一講課，她就進到很深的催眠狀態。整個第一堂課，她都在深度的催眠狀態中，一直都是，因此我放棄叫醒她了。

學期中時，我想用瑪莉做催眠示範，因此將她從深度催眠狀態中喚醒，並要她帶來一些童年記憶。瑪莉醒過來說童年唯一能記得的是蝴蝶袖和竹叢。我問那意味什麼。她不知道。我試了又試，但那就是我所能得到的了──蝴蝶袖和竹叢。下一個學期她又選這門課，老樣子，每堂課都進入並停留在

催眠狀態中。第三次選修時，我心想：好吧！既然我不能從她那兒得到什麼，那麼就來創造一個讓瑪莉能教我們什麼的情境。

我跟瑪莉說：「我要你進到很深很深的催眠狀態。首先我說明人們活著有理智、情緒、動作等不同層面。我跟她說：「進到深度催眠狀態，非常深的催眠狀態，找一些情緒出來，一個你不敢知道意義的情緒。」我跟她說那會是個非常強烈的情緒，而她會將它帶出來，「不帶知識、沒有理智的理解，只把情緒挑出來，就只有情緒。」

瑪莉醒過來，抓著椅子把手非常僵硬地坐著，汗水從下巴和鼻子滴下。我問她：「有什麼麻煩嗎？」她說：「我好害怕！」她只動了動眼珠，沒辦法挪動身體其他部分，當然，除了動嘴說：「我好害怕！好害怕！」她的臉色非常蒼白。我問她能不能牽我的手，「能。」我問她要不要牽我的手，她卻說不要。我問為什麼，她說：「我好害怕！」我請班上其他學生留意瑪莉並跟她說話。有些學生受不了看到瑪莉如此恐懼。全班都看到汗水流下她的臉，滴呀滴，她的臉色灰白，眼球只能有限度地移動。她從喉嚨角落發出聲音，僵直地抓住椅子扶手，呼吸好短、好小心。

當然，全班也很高興瑪莉從催眠狀態中醒來，並帶來非常強烈的情緒，可是我又告訴瑪莉：「回到催眠狀態中去吧，回到那個你帶來這個情緒的催眠深度去，將理智層面的東西也帶出來吧。」瑪莉醒過來，抹了把臉後說：「真高興那是三十年前的事。」當然，我們都很想知道三十年前究竟發生

了什麼事。

她說：「我們住在山邊，那兒有座深深的峽谷，一道裂縫就在山邊。我媽媽總是警告我別靠近它。有天早上我出去玩，忘了媽媽的警告，我在那深谷邊徘徊，看到一根鐵管橫跨過它。那鐵管直徑將近四十公分寬。我把媽媽的警告全丟在腦後，心想如果雙手雙腳並用順鐵管而下，一定很好玩。

「感覺差不多要到了，我往上看距另一端還有多遠。這麼做的同時，我也看到了峽谷有多深。那可真是可怕，可是我還在半路上，我頓時嚇呆了。僵在那兒半個小時，思考如何脫困。最後我想到個法子，眼睛盯著鐵管，非常小心地慢慢往後爬，腳一碰到地面，我轉身就跑，躲到竹子叢中，在那兒待了好久好久。」

我說：「瑪莉，故事的其他部分呢？」她說：「那就是全部了，沒有其他的。」我說：「還有一些呢。」瑪莉說：「我不記得了。」「那就下次上課時提出續集。」

下一堂課，瑪莉來時漲紅了臉。她說：「告訴你這事可真丟臉。我下課回旗桿鎮時已經過了凌晨一點。我回到家叫醒媽媽，告訴她我怎麼爬上那鐵管想跨越峽谷，心裡想她一定會狠狠揍我屁股。結果她說：『我可不想為你三十年前做的事打你屁股。』可是當我試著入睡時，屁股痛了一整晚，到現在還是。你看，我這麼想被打，我媽媽卻不打我。我倒希望她打我一頓。我屁股好疼。」

我說：「瑪莉，還有什麼嗎？」瑪莉說：「沒了。這刺痛的屁股就夠多了。」我說：「下堂課你會帶來這故事的續

集。」她說：「就這些，沒別的了。」我說：「好吧。」
下堂課瑪莉來了，她說：「我的屁股不疼了，這就是續集了。」我說：「不，瑪莉，你能告訴我們故事的另一個部分。」瑪莉說：「我不記得其他部分。」

我說：「看來我要問你一個問題，你才會告訴我們另一部分。」瑪莉說：「你要問我什麼？」「很簡單，你怎麼跟你媽媽解釋你沒準時回家吃午飯？」瑪莉說：「喔！那個呀！我是錯過了午飯時間。我跟媽媽說被一群混混逮住，他們把我鎖在一個有厚重木門的大洞穴，我花了好幾個小時才用雙手把門撬開。接著我發現雙手沒有血跡，所以我得把手藏在桌子底下。我希望媽媽會相信這個故事，我死命地希望如此。她看來只為我被一群混混關在洞穴中的故事稍微逗樂了一下。」

我說：「還有什麼嗎？」瑪莉說：「沒了，就這些了。」我說：「好吧！下堂課再把續集帶來。」瑪莉說：「再也沒了。」我說：「喔！有的！」

瑪莉下堂課來時說：「我想了又想，沒有其他的了。」我說：「看來我得再問你一個問題。告訴我，瑪莉，你回家時是從前門還是後門進去的？」瑪莉剎那間漲紅了臉，說：「我帶著很深的罪惡感，躡手躡腳從後門進去。」然後她挺起身來說：「我現在知道其他一些事了。就在爬過峽谷的調皮行為不多久，我媽媽心臟病發作被送到醫院，有面竹子圖案的屏風圍在病床四周。我坐在那兒看著媽媽躺在床上，我知道因為我想爬過峽谷而使得媽媽心臟病發作，我為自己置

媽媽於死地而愧疚不已，感受到可怕的罪惡感、非常可怕的罪惡感。我懷疑那是否就是我選修心理學博士班的原因——想追索這被深深壓抑的記憶。」

我說：「還有別的嗎，瑪莉？」瑪莉說：「沒了。」

下節課時，瑪莉說：「艾瑞克森醫生，這故事還另有一個部分。當我晚上回到旗竿鎮時，我為媽媽心臟病發作覺得罪惡，我必須告訴她我對遺忘這一切的罪惡感——我忘了那道峽谷和鐵管，還有她從醫院回來時的情景。回到家時已經過了凌晨一點，我穿過市鎮，叫醒媽媽，告訴她所有這一切。我媽媽說：『瑪莉，你知道的，當你還是小女孩時，我常幫你拍照。我們去閣樓把放相片的大紙箱找出來。我心裡老惦記著該把它們按時序放進相本的。』」她們上去閣樓，有張相片是小瑪莉穿著蝴蝶袖的洋裝站在竹叢邊。（艾瑞克森向卡羅出示那張相片，她看過後傳給下一個人）

當病患有壓抑很深的記憶時，並不表示他們不能重新取得。有時候挖掘這些壓抑材料——那些可怕的記憶——最好的方法，是要他們帶出情緒、理智或動作部分。因為單有情緒並不能說故事，只有理智卻又像讀故事書中的東西，而記憶的反應完全不能代表什麼。

瑪莉送我那張相片，她說：「我修心理學，花了好大力氣想發掘那些記憶。我其實對心理學沒有興趣，我已婚，有個好先生，孩子很快樂，家庭幸福。我不需要博士學位。」就在要進入三十七歲時，她已經被那深深壓抑的情緒支配了三十年。在做心理治療時，不要企圖一次挖光所有的東西，當它

被深深壓抑時，先挖掘安全的部分。一位牙醫師的太太要我幫她進到催眠狀態並回到童年早期。我問她：「給我個年份或事件。」她說：「何不回到我三歲生日時。」

我幫她回到她認為是三歲的時間點。有個聚會，我問她所有關於這聚會的事，或她的所作所為。她談到生日蛋糕、朋友，說她穿了件有貼花片（applique）的洋裝，在後院騎著像馬的（horsey）。

當她從催眠狀態醒過來、聽到錄音帶錄著三歲生日的事時，她笑著說：「那不是真的，沒有一個三歲小孩會說『貼花片』這個字，我知道我三歲時不認得這個字。至於在後院騎馬，我家後院這麼小，是不可能騎馬的。那純粹是幻想。」

大約一個月之後她去看她媽媽，她媽媽說：「你三歲時當然知道『貼花片』這個字。你的衣服都是我做的，每件我為你做的衣服都有貼花片。我們去閣樓，你每年的生日我都為你照了相，還有一堆其他的相片。」

她們終於找出她三歲生日時、穿著一件貼花片洋裝在後院騎著馬的相片。她們找到這些相片，牙醫太太有一組加洗的，所以給了我這些，（艾瑞克森出示相片）有貼花片洋裝，也有她的「像馬的」。

身為一位成年人，她和我都聽到「像馬的」這個字，也都知道她的意思是指「馬」（horse）。（艾瑞克森笑）她在後院騎著她的「像馬的」。（艾瑞克森笑）即使她的成人判斷一個三歲小孩不會懂得「貼花片」這個字，這裡就是有個三歲小孩懂「貼花片」這個字的證據。

當病患用他的語言跟你說話時，別轉譯成你的語言。她的三歲心智回憶起「像馬的」，我們像成人一樣將它轉譯成「馬」。因此我要先告訴你們，傾聽病患時別以為你了解他，因為你是用你的耳朵聽，以你的語言想。但病患的言詞是全然不同的，對一位三歲小孩來說，「像馬的」就是「像馬的」；對六十歲的人來說「像馬的」就是「馬」。請問現在幾點了？

史都：兩點五分。（史都是從亞歷桑那州來的心理分析師）

艾瑞克森：現在我要給你們一個個案紀錄……嗯，兩個好了。從第一個個案紀錄，你們會看到治療師可以一點都不重要。某天下午有位從亞歷桑那州來的年輕律師進到我的辦公室說：「我在威斯康辛州執業，我太太和我不喜歡那裡的氣候，決定搬到亞歷桑那州開始新的生活，所以我參加了亞歷桑那州的律師資格考。可是我考了五次都沒通過。我在威斯康辛時有很好的成就，卻在亞歷桑那州遭滑鐵盧五次。明天一早我又要去土桑市考試了。」。

那天是星期三，他下午來找我，隔天早上要到土桑市參加律師資格考。「你說你和你太太要搬到亞歷桑那州？」他說：「是呀！」我說：「我對亞歷桑那州的法律沒什麼概念，我只是個精神科醫師，對法律一竅不通，不知道律師資格考究竟是怎麼進行的，我只知道律師是在土桑市的某棟建築中取得執業執照。那是個申論題考試，試題是用油印機印的許多問題和藍皮書。每位應考者拿一份試卷和藍皮書，找一個舒服的位子坐下來，從早上九點寫到下午五點。星期五也一

樣。星期六應試者會拿到新試題，一樣得寫到五點，然後就考完了。每天都是不一樣的申論題題目。」

我引導他進入很深的催眠狀態：「你明天早上必須去土桑市，你說你和你太太要搬到亞歷桑那州，因為你們喜愛亞歷桑那州。所以當你開車往土桑時，將近兩百五十公里，你明天一早動身，你會欣賞高速公路沿途左手邊和右手邊的風景。你一路享受亞歷桑那州的風景直到土桑市（新路是兩百公里）。你會在晨光中享受美景。

「到了土桑，你會不經意就找到停車位。你環顧四周，看到一棟建築，疑惑那是什麼，但還是走了進去。你會看到一大堆人，有老有少、有男有女，他們對你一點都不感興趣。你會看到一疊油印試卷，你拿了一張試卷和藍皮書，找一個舒服的椅子或位子。

「你把所有試題看過一遍，卻看不出任何道理。你把第一題重看一遍，開始發現有些意義了。就因為如此，一點點的訊息引導你的筆在藍皮書上找到一些線索，這一點點的訊息引發另一點點線索，接著又是另外一些。過一會兒這些線索都寫完了，你進到下一題。它看來有點道理，一點點訊息引導你的筆發現這裡一些線索，那裡一些。最後這些東西全寫到試卷上，你就進到下一題，如此寫完所有試題。

「那天晚上，你在土桑四處走走，欣賞遠遠近近的風景。你會有好胃口並享受一頓好食物。上床前你散步一會兒，享受亞歷桑那的藍天。然後你上床睡一個好覺。醒來時覺得煥然一新。吃過一頓美好早餐後，你信步走進那棟建築物，重複

前一天的情況，重複星期四。

「星期五晚上，你在土桑四處逛逛，欣賞遠近的風景，有好胃口、享受了一頓美好晚餐。之後你再出去散步，享受藍天和土桑周邊的山景，接著上床睡了個好覺。

「同樣的事會在星期六發生。」

大約一年後，一位孕婦進到我的辦公室，說出她的名字，我認出她的夫姓。她說：「我現在正要去醫院生產，在你為我先生做了那些之後，我想要利用催眠分娩。」所以我就溫柔地暗示多花一點時間可以增加的價值。

我要她進入催眠狀態。她進到一個非常好的催眠狀態。我跟她說：「到醫院去吧！除了解釋你只是要進到產房生下寶寶，不要任何形式的藥物也不要麻醉外，盡量配合他們。當你躺在分娩檯時，想著這個寶寶會是男孩還是女孩？有多重呢？多高？頭髮會是什麼顏色？還是他是個禿頭？眼睛又是什麼顏色？你想為他取什麼名字？你先生挑的名字是什麼？你挑的名字又是什麼？當你躺在那兒等著寶寶時，就享受擁有寶寶的所有快樂想法。耐心愉悅地等寶寶的第一道哭聲。想著有一個寶寶所帶來的幸福，想著你先生會有多開心，想著住在亞歷桑那有多美好。」

當她享受這些想法時，產科醫師突然說：「太太，這是你的寶寶。」他把男嬰舉高讓她端詳。

兩年後，她進到我的辦公室說：「我記得你說的多一點時間，我不想待在醫院三天整，我要另一個催眠分娩。」

我說：「好，閉上眼睛。進到很深很深的催眠狀態，然後做

你第一次所做的。」我叫醒她。她離開了。

那次她告訴我，她先生在星期六晚上開車回家，好能從相對角度欣賞亞歷桑那的風景。他去土桑時是一個角度，回程時他能從相對角度欣賞兩邊風景。（艾瑞克森笑）

席佛德：請重複最後一句話，我沒聽懂。

艾瑞克森：當她先生考完律師考當晚回家，好能從相對角度欣賞亞歷桑那的風景，他在夜光中欣賞沿途風景。

他全然沒想到該告訴我他通過律師考，因為我對病患的態度是：你將會完成你的目的、你的目標，我很有信心。我看起來很有信心，表現得很有信心，我用很有信心的方式說話，病患會相信我。然而太多治療師跟病患說「希望我能幫得上忙」時，卻流露出懷疑的眼神。當我要她進到催眠狀態時，我可不懷疑，我對她一點都不懷疑。（艾瑞克森指著卡羅）我對那兩位也不懷疑。（艾瑞克森指著長椅上的兩位女士）我有十足的信心。

（艾瑞克森看著地板）現在，有了第一個寶寶，律師來看我，說：「你可真為我太太做了件好事，生第一個寶寶時我們好享受那個經驗。但有件事困擾著我，我爺爺在我這個年紀時有背痛的毛病，對他造成很多生活上的困擾。他為慢性背疼所苦，他的兄弟終其一生也有背痛毛病。我爸爸在我這個年紀時也開始慢性背痛，干擾他的工作，我哥哥在我這個年紀時也有同樣的毛病。現在輪到我了。」

我說：「好吧！讓我來處理。進入到深度催眠狀態。」當他處於深度催眠狀態時，我跟他說如果背痛是器質性或脊椎哪

裡出了毛病，我說的就幫不了忙。如果是心理因素的，一種從爺爺、叔公、爸爸、哥哥那裡學來的心身症，那麼你會知道自己並不需要背痛。那不過是一種心身症行為。

九年後他回來找我：「記得你為我治療的背痛嗎？之後就再也沒犯過了，直到幾個星期前開始有點感覺，碰了會痛。我害怕也會有像我爺爺、叔公、爸爸、哥哥一樣的背痛，現在我的背碰了會有點痛。」我說：「九年可是一段長時間。我不能為你做我想要的 X 光或身體檢查，我把你轉介給一位朋友，他會給我一份檢查報告及建議。」

我的朋友法蘭可跟他說：「你是個公司法執業律師，成天坐辦公室，沒有足夠的運動。這些是我要你每天做的一些運動，可以促進全身健康，不會再背痛。」

他來告訴我法蘭可對他說的話，我帶他進到催眠狀態說：「現在起你會做那些運動，過著動靜平衡的生活。

一年後他打電話給我：「你知道嗎？我覺得自己年輕好多，比一年前健康多了。那些運動讓我覺得年輕多了，我的背沒再痛過。」

有些事你們該知道。有位祕書是很好的被催眠者，她打電話給我說：「有時月經來潮時，腹部會嚴重絞痛，現在正要開始月經週期，你能給我一些麻醉嗎？」

我透過電話幫她進入催眠狀態：「你剛剛在清醒狀態時，告訴我你月經腹痛，想擺脫它，所以聽著，你的月經不會再帶給你疼痛。你不用再忍受月經造成的腹痛了。」我強調月經來潮時的痛，腹部絞痛。「現在你醒來吧。」她醒了，然後

說：「謝謝，不再痛了。」我說：「很好。」

二十分鐘後她打電話給我：「麻醉效果沒了，腹痛又回來了。」我說：「進到催眠狀態，仔細聽著。我要你發展治療月經腹痛的催眠麻醉，治療各種的月經痛。現在無痛地醒來吧。」醒來後她說：「這次你給了很好的麻醉，真謝謝你。」

半小時後她再次打電話來：「月經腹痛又來了。」我說：「你的身體比你更有智慧，你已經沒有月經腹痛，因為我給了你催眠麻醉。任何醫師都知道急性盲腸炎會有像月經腹痛的痛苦。我麻醉了月經腹痛，但沒提到你的盲腸，打電話給你的外科醫師吧。」她照辦了，他將她送到醫院，隔天早上開刀處理急性盲腸炎。

身體比你還了解你自己，所以當你為病患做治療時，要知道自己在說什麼。不要只給一般性的暗示。如果我治療頭疼，會暗示「給**無害的**頭疼」；如果頭疼是因為腦腫瘤，催眠麻醉就不會發生作用。給盲腸炎病患催眠麻醉而讓疼痛消失，但是這些痛真正的診斷，卻是月經腹痛或其他一些替代的疼痛。所以治療器質性疾病時，要知道你自己在說什麼。

至於這位律師，我為他做的，是讓他覺得亞歷桑那州是居住的好地方，律師考是多麼微不足道；因此他沒有焦慮，不再害怕，一次只需要寫一點點東西，這誰都辦得到。我用這方法治療了好幾位律師——醫護人員也用這方法——給他們心靈的平靜感，一種自信和自我確定。

有位女士的博士資格考再三都不及格，她的老師知道她其實

是能通過考試的，但她每次考試時總是驚恐、腦中一片空白。因此我讓她坐在教室中，跟她說了律師的故事，她進入了催眠狀態聽我說故事。我說完故事她就醒了。我讓她離開，而她回到家鄉。一個月後她寫信給我：「我高分通過了博士資格考，你對我做了什麼？」（艾瑞克森笑）除了跟她說那位律師的故事外，我什麼都沒做。

現在你們都聽我說，你們會揉合自己特別的理解後，應用我所說的。當我說到那位律師如何欣賞亞歷桑那州的美妙（wonderful）風景，（向著克莉絲汀）你會想到德國Wunderbar（編按：wonderful 之意）的風景，而那是兩回事。

要如何從病患那兒得到訊息呢？你社交性地和他們談話，談你上的大學，我上威斯康辛大學，你們會開始想自己的學校。如果你談到密西西比河，我們的德國朋友會想到萊茵河。

我們總是把別人的語言翻譯成自己的語言。

好了，1972 年，一位三十五歲的女士，已婚，非常漂亮，她按了我的門鈴。進來跟我說的話是：「艾瑞克森醫生，我有搭機恐懼症，今天早上我老闆告訴我：『星期二你飛到德州的達拉斯，星期六飛回來。』他還說：『你要不就飛雙程，要不就直接回家吃自己。』艾瑞克森醫生，我是個程式設計師，曾為全美各地的客戶設計程式。

「1962 年，也就是十年前，我搭的飛機墜落，飛機沒受什麼實質的損壞，也沒人受傷。在那之後五年，我搭飛機從鳳

凰城到波士頓、紐約、紐奧良、達拉斯，各個地方。接下來我在飛機上穿越高空時愈來愈害怕，最後會害怕到全身明顯發抖。（艾瑞克森示範）我得閉上眼睛，聽不進我先生跟我說的話。我的恐懼強烈到抵達出差地點時，衣服全溼，以致於我必須上床睡八小時才能開始工作。我的搭機恐懼症很罕見，我能在飛機中行走，直到飛機滑行到跑道盡頭都沒問題，但當飛機離開地面的那一刻我開始戰慄，充滿了恐懼。當飛機在中點站著地，只要碰到地面我就非常舒服。

「因此我開始改搭汽車、公車和火車，最後我老闆受不了我用休假、病假和正當的休息時間好利用汽車、公車和火車出差。今天早上他說：『你要不就飛到達拉斯，要不就丟了你的飯碗。』我不想失去工作，我喜歡它。」

我說：「好吧，你要怎麼治你的恐懼症？」她說：「用催眠。」我說：「我不知道你是不是位好的受催眠者。」她說：「我在大學的時候是。」我說：「那是好久以前了，你現在有多好？」她說：「了不得的好。」我說：「我要測試你。」

她確實是位好的受催眠者。我叫醒她說：「你是位好的受催眠者。我不確定你在飛機上是什麼樣子，所以我要把你帶到催眠狀態中，要你幻想你在三萬五千呎高的噴射機中。」因此她進到催眠狀態，幻想身處三萬五千呎高的噴射機中。她上下快速擺動、表現出全身發抖的恐懼貌，然後我要她幻想飛機降落。

我說：「在幫你前，我要你了解一些事。你是位非常漂亮的

三十幾歲女士，我是個男人，還坐著輪椅，你不會知道我有
多殘障。現在我要你答應我，你會做一切我要你做的事，不
管好壞。此外，在心中牢牢記住，你是位迷人的女士，我是
個你不知道有殘疾的男人。我要你承諾絕對會做一切我暗示
你做的事，不管好壞。」

她反覆想了大約五分鐘後說：「你要我做的事，不會比搭機
恐懼症更糟。」我說：「現在你已給了我承諾，我要帶你進
到催眠狀態，要求一個相似的承諾。」在催眠狀態中，她馬
上承諾了我。我喚醒她，跟她說：「你在催眠狀態和清醒狀
態都答應我了，你的絕對承諾。」

我說：「現在我能治你的搭機恐懼症了。進到催眠狀態並幻
想身處三萬五千呎高空的噴射機中，時速一千公里。」她害
怕地顫慄，全身蜷縮，前額碰到膝蓋。我說：「現在我要你
的飛機下降，它著陸的那一剎那，所有你的害怕、恐懼、焦
慮和折磨都悄悄從你的身體消失，進到你旁邊的椅子中。」
她幻想著地，從催眠狀態中醒來，突然帶著驚恐從椅子上彈
跳起來，衝到房間的另一頭說：「它們在那裡。它們在那
裡！」（艾瑞克森指著綠色椅子）我請我太太進來：「貝
蒂，請坐在那張椅子上。」（艾瑞克森指著）那病患說：
「請……艾瑞克森太太，別坐那椅子！」艾瑞克森太太繼續
走向那椅子，那病患衝向前，用身體擋住艾瑞克森太太不讓
她坐。所以我請貝蒂離開，轉向病患說：「你的治療已經做
完了，祝你從鳳凰城到達拉斯的來回行程旅途愉快。從機場
打個電話給我，告訴我你有多享受這趟飛行。」

她離開後，我要我女兒照張那椅子過度曝光的相片，又照了張曝光不足和適度曝光的相片。我將它們放進三個信封，在過度曝光相片的信封上寫著：「你的恐懼、害怕、焦慮和折磨的永久棲息地，慢慢沉入被遺忘的暗處。」在裝曝光不足相片的信封上寫：「你恐懼的永久棲息地，完全消散在外空。」在裝適度曝光相片的信封上寫：「你的恐懼、害怕和焦慮的永久棲息地。」

我把這些東西寄給她。她在星期三早上收到。星期六我接到一通從機場打來的興奮電話：「這真是太動人了。非常美妙，是我一生中最棒的經驗。」我說：「你願意把你的故事說給我的四位學生聽嗎？我正在指導他們的博士考試。」她說：「好。」我要她八點來。

八點時她與她先生走進來。她繞著那椅子走，盡可能遠遠地沿著椅子邊走，坐到離那張椅子最遠的一個位子。五分鐘後學生進來，其中一位坐上那椅子。我的病患說：「請，請，別坐那椅子！」

學生說：「我以前就坐過。這是張舒服的椅子，我要坐在這兒。」病患說：「請不要！」學生說：「我以前都坐在地板上，如果那樣能讓你滿意，我就坐地板好了。」病患說：「真是太謝謝你了。」接著她跟學生說她的故事，包括我送她相片。她說：「我隨身帶著那些相片，就像你帶個幸運符，例如兔腳、聖克里斯多福徽章。它們是我旅行包的一部分。我的第一段旅程是到厄爾巴索（E1Paso），我覺得很舒適，一直懷疑什麼時候會有亂流。在厄爾巴索有二十分鐘的

臨時停留。我下機走到機場一個安靜的地方。我進入催眠狀態，跟自己說：『艾瑞克森醫生要你享受它，現在做艾瑞克森醫生要你做的事。』我回到機上，從厄爾巴索到達拉斯真是太美好了。從達拉斯的回程高高在上，只見底下一堆這邊有個洞、那邊有個洞的積雲。我們能透過洞看到底下的地球。真是奇妙又美好的旅程。」

我說：「現在我要你進入催眠狀況，就在此時此刻。」她辦到了。我說：「現在，在這個催眠狀態中，你到鳳凰城機場，買張機票到舊金山，享受沿途的風景，特別是山景。當你到達舊金山，下機，租輛車開到金門大橋。把車停好，走到橋中間往下望。

「現在我跟你說一些這橋的歷史。這橋塔支撐著高達兩百二十五公尺高的橋，橋造好時，一位漆橋的工人在油漆用的長桿尾端掛了張漁網，把捕獲的海鳥的頭漆成了紅色。有天一位有企圖心的記者報導了一則有關新品種紅頭海鳥的故事，他叫傑克。我說的這些可都是真實的。

「你看到底下的波浪、浪頭上的泡沫，你看到了海鳥。然後霧氣襲來，你什麼都看不到了。所以你回到車子，折回機場，用回程機票到鳳凰城，然後從機場直接到這兒來。」

很快地，她從催眠狀態中醒來，跟學生說：「我必須跟你們說我的舊金山之旅和叫人噁心的傑克。」她的先生說：「我知道她不喜歡那樣。」她是位生態保護的狂熱支持者。（艾瑞克森笑）當她說完故事時，她說：「我從機場直接到這兒來。喔，我的天，當我做所有這一切時其實是在催眠狀態。

我並沒有真的到舊金山去。我只是在催眠狀態中以為去了那裡。」

接著我問她一個重要問題：「在你的達拉斯之旅中，你還克服了什麼其他問題？」她說：「我並沒有其他問題，只有搭機恐懼症。」我說：「不，你有其他問題，一個非常麻煩的問題。我不知道你有這問題多久了。現在你已經克服了。但請告訴我的學生你的其他問題是什麼。」她誠實地說：「我以前沒有其他問題，現在也沒有。」我說：「我知道你現在沒有其他問題，但是你在達拉斯解決了什麼問題？」她說：「你得跟我說。」我說：「我只要問你一個問題，你就會知道它是什麼。」

現在我要問你們大家，她以前的其他問題是什麼？（停頓）我先說她有三個主要的問題，那些都嚴重干擾她的生活。那是什麼？（停頓）

讓我幫你們用你們的思考方式來想。她並沒有搭機恐懼症，（艾瑞克森笑）只是她以為有。我聽了她所說的每一個字，也把我所聽到她說的重要的話都告訴你們了。（停頓）

當學生不能理解時，我會讓學生自習片刻。有些人對她的問題做出很好的推測。（停頓）

你們並不需要馬上回答，輪流來。（艾瑞克森笑，停頓）

珊蒂：她怕男人。

艾瑞克森：約翰，你自己說。

安娜：她和她的老闆共事有問題嗎？

艾瑞克森：（搖頭）

席佛德：我猜她害怕太成功了。

艾瑞克森：（搖頭表示不對）我跟她說：「你有別的修正過了的問題，那是什麼？我問你一個簡單問題吧：『你在達拉斯做的第一件事是什麼？』」

她說：「喔，那個嘛，我去那棟四十層大樓，從一樓搭電梯到頂樓。」我說：「你習慣怎麼搭電梯？」她說：「從一樓搭到二樓，出來換另一座電梯到三樓，出來，等另一班電梯到五樓，用這方式，一次一座電梯、一層樓，直到頂樓。我已經很習慣了，我不認為那是個問題。」

安娜：懼高？

艾瑞克森：（搖頭表示不對）她說：「我能登機，飛機在跑道上時我都覺得很舒適，直到飛機滑到跑道盡頭也沒問題。當飛機一拉起頭，我就開始怕得發抖。」她是害怕密閉的空間，其中沒有看得見的支援。機艙是個沒有可見支援的密閉空間，就像電梯一樣。我說：「現在另外一個問題是什麼？」她說：「我不知道有其他的問題，但如果你這麼說，我一定還有其他問題。」我說：「你沒有其他問題，它現在已經被修正過了。現在當你飛行時，就當是在一輛汽車、公車或火車中。你在火車上沒有問題，在汽車和公車上也是，但當你碰到高架橋時會怎樣，長長的那種？」她說：「喔，那個，我會躺平在地板上，閉上眼睛發抖。我會問一個陌生人，公車是不是已過了高架橋了。」學生知道我已經知道她的這個毛病，因為我帶她做的舊金山催眠之旅，就是要她走在橋上。而現在這個病患「住」在機艙中，她和她先生飛遍全澳洲度

假，她定期去羅馬、倫敦、巴黎。現在她不喜歡住旅館，寧可睡在機艙中，吃在機艙中。而她仍然保存著那三張相片，還是害怕那張椅子。（艾瑞克森指著椅子笑）

你看，你沒在聽。她沒有搭機恐懼症，她說：「我在飛機中覺得很舒適，可它一離地我就開始發抖。」我知道當飛機起飛那是個密閉空間，沒有可見的支援手段。同樣情況發生在電梯中，在高架橋上的公車也是這樣。你看看右邊，再看看左邊，無法看到任一頭的任何支援。（艾瑞克森擺出頭向右向左的姿勢）你是高高在空中。搭火車時她有支援證明，聽覺的證明——輪子在鐵軌上喀啦喀啦的響聲，所以在火車車廂中不會恐懼。她聽得到外面的支援。

我懷疑一年後你們會如何記得這個故事，因為我說這個故事好多遍了，一年後有位學生跟我談到那個個案，而我聽到的是另一種版本，（艾瑞克森笑）瑪莉有時變成了個男人。

因為你跟人說話時，他們是用自己的語言來聽。

當我說「威斯康辛大學」，我能讓你們之中任何一位想到你的學校。我跟你們說我出生在內華達山脈的喜拉市（Sierra），你們知道你們生在哪裡，會想到那個地方。當我說到我的姊妹，如果你們有姊妹的話，也會想到你們的姊妹，如果沒姊妹的話，你們會想到沒有姊妹。我們以我們自己所學的說法回應對方說出來的話。心理治療師應牢記這點。

你們之中有多少人以前曾經來過這裡？有任何一位以前到過這裡嗎？（一位女士舉手）

艾瑞克森：你來過？多久以前？

珊蒂：七個月前。

艾瑞克森：別跟別人說我相信阿拉丁神燈。你們有多少人相信阿拉丁神燈？

安娜：阿拉丁神燈？

艾瑞克森：你們有多少人相信阿拉丁神燈？我有個阿拉丁神燈。阿拉丁會摩擦神燈，然後就有個巨人出現。我有個現代化的阿拉丁神燈，我把插頭插上牆上的插座，巨人就會出現。我願意讓你們看看我的巨人，她很友善，喜歡笑，喜歡眨眼和親吻。不過記住，她可是我的。

只是，我剛剛才想到我太太今天下午不在家，不然我會邀請你們來我家看我的巨人。（艾瑞克森指著安娜）我知道你不相信，你也不相信那是吸血鬼。

安娜：我不會懷疑。

艾瑞克森：那麼就別在半夜在這附近晃，你會失去一些血。

那是我要說的另一件事。在教學、治療中，你要非常小心地運用幽默，因為病患帶來的是憂傷，而他們並不需要憂傷、難過。你最好讓他們馬上進到較愉悅的心境。

請為我在那兒找張卡片。（艾瑞克森指著靠他右手邊的一疊紙，克莉絲汀幫他拿出他要的那張卡片）這兒有張黑色的卡片，我要把它傳給你們每一位看看。那是我女兒——貝蒂·愛莉絲在念大學時送我的。通常艾瑞克森家族的人收到一張貼心卡片時，會畫掉送卡片人的名字，再把那張卡片送給家族中的另一位成員。就像我姊姊送我太太一張生日卡，我太

太在我姊姊的名字上畫個叉，簽上她的名，轉送給家族中另一人。我姊姊是第三十五位收到這張卡片的人。

（艾瑞克森把卡片遞給坐在他左邊的卡羅）仔細看看外面，再打開看裡面。（卡羅笑，艾瑞克森拿回卡片傳給下一位女士）想想憂鬱症患者看過這卡片後的效果。對他們來說這是張美好的卡片。（團體中每位傳閱過卡片）卡片外面寫著：「當你駐足想到宇宙所有不可解的神祕事物時……難道不會讓你覺得謙卑紗小嗎？」卡片裡面寫的是：「……我也不會。」

（艾瑞克森對克莉絲汀說）我把那卡片給我的憂鬱症病患看。（艾瑞克森笑）提醒所有我的學生，如果你有興趣買印度珠寶，位於中央大道的赫德（Heard）博物館絕對值回票價，你可以在那裡買到真正的印度珠寶。在其他店，你只會買到塑膠綠松石、綠松石攙塑膠製品、綠松石再製品和一些假銀、假金製品。在赫德博物館的西南邊，你可以買到真品。那裡值得一遊。

從這兒往下走三個街區、大約不到兩公里，到格蘭岱爾（Glendale）大道右轉到林肯大道，格蘭岱爾大道轉進林肯大道，街道離開鳳凰城，變成了斯高岱爾（Scottsdale）的一部分。很快在二十四街附近，你會看到一個標示女人峰公園的地方。把車開到這兒，停下來，爬到女人峰頂。

我相信病患和學生都該做些事，他們會學得更好，記得更多；此外，這山值得一爬。

利用一天中最好的時光，不是很熱的時候，早上日出或日落

天黑後去，你會看到絕妙景觀。它有三百三十五公尺高，步道有兩公里半長，登頂紀錄是十五分十秒。有位學生曾有個童年抱負：在一天之內爬三千三百公尺高的山十次，平均攀爬時間是二十三分鐘。我太太花一個半小時登頂，我兒子輕鬆走，花了四十三分鐘。我建議你在日出前先爬一小段，很值得的。

另一個值得一遊的地方是植物園。

安娜：在鳳凰城嗎？

艾瑞克森：在鳳凰城，一個非常好的植物園，有兩樣特別的事可看，一個是麵包樹（Boojum）。你們可記得讀《獵鯊記》中的麵包樹？一棵麵包樹——那兒有棵真的麵包樹[2]。

安娜：我在土桑市的植物園看過麵包樹。

艾瑞克森：麵包樹會帶給你一個問題，看過它後，你理智上知道它是棵樹，但是又無法相信。

安娜：它是上下顛倒的蕪菁。

艾瑞克森：讓他們自己去發現。還有魔鬼藤（creepingdevils）。在麵包樹旁，你會認出來的，不用問方向，一定可以找到。你可以馬上就認出來，而且會對魔鬼藤有崇高敬意。

明天下午見。

現在我要回去喝些水，然後上床睡覺。我明天早上會起來，

---

[2] 原註：「麵包樹」在 1992 年由英國植物學者 Godfrew Sykes 第一次用來命名樹木。他顯然知道在 Lewis Carrol 的史詩《獵鯊記》（*The hunting of the snark*）中的神話「Boojum」。當他第一次透過望遠鏡仔細察看這樹時，他說：「喔！喔！麵包樹！絕對是個麵包樹。」

穿好衣服再回頭睡到中午。如果你們不給我消毒，我不會有很多體力。（笑聲）（艾瑞克森跟團體成員說，要他們去掉他身上的「蟲」）

# 星期二

我曾治療過許多狀況，總是根據不同的人發展新的療法。我認為心理治療是個體形成的過程（individual process）。你的治療需要個別化，以符合個別病患的需要。


（艾瑞克森從有位新學生填好資料表開始這堂課。他跟克莉絲汀說自己有兩個孫女也叫「克莉絲汀」。）

克莉絲汀：同時有兩個，好像不太尋常吧。

艾瑞克森：好，現在我要改變座位。（跟羅莎說）看她如何試著不看我。（直接跟羅莎說）因為你是這樣。（艾瑞克森要羅莎移到綠色椅子。她英文說得不太好。）你一直避開我的視線。

羅莎：不是的，因為我不能看你看得很清楚。我有遠視。（停頓）

艾瑞克森：（他把一個紫色紗線做的章魚玩具放在左邊的輪椅上）年紀小時，我們很願意學習，愈長大就愈抗拒學習。現在我要給你們一個例子。（艾瑞克森靠向左邊。羅莎靠近艾瑞克森）七、十、一、五、二、四、六、三、八、九。（艾瑞克森問團體）我在幹嘛？

安娜：你在倒數。

席佛德：你在唸數字。

艾瑞克森：我再做一遍。九、五、三、六、二、一、七、十、八。

（停頓）你們中有幾人聽過小孩從一數到十？四、七、十、九、八、三、五、二、一、七。（數數時，艾瑞克森連續點著手指頭）學從一數到十要花更多時間。孩童先學數字，有數到十的概念，卻不知道正確順序。

（跟羅莎說）你有多少根手指？

羅莎：二十個，十個在上，十個在下。

艾瑞克森：把蹺著的腳放下。把手放在膝蓋上。（艾瑞克森從左到右點著她的手指）如果你從這裡數到這裡會有什麼不同？

羅莎：我嗎？

艾瑞克森：有什麼差別？

羅莎：沒有。

艾瑞克森：如果你從這裡數到這裡，（艾瑞克森從右到左點著她的手指）答案一樣嗎？

羅莎：嗯，（猶豫的）都是十。

艾瑞克森：如果你把這隻手的手指加上這隻手的手指，（艾瑞克森指著她的左手和右手）會得到正確數字嗎？

羅莎：五加五嗎？

艾瑞克森：我只是問你一個問題，如果你把這些手指加上這些手指，（艾瑞克森指著她的右手和左手）會得到正確的答案嗎？

羅莎：你問我如果我把這些手指加上這些手指，哪個是正確數字？十。（她點著自己的左手和右手）

艾瑞克森：確定嗎？

羅莎：我不確定，但我想……那是我現在所想到的。（笑）

艾瑞克森：（笑）你說你有十個手指。

羅莎：是啊。

艾瑞克森：我想你有十一個。

羅莎：十一個。好吧，我信了。（搖頭表示不）

艾瑞克森：你信了？（笑）

羅莎：是啊，不過我只能看到十個。

艾瑞克森：你能把椅子挪近一些嗎？

（羅莎把椅子挪近艾瑞克森一些。）

艾瑞克森：你數數看。

羅莎：一、二、三……

艾瑞克森：不對，我要點著數。你數數看。（艾瑞克森點著）

羅莎：一、二、三、四、五、六、七、八、九、十。

艾瑞克森：那就是你數數的方式。你已經同意能從這邊開始數，或從那邊。（艾瑞克森指著從左手到右手，然後又從右手到左手）也同意這些加上這些，（艾瑞克森指著他的左手和右手）會給你正確的數字。

羅莎：正確的數字。

艾瑞克森：我來數。十、九、八、七、六，（他數左手的手指，然後指著右手）加上五是十一。（每個人都笑了）

羅莎：對，我可以跟我朋友說我有十一根手指。

艾瑞克森：現在你知道從左手到右手嗎？

羅莎：他們告訴我這是右手。（她移動右手）

艾瑞克森：你相信嗎？

羅莎：是的，我以前相信。

艾瑞克森：把那隻手放在你身後。（她把左手放到身後）好，哪隻手是左手／留下來的手（left hand）？（笑）

羅莎：這是個笑話。

艾瑞克森：這可是跟小朋友病患做治療工作的絕佳技術。

羅莎：用英文講行得通，用義大利文就不行了。

艾瑞克森：為什麼？

羅莎：因為「留下來」並沒有兩個意義。不是留下來的這個，你得用兩個不同的字來說，因此用另一種語言來說就行不通，太可惜了。

艾瑞克森：你的意思是，如果用英文表達，就等於是說有一隻右手留下來。

羅莎：什麼？

艾瑞克森：你說用英文來說，就是有一隻右手可能是一隻左手。（笑）

羅莎：是的。

艾瑞克森：（搖著頭笑）這些民族差異可真教人驚訝。好吧，昨天我強調了解病患所說的話和真正了解的重要。不要用**你的**語言解釋病患的話。再說，她只是表示英文裡的右手會是左手留下來，只是不是義大利文裡的左手留下來。任何語言的每一個字都會有許多不同的意義，就像「跑」（run）這個字就有一百四十二個意義。

羅莎：跑？

艾瑞克森：是啊，「跑」。政府能經營。一把好牌。很會跑的女

孩。一串魚。女士長襪上的抽絲。一條沿山而上又往下的筆直的路。一個字有一百四十二個意義。

你用德語說「Machen Sie das Pferd los」對不對？（對席佛德和克莉絲汀說，兩個人都點頭）用英語你說「解開那匹馬」。德文用動詞是一種方式，英文用動詞又是另一種方式。就因為如此，你們應該熟悉病患的語言形式。我們都有自己的語言形式、自己的理解。

我曾應邀在聖路易斯市的醫學學會（Medical Society）上演講，會長及夫人是我的主人，她說：「醫生，我想為你準備一頓美好晚餐，做你最喜歡吃的菜。」我跟她說：「我是個吃肉和馬鈴薯的人，任何肉類、任何馬鈴薯，馬鈴薯可以用煮的。不過如果你要請客，我想要一些牛奶滷汁（milkgravy）。」（轉向團體）你們知道牛奶滷汁是什麼嗎？（每個人說不知道）麵粉加牛奶一起煮，那真是美味。當我說「如果你要請客，我想要一些牛奶滷汁」，坐在沙發中的會長先生大笑，會長夫人則呆在那兒，臉好紅好紅。她先生繼續狂笑，最後總算控制住，才說：「這二十五年來，我一直求我太太做牛奶滷汁，她總是跟我說『牛奶滷汁是給窮人吃的白色垃圾』。」（團體的笑聲）

會長是在牧場長大的，我也是，我們兩個都知道好的牛奶滷汁有多美味。夫人是城市小孩，對他們來說，牛奶滷汁就是窮人吃的白色垃圾。

病患來找你、告訴你他們的問題。但他們說的真的是他們的問題，或是他所認為的問題？那些之所以是問題，只因為他

們認為那些是問題嗎？

一位媽媽帶十一歲的女兒來看我，我一聽到「尿床」這個字就請媽媽出去，從小女孩這兒收集資料——一位高䠷、金髮碧眼的漂亮女孩。

她在出生一個月內，膀胱遭細菌感染，泌尿科醫師最後把她治好了。之前，她曾接受膀胱鏡檢查，日復一日，年復一年。最後用合成樹脂探針進到膀胱，往上檢查骨盆和兩個腎臟，在其中一處發現感染源，因此接受開刀根治了。期間她曾接受膀胱鏡檢查……我希望你們都知道這個字。你知道嗎？（問羅莎）你知道膀胱鏡是什麼嗎？……她的膀胱括約肌經過這麼多次檢查都擴大了，只要她一睡著、放鬆肌肉，就會尿床。醒著時，她能強迫控制尿意，那可是全天候的工作。當她一笑，身體放鬆，就會尿溼褲子。

她已經十一歲，感染早消失多年，父母因此沒耐心，要她學著自我控制，不要每晚尿床。小三歲的妹妹嘲笑她，給她取難聽的綽號。鄰居都知道她會尿床、尿褲子。學校裡兩、三千個小孩都知道她是個尿床人，開她玩笑、讓她尿溼褲子。日子對她來說當然不是很愉快。我問她看過其他醫師沒，她說看過許多醫師，吞了一大堆藥丸，一點都沒幫上忙。最後她的父母把她帶來我這裡。

好啦，你們要如何治療？（艾瑞克森看著羅莎）

羅莎：我會怎麼做嗎？（艾瑞克森點頭）我會和整個家庭會談，爸爸、媽媽和妹妹。我會看全家人。

艾瑞克森：家族治療。（看著在正對面的卡羅）你會怎麼做？（停

頓）事實上你們全部要如何……不要同時嚷嚷。

安娜：我會先做身體檢查，看看是否有生理上的損傷。一旦有了她
　　　健康檢查的資料，我會接著做家族治療與個別治療，看看她
　　　的無法自我控制，付出怎樣的代價。

艾瑞克森：你想你需要多久時間？

安娜：多久？一旦面對了整個家庭，看看到底怎麼回事，我就能說
　　　個大概……也許處理家庭要多過處理她。

艾瑞克森：其他人呢？

卡羅：我會嘗試催眠。

艾瑞克森：那要說些什麼？

卡羅：這個嘛……試著處理她的笑和意識地不在乎結果，然後試著
　　　學習控制，用這方式。

艾瑞克森：你怎麼看待她已經這樣做了四年了？

丹　：帶她回到最早被訓練的時間點，重做一次訓練，這樣如何？
　　　我自己還沒用過催眠，我的第一個念頭是：把她轉介給你。
　　　（笑聲）

珍　：（珍是紐約來的治療師）看有什麼方法能讓括約肌收緊。

艾瑞克森：你會怎麼做？

珍　：我會要求一位很了解肌肉的醫師，問他是否有此可能。或許
　　　我能教她運動或把她轉介給物理治療師，教她重新訓練肌
　　　肉。

艾瑞克森：你打算治療她多久？

珍　：我不知道訓練肌肉回復原狀要花多久時間。

克莉絲汀：我會用另一個或許和她相似的方法，在催眠中教她引發

動機，教她……嗯……

艾瑞克森：（打斷）你覺得被叫了十一年尿床人還不夠引發動機嗎？

克莉絲汀：好吧，看來我得另起爐灶。要她練習在排空膀胱前收縮括約肌，不要完全排空，這樣可以增加肌力。

艾瑞克森：這樣要花多久時間？

克莉絲汀：我想如果不用催眠的話要花很長時間。但我想用催眠訓練，用催眠暗示，這些小孩能做的應該會快得多，她也能更了解你想告訴她的。

艾瑞克森：好。

克莉絲汀：（繼續看著艾瑞克森）我想你提過肌肉受過損傷。

艾瑞克森：對。

克莉絲汀：她需要一些增強括約肌的再訓練。

艾瑞克森：你不認為她已經嘗試練習那些肌肉十一年了嗎？

克莉絲汀：我確定是的，但我不確定她知道怎麼做。

艾瑞克森：你要怎麼跟她解釋怎麼做。

克莉絲汀：在上廁所前試著盡可能憋尿。斷斷續續練習。

艾瑞克森：其實你們全都知道答案，但是你們不知道自己知道答案。我跟她說：「我跟其他醫師一樣，我也幫不上忙。有一件事其實你知道，只是你不知道自己已經知道了。一旦你發現自己已經知道原先以為自己不知道的那件事，就能開始睡在乾爽的床鋪上。」

好，什麼是她已經知道，但不知道自己其實已經知道的事？

克莉絲汀：她能在白天的大半時間自動憋尿。

艾瑞克森：你說「大半時間」，是指她有些時候能憋尿、有些時候不能。知道在有些時候不能憋尿可不好玩。

我們都長大了，也學會何時完全排空膀胱。可以說我們是帶著那知識長大的，我們視為理所當然，每天都實踐那知識。所以我跟那女孩說：「看著我桌上的紙鎮，不要動，不要說話。只要保持眼睛張開，看著紙鎮。」我提醒她第一次上學學寫字的時候，想想那有多難呀，所有不同的形狀和形式——還有印刷體和手寫體、大寫和小寫。最後她還是建構了視覺心像，落於大腦某處，永久保存在那裡。即使她不知道自己有此心像，它還是在那裡。

我告訴她：「一直看著那紙鎮，別動、別說話。你的心跳在改變、你的呼吸在改變、你的血壓在改變、你的動作和肌力在改變、你的心跳在改變、你的反射動作也已經改變。我跟你說——這不是重要的事。現在，我要跟你說一件很簡單的事，我要一個很簡單的答案。假設你在浴室坐著尿尿，看到一個陌生人在走道上伸出頭，你會怎麼做？」

她說：「我會嚇呆。」

我說：「好，你會嚇呆，停止尿尿。一旦陌生人離開，你又能尿了。現在你需要做的是練習開始和停止，開始和停止。你不需要有個陌生人探頭看你，你能自己開始和停止。有些時候你會忘了做，沒關係。你的身體會善待你，而且會給你更多的機會練習。有時候你會忘了練習，那沒關係，你的身體會善待你的。

「想要得到第一張整晚乾爽的床鋪，可能要花上兩週的時

間。那很好。你需要練習開始和停止。想得到連續兩張整晚乾爽的床鋪會困難多一點。要得到連續三張整晚乾爽的床鋪當然困難會再多一些。要得到連續四張整晚乾爽的床鋪就會更難了。但是之後就會變得比較容易，第五、第六、第七，給你一整個星期乾爽的床鋪，接著是另一個星期乾爽的床鋪。如果你在三個月之內一直都睡在整晚乾爽的床鋪上，我會十分驚訝，可是如果你在六個月內不能一直睡在整晚乾爽的床鋪，我也會十分驚訝。」六個月後，她已經能到朋友家過夜，參加睡衣聚會。她所需要知道的僅是給予對的刺激，有了對的刺激，她就能在任何時候停止尿尿。你們全都知道這個事實，卻忽略了。

安娜：我們都忽略了什麼？

艾瑞克森：尿完才能停止，那是不對的。在恰當的刺激下，我們能停頓正在做的事。你們全都理解，當你坐在馬桶上尿尿，如果有個陌生男人或女人探頭進來看會發生什麼事──停止尿尿。（艾瑞克森笑）既然她只是個小女孩，才十一歲，我花了整整一個半鐘頭……這就是全部了。

　　至於對這個家庭的治療嘛，我想這會是一個爸爸和媽媽要習慣有乾爽床鋪的問題了。（笑聲）對妹妹來說，要習慣姊姊可以睡在整晚乾爽的床上會是很不情願的。我想對學校孩子來說，失去一個可以嘲笑的對象是很不幸的。我認為只有病患是唯一會期待治療的人。

　　大約十天後，小女孩送我一個玩具，象徵她生命中第一次送禮物給知道她有張乾爽床鋪的人。（艾瑞克森笑著向團體展

示小女孩為他做的紫色紗線章魚）而第一張整晚乾爽的床，在兩週之內就出現了。為什麼要看她第二次？有什麼目的，再看她一次嗎？你為什麼躲在後面？（艾瑞克森轉身跟一位從他身後辦公室走進等候室的女士說話。她昨天沒來，今天又遲到。她是位迷人的高挑金髮女子，穿著牛仔褲和緊身衣，外面套了件寬鬆的短衫。她正在撰寫心理學哲學博士學位的論文）

莎莉：我在找個恰當時機打斷。我看能不能找到位子。

艾瑞克森：我能隨時重拾話題，進來找個位子吧。

莎莉：那後面有位子嗎？

艾瑞克森：（跟坐在綠椅子中的羅莎說）那張椅子能移開些嗎？你能放張椅子在這兒，（指著一個就在他左邊的空位）給她一張椅子。（一個人在艾瑞克森左邊擺了張摺疊椅，莎莉靠近艾瑞克森坐下，蹺起的腿向著他）

艾瑞克森：你不需要蹺腿。

莎莉：（笑）我猜你會這麼說。好吧。（她把腿放下）

艾瑞克森：我們的外國訪客可能不知道「一個圓，一塊錢，一個十點鐘的學員」（a dollar, a dollar, a ten o'clock scholar），但是你知道這個押韻詞，不是嗎？

莎莉：我不知道。

艾瑞克森：（表示不相信）你從沒聽過「一個圓，一塊錢，一個十點鐘的學員」？

莎莉：我不知道其他部分。

艾瑞克森：老實說我也不知道。（莎莉笑）

艾瑞克森：你覺得比較舒服了嗎？

莎莉：不，老實說我在進行到一半時進來，而且我……喔……

艾瑞克森：我不曾見過你。

莎莉：嗯……我去年夏天見過你一次。那時我和一群人一起來。

艾瑞克森：你進入催眠狀態了嗎？

莎莉：我想是的，是啊。（點頭）

艾瑞克森：你不知道？

莎莉：我相信是的。（點頭）

艾瑞克森：只是一個信念？

莎莉：嗯。

艾瑞克森：一個信念而不是一個現實？

莎莉：它們差不多是一樣的。

艾瑞克森：（表示不相信）一個信念是一個現實？

莎莉：有時候。

艾瑞克森：有時候。你進入催眠狀態的信念是一個現實還是信念？

（莎莉笑，清清喉嚨。她看來好像有點尷尬、不自然）

莎莉：重要嗎？（團體笑聲）

艾瑞克森：那是另外一個問題。我的問題是：你的信念是一個信念
　　　　　還是現實？

莎莉：我想，或許兩者都是。

艾瑞克森：好，一個信念或許是一個非現實，也可能是一個現實，
　　　　　而你的信念既是一個現實也是非現實？

莎莉：不對，它是一個信念也是一個現實。（她搖頭又抱住頭）

艾瑞克森：你是說它是一個信念也可能是個現實，或一個非現實？

然而它也是一個現實？到底是哪一個？（莎莉笑）

莎莉：我現在真的不知道。

艾瑞克森：好吧，那你為什麼要花這麼久才告訴我這個？（莎莉
　　　　　笑）

莎莉：我也不知道。

艾瑞克森：你覺得舒坦多了嗎？

莎莉：喔，我覺得好些了，對。（她說得好小聲）我希望我的加入
　　　沒干擾其他的人。

艾瑞克森：你現在不覺得不自然？

莎莉：嗯……我坐在後面會好些，但是……

艾瑞克森：看不見？

莎莉：看不見？這個嘛，或許是。

艾瑞克森：不然是什麼？

莎莉：不顯眼。

艾瑞克森：所以你不喜歡引人注意。

莎莉：喔，天。（笑，再一次顯得不自然。當她清喉嚨時用左手蓋
　　　住嘴）不……不要……不……喔……嗯。

艾瑞克森：你不喜歡現在我對你做的？

莎莉：嗯……不。這個嘛，我的感覺混雜在一起了。備受矚目讓我
　　　覺得受寵若驚，同時又對你說的東西覺得好奇。

艾瑞克森：（兩人重疊說話）你真他媽的希望我能停止。（哄堂大
　　　　　笑）

莎莉：嗯，混淆的感覺。（點頭稱是）如果我跟你說話、之前也沒
　　　有打斷你那是一回事，但是……

艾瑞克森：所以你在乎這一群人？

莎莉：這個，是的，我……

艾瑞克森：嗯，嗯。

莎莉：……他們在這裡的時間……我在他們的時間走進來。

艾瑞克森：（看著前面的地板）現在讓我們來看另外一個堅定的信念。在做心理治療時，你應該讓病患覺得自在、舒服。我盡可能讓她不適地處在舒服、自在和尷尬的狀態，而（轉向團體）這很難開始一個好的治療關系，不是嗎？（艾瑞克森看著莎莉，從手腕處握住她的右手，慢慢將它抬高。）閉上你的眼睛。（她看著他，笑，然後看著自己的右手，閉上眼睛。）眼睛繼續閉著，（艾瑞克森的手離開她的手腕，任她的右手僵硬地懸著）進到很深的催眠狀態，（艾瑞克森用手指圈住她的手腕，她的手臂慢慢垂落，再慢慢地把她的手放下。艾瑞克森說得很慢、很有條理）覺得非常舒服，非常自在。你真正享受，覺得好舒服……這麼舒服……除了這麼美好的舒服感覺，你忘了所有一切。

過一會兒，你會感覺好像你的心靈離開你的身體飄浮在空中──回到時間中，（停頓）不再是 1979 或 1978 年，1975 年屬於未來，（艾瑞克森傾向莎莉）然後是 1970 年，時間倒流，很快地，到了 1960 年，再到 1955 年……你知道那是 1953 年……你知道你只是個小孩。做個小女孩真好。或許你正期待著生日聚會或正要去某個地方──拜訪外婆……或上學去。或許就在此刻，你正坐在學校，看著你的老師，或許你正在操場上玩，或許那是個假期。（艾瑞克森坐回去）

你有個美好時光。我要你享受當個盼望將來終要長大的小女孩。（艾瑞克森傾向莎莉）或許你想知道長大後會是什麼樣子，或許你想知道長成大女孩後要做什麼。我想知道你是否喜歡高中，你可能也想知道同樣的事。

我的聲音將隨你到各處，化成你的父母、你的老師、你的玩伴的聲音，也化成風和雨的聲音。

或許你正在花園摘花。有天，當你是個大女孩時，你會遇見很多人，告訴他們當你還是個小女孩時的快樂事情。你愈覺得舒服，愈覺得像個小女孩，因為你是個小女孩。

（輕快的聲音）我不知道你住哪裡，不過你可能喜歡打赤腳，是坐在游泳池邊，兩條腿在水中晃盪，多希望你會游泳。（莎莉輕笑）你現在想吃最喜歡的糖果嗎？（莎莉笑，慢慢點頭）這兒！你覺得就在嘴巴中，你享受這糖果的滋味。（艾瑞克森碰她的手。很長的一陣停頓，艾瑞克森坐回去）當你是個大女孩，你會告訴很多陌生人當你還小時最喜歡吃的糖果。

有好多事要學，一大堆事要學，我現在就要告訴你一些。我要握著你的手，（艾瑞克森抬起她的左手）我要把它抬起來，我要把它放在你的肩膀上。（艾瑞克森慢慢從手腕處抬起她的手，然後放在她的右臂上）就在這兒。我要你的手臂麻痺，所以你無法移動手臂。直到我告訴你可以移動之前，你無法移動手臂。就算你是個大女孩也不能移動，甚至你長大後也不能移動。在我告訴你可以動之前，你不能移動你的左手和左手臂。

首先我要你從脖子以上醒過來，但你的身體進入很熟的睡眠……你會從脖子以上醒來。這很難，但是你做得到。（停頓）讓你的身體深深入睡，這是很美好的感覺，你的手臂是麻痺的。（莎莉笑，眼皮顫動）從脖子以上醒來。你幾歲呀？（停頓，莎莉笑）你幾歲呀？……你幾歲了？（艾瑞克森傾身靠近莎莉）

莎莉：嗯，三十四歲。

艾瑞克森：（點頭）好。（坐回椅子）你三十五歲，為什麼閉著你的眼睛？

莎莉：這樣很好。

艾瑞克森：我想你的眼睛要睜開了。（莎莉笑，仍然閉著眼睛，停頓）

艾瑞克森：眼睛要張開了，不是嗎？（莎莉清了清喉嚨）你會張開眼睛，並且一直張開著。（莎莉微笑，用舌頭潤了潤下唇，張開眼睛，眨了眨眼）我說對了，（莎莉看著前面）你在哪兒？

莎莉：我想我在這兒。

艾瑞克森：你在這兒嗎？

莎莉：嗯。

艾瑞克森：當你是個小女孩時有什麼記憶？一些你能告訴陌生人的記憶。（靠向莎莉）

莎莉：嗯，這個嘛……

艾瑞克森：大聲點。

莎莉：（清喉嚨）我，嗯……我記得，嗯……一棵樹和一個後院

和，嗯……

艾瑞克森：你會爬那些樹嗎？

莎莉：（說得很小聲）不，它們只是小小的植物。嗯，和一條小
　　　徑。

艾瑞克森：在哪兒？

莎莉：在房子間的小過道。所有小孩都在後院和後面小徑上玩。
　　　玩，嗯……

艾瑞克森：那些小孩是什麼人？

莎莉：他們的名字嗎？你是說他們的名字嗎？

艾瑞克森：嗯。

莎莉：喔，這個，嗯……（莎莉只是一直看著她的右邊、看著艾瑞
　　　克森。艾瑞克森靠向她。她的手還在肩膀上，沒和房間中
　　　的人保持接觸）這個嘛，我記得瑪麗亞、艾琳、大衛和基斯
　　　比。

艾瑞克森：貝琪？

莎莉：（說得大聲點）基斯比。

艾瑞克森：當你是個小女孩時，你想長成大女孩後會做什麼？

莎莉：我想，嗯，天文學家或作家。（她扮了個鬼臉）

艾瑞克森：你認為會成真嗎？

莎莉：我想其中之一會。（停頓）我是 —— 我的左手不能動。
　　　（笑）我真的很驚訝。（笑）

艾瑞克森：你對你的左手有一些驚訝嗎？

莎莉：我記得你說過它不能移動，而且……

艾瑞克森：你相信我嗎？

莎莉：我猜我是。（笑）

艾瑞克森：你只是猜。（莎莉笑）

莎莉：我，嗯……看來它不能挪向我。

艾瑞克森：這麼說比猜還多一些嗎？（莎莉笑）

莎莉：嗯……是的，（很小聲）我……你能從脖子以上醒來，脖子
　　　以下卻不能，這可真教人驚奇。

艾瑞克森：你對什麼驚奇？

莎莉：你能，嗯……從脖子以下，你的身體能睡覺，而你照樣能
　　　說話——你知道而且是清醒的——你的身體能感受麻木。
　　　（笑）

艾瑞克森：換句話說，你不能走路。

莎莉：這個嘛，在此刻不全然如此。（搖頭）

艾瑞克森：不是現在。

莎莉：（嘆氣）嗯，嗯，不是現在。

艾瑞克森：現在，團體中每位產科醫師都知道如何製造麻醉……身
　　　體上的。（艾瑞克森期待地看著莎莉）（莎莉點頭稱是又
　　　搖頭表示不對。她依舊茫然地看著她的右邊，清了清喉嚨）
　　　三十五歲而不能走路，是什麼感覺？

莎莉：（糾正艾瑞克森）三十四。

艾瑞克森：三十四。（笑）

莎莉：嗯……覺得……嗯……現在覺得開心。

艾瑞克森：非常開心。

莎莉：嗯。

艾瑞克森：當你剛走進來時，你喜歡我開你玩笑的態度嗎？

莎莉：可能是吧。

艾瑞克森：可能是吧？

莎莉：是的。

艾瑞克森：還是你可能不喜歡。

莎莉：嗯，可能吧。（笑）

艾瑞克森：（笑）是說實話的時候了。

莎莉：喔？（笑）

艾瑞克森：說實話的時候。

莎莉：好吧，我的感覺混淆了。（笑）

艾瑞克森：你說有混淆的感覺——非常混淆的感覺？

莎莉：這個，是呀，我喜歡也不喜歡。

艾瑞克森：非常非常混淆的感覺？

莎莉：喔，我不知道能不能區別。

艾瑞克森：你在心裡暗罵希望自己根本沒來嗎？

莎莉：喔，不，我很高興我來了。（咬下唇）

艾瑞克森：來到這，你學到怎樣不會走路。

莎莉：（笑）是的，脖子以下不能動。（點頭）

艾瑞克森：那糖果嚐起來滋味如何？

莎莉：（小聲）喔，真好吃，但是……喔……我有……有七種不同
　　　的口味。

艾瑞克森：（笑）你一直在吃糖果。

莎莉：嗯。（笑）

艾瑞克森：誰給你的？

莎莉：你呀！

艾瑞克森：（點頭稱是）慷慨的我，不是嗎？

莎莉：是的，真好吃。（笑）

艾瑞克森：你喜歡那糖果的滋味嗎？

莎莉：嗯，是的。

艾瑞克森：所有的哲學家都說，現實是頭腦中的一切。（笑）那些
　　　　人是誰？（莎莉環顧四周。艾瑞克森傾身靠向她）

莎莉：我不知道。

艾瑞克森：現在告訴我你對他們的想法，坦白的。

莎莉：這個嘛，他們看來都不一樣。

艾瑞克森：他們看來都不一樣。

莎莉：是啊，他們看來都不一樣。（她清清喉嚨）他們看起來都很
　　　善良。他們彼此⋯⋯看來都不一樣。

艾瑞克森：所有的人都是不同於彼此的。（莎莉害羞地笑，清清喉
　　　　嚨，嘆氣）艾琳現在在哪兒？

莎莉：喔，我不知道，嗯⋯⋯

艾瑞克森：你想到艾琳有多久了？

莎莉：喔，這個，嗯⋯⋯一段很長的時間了。嗯、她、喔，瑪麗亞
　　　是她姊姊。她和我的年齡比較近，而且，嗯，她比我小，
　　　喔，我想起她們——你知道的，她們是在我年輕時記得的
　　　人，不過我很少想到她們。

艾瑞克森：你家在哪兒？

莎莉：喔，嗯，在費城。

艾瑞克森：你在後院嗎？

莎莉：嗯。

艾瑞克森：在費城。

莎莉：嗯。

艾瑞克森：你怎麼到這裡的？

莎莉：喔，可能我只是，嗯，想到在這兒。

艾瑞克森：注意，他正在移動他的腿，他正在移動他的腳和腳趾
頭，她正在移動她的。（指著團體中的人）你幹嘛坐得這麼
直？

莎莉：這個，我回想你說的一些事……嗯……

艾瑞克森：你總是依照我說的去做嗎？

莎莉：（搖頭表示不會）要我聽從指示是很不尋常的。

艾瑞克森：（打斷）你說你是個不尋常的女孩？

莎莉：不是，要我聽從指示是很不尋常的。

艾瑞克森：你從不這麼做嗎？

莎莉：我不能說從來都不——很少。（笑）

艾瑞克森：你確定你從不聽從指示？

莎莉：是的，我想我剛剛就是了。（笑，清喉嚨）

艾瑞克森：你會遵循滑稽的暗示嗎？

莎莉：（笑）嗯……這個嘛，我好像可以動了。

艾瑞克森：嗯？

莎莉：如果我決定要動的話，或許就可以動了。

艾瑞克森：看看每一個人，你想誰會是下一個進入催眠狀態的人。
看看每一位。

莎莉：（環視房間）嗯，或許就在這裡，戴著戒指的這位女士。
（指著安娜）

艾瑞克森：哪一位？

莎莉：（小聲）嗯……左手帶著戒指、面對我們的那位女士。她把
眼鏡戴在頭上。（艾瑞克森傾向她）

艾瑞克森：還有誰？

莎莉：什麼？我想她就是下一個進入催眠狀態的人。

艾瑞克森：你確定你沒忽略一些人？

莎莉：我感覺有一些人可能會是——坐她旁邊的那位先生。

艾瑞克森：還有誰？

莎莉：喔……對，其他人。

艾瑞克森：嗯？

莎莉：其他人。（笑）

艾瑞克森：坐在你左邊的那位女孩呢？（指著羅莎）

莎莉：是啊！

艾瑞克森：你想她多久才會放下蹺著的腿進入催眠狀態？（羅莎雙
手環抱，蹺著二郎腿，坐在艾瑞克森那一邊的綠色椅子中）

莎莉：嗯，不用很久。

艾瑞克森：好，看著她。（羅莎沒有放下蹺著的腿。她往後看艾瑞
克森，再往下看，接下來又往上看，微笑，然後看看四周）

羅莎：我不覺得要放下蹺著的腿。（羅莎聳聳肩）

艾瑞克森：我沒說你看來不舒服。沒人說你不舒服。（羅莎點頭）
我只是問這女孩，要讓你放下蹺著的腿、閉上眼睛進入催眠
狀態要多久。（羅莎點頭稱是。停頓。艾瑞克森期待地看著
羅莎。對著就在他左邊的莎莉說）看著她。（停頓）（羅莎
閉上又睜開眼睛）她閉上眼睛，然後又睜開。你要多久才會

閉上眼睛然後就一直閉著？（停頓。艾瑞克森看著羅莎。羅莎眨眼）她現在有點不容易睜開眼睛。（羅莎閉上眼睛，咬唇，然後睜開眼睛停頓。莎莉閉上眼睛）她想和我玩遊戲，但是輸了。（停頓）她不知道她有多接近催眠狀態。所以，現在，閉上你的眼睛。現在，繼續閉著。（羅莎再一次眨眼，眨得更久）很好，慢慢來。（莎再一次眨眼）但是你會閉上眼睛。（羅莎再一次眨眼）一直閉著，更久。（停頓。羅莎閉上眼睛又睜開，再一次閉上眼睛又睜開）你知道眼睛會閉上。你努力想讓它們睜開，卻不知道為什麼我要一直挑剔你。（羅莎閉上眼又睜開，閉上眼又睜開）**就是這樣**。（閉上眼睛，一直閉著）就是這樣。現在我要你們看她的合作態度。病患能阻抗，也會阻抗。我想她會阻抗，利用她的阻抗，能把阻抗形態表現得很清楚。但是她並不知道這些，她會放下蹺著的腿，但又要表現她必然要這麼做。很好。當你與病患共事，他們總想依靠一些什麼，身為治療師的你應該讓他們去做。（停頓。羅莎在椅子上動了一圈又傾向前，仍然蹺著腿）因為病患不是你的奴隸。你想幫他。你不要求他做什麼。我們都帶著「我不是人的奴隸，我不必依令行事」的感覺長大。即使他想阻抗他的意志，你用催眠幫他發現他能做些什麼。（羅莎睜開眼。莎莉咳嗽。跟羅莎說）現在你對於我的挑剔感覺如何？

羅莎：我只是要看看自己是否能抵擋你所說的。

艾瑞克森：是的。（莎莉咳）

羅莎：我是說我能放下我的腿。（她放下又蹺起腿。莎莉在笑和咳

嗽。艾瑞克森停頓）

艾瑞克森：我曾告訴你你會放下腿。

羅莎：嗯？

艾瑞克森：我曾告訴你你會放下腿。

羅莎：是的，我能。

莎莉：（咳嗽。這個咳嗽使她必須移動手臂遮住嘴巴。一位男士給了她喉糖或薄荷之類的，她放進嘴巴，然後張開手臂向艾瑞克森聳聳肩）你曾告訴我我會咳嗽嗎？（笑，碰一下艾瑞克森，又咳一次）

艾瑞克森：好，那是個精細的、迂迴的方式……（莎莉咳嗽並遮住嘴巴）一個精細、聰明、迂迴的方式來得到控制……她的左手。（莎莉笑並搖頭稱是）

莎莉：發展一個症狀。

艾瑞克森：你擺脫了麻痺的手，你藉著咳嗽做到了。（莎莉點頭、咳嗽）有效，不是嗎？（莎莉笑、咳嗽）

你真的不是奴隸。

莎莉：我猜不是。

艾瑞克森：因為你厭倦一直把左手抬在那兒，要怎樣才能把手放下——只要咳個夠——（莎莉笑）然後你把手放下了。（莎莉嘆一口氣，笑了）

克莉絲汀：我能針對她厭倦把左手抬著問個問題嗎？我想，在催眠狀態中，不管是在什麼奇怪的姿勢，通常不會覺得厭倦。這是個誤解嗎？你的左手一直舉在那兒真的會累嗎？還是你是清醒的，所以覺得坐成那個姿勢很怪異？

莎莉：嗯，我覺得，嗯……我覺得那是一種……或許……只是一個奇怪的感覺和繃緊的覺察，但是，嗯……我或許……我能坐在那兒更久一些。

克莉絲汀：你能嗎？

莎莉：我覺得我好像能。是啊……坐在那裡久一點……嗯。是有點奇怪，你知道的，我……（艾瑞克森打斷，跟羅莎說）

艾瑞克森：你叫卡羅，是嗎？

羅莎：什麼？

艾瑞克森：你叫卡羅。

羅莎：我的名字嗎？不對。

艾瑞克森：那是什麼？

羅莎：你想知道我的名字嗎？（艾瑞克森點頭）羅莎。

艾瑞克森：（疑惑地）羅莎？

羅莎：像玫瑰般。（編按：指 Rosa 的原意）

艾瑞克森：好，現在我讓玫瑰表現出阻抗了，玫瑰完美地表現了阻抗。但在表現出阻抗的同時也表現了默認，因為她的眼睛還是閉著的。你叫什麼名字？（對莎莉說）

莎莉：莎莉。

艾瑞克森：莎莉，玫瑰表現阻抗但屈服了。（莎莉笑）莎莉在這兒藉咳嗽得到自由，同樣也表現了阻抗。（向著羅莎）而你為莎莉做了榜樣，讓她的手得到自由。

羅莎：我閉上眼睛，因為我想在那個時刻閉著比較容易。此外你一直要我閉上眼睛，所以我說好吧，我就閉上，然後你就會停止要我閉上眼睛。

艾瑞克森：嗯。但是你閉上眼，而莎莉跟隨你的阻抗表現，她用咳嗽間接表現。（莎莉笑）聰明的女孩。（莎莉咳，清喉嚨）（向著莎莉）現在你要怎麼讓你的腿自由？（莎莉笑）

莎莉：嗯，我就做些什麼。（艾瑞克森等著）好，看著。（莎莉在移動腿之前看看四周。艾瑞克森看著她的腿，等待著）

艾瑞克森：她做了什麼？她首先運用視覺線索，尋找一個不同的地方好放下腳。她運用另一個感官過程得到肌肉反應。（向著莎莉）現在你要怎麼站起來？

莎莉：這個，我就是站起來。（她先往下看，笑，然後傾向前站了起來）

艾瑞克森：通常需要這麼用力嗎？（莎莉咳，清喉嚨）你確定你吃了一些糖果嗎？

莎莉：剛剛？是……還是以前？

艾瑞克森：以前。

莎莉：是啊。但我記得那是個暗示。

艾瑞克森：（向前移動並更靠近莎莉）你想你現在非常清醒嗎？

莎莉：（笑）是呀。我想我現在很清醒。

艾瑞克森：非常清醒。你**是**醒著嗎？

莎莉：是的，我是清醒的。

艾瑞克森：你這麼確定？

莎莉：（笑）是啊。

（艾瑞克森慢慢抬起她的右手。她的手緊握，他慢慢鬆開它，從手腕處抬起她的左手）

莎莉：它看起來不像是我的。

艾瑞克森：什麼？

莎莉：它不是屬於我的……當你這麼做時。（艾瑞克森抬起她的手臂，讓它僵硬地懸空。莎莉笑）

艾瑞克森：你比較不確定自己是不是清醒的了。

莎莉：（笑）是的，比較不確定了。我沒經驗到什麼，喔，重量是在我的右手臂，我的右手臂沒有感受到重量。

艾瑞克森：經驗到無重量。那回答了你的問題，不是嗎？（向克莉絲汀說，她問了個有人在催眠中把手臂保持在不舒服姿勢的問題。向著莎莉）你能一直**保持在那個位置**嗎？還是它會被抬高到你的臉？（艾瑞克森做了個抬高左手的手勢）

莎莉：嗯，我或許能保持這樣。

艾瑞克森：看著。我想它會抬高。

莎莉：嗯，不會。（莎莉搖頭表示不會）

艾瑞克森：它會稍微地猛然一動就抬高了。（停頓）（莎莉茫然地向前看，然後看著艾瑞克森。她搖頭表示不）或許你感受到晃動（jerk）。它正在升高，（莎莉看著她的手）看到那晃動了嗎？

莎莉：當你這麼說時我感覺到了。

艾瑞克森：嗯？

莎莉：當你提到晃動時我能感覺到。

艾瑞克森：你沒有感覺到所有的晃動。

莎莉：嗯。

艾瑞克森：（艾瑞克森藉著把她的手指放在手腕，慢慢地逐步壓下她的手、然後收回他的手）你阻抗放下來，不是嗎？

莎莉：嗯。

艾瑞克森：為什麼呢？

莎莉：我覺得保持那樣挺好的。（笑）

艾瑞克森：（微笑）是很好……那個樣子。

（看著地板）有位年輕人威爾，三十歲，曾是海軍陸戰隊隊員，二次世界大戰時在南太平洋服役。他回到家，從來沒受過傷。

他爸媽很高興見到他，媽媽決定要好好待他，爸爸也是。所以媽媽告訴他早餐要吃些什麼、午餐要吃些什麼、晚餐又要吃些什麼，告訴他每天該穿什麼衣服。爸爸覺得兒子工作太辛苦了，應該有些娛樂，所以要他看〈週末郵報〉。

威爾是個乖孩子，依媽媽的指示吃和穿，看爸爸要他看的報導。他是爸媽的乖小孩。但是威爾生病了，不想做爸媽要他做的事。他們真的吩咐他每一件事，他唯一的自由是在二手車廠工作。

他開始發現自己過不了凡布朗街，車廠卻在凡布朗街上。他又發現無法開車到中央北路工作，那裡有個餐廳叫金鼓槌，有好多窗戶，開車經過時他會很害怕，只得繞道幾條街。接著他發現自己無法搭電梯和電扶梯，有好多條街都不敢過。他不喜歡這個樣子，只好來找我做治療。當我發現威爾無法開車經過金鼓槌餐廳時，我跟他說：「威爾，來接我和我太太出去吃晚餐，餐廳我來選。」

他說：「你不會選金鼓槌的。」我說：「我們倆是你的客人，你當然要讓客人開心，你可不能告訴你的客人哪裡不可

以去；你該帶你的客人去他們想去地方。」然後我又跟他說：「你怕女人，即使賣二手車時都小心地看著地上，從來不看女人。你怕女人。既然你要接我和我太太出去晚餐，你自己如果有個女伴是再好不過了。我不知道你喜歡什麼樣的伴，所以告訴我，什麼樣的女人你不想帶出門。」他說：「我不喜歡和漂亮的單身女孩出去。」我說：「漂亮的單身女孩之外呢？」他說：「還有，離了婚的漂亮女孩，那比漂亮的單身女孩糟得多。」我說：「還有其他什麼條件的女人你不想帶出去？」他說：「我不要和年輕寡婦一起出去。」我最後問他：「如果要帶位女伴，你會希望是什麼樣的？」他說：「喔，如果我必須帶位女伴出去，我會希望找位至少八十六歲的。」我說：「那好辦，你下星期二晚上六點來我家，準備接我和我太太，以及幾位女士一起外出共進晚餐。」威爾說（害怕地）：「我想我辦不到。」我說：「威爾，下期二晚上六點來，你**可以**的。」

威爾準時在星期二六點出現，我們全都盛裝以待。汗水從他臉頰流下，他發現自己很難安坐著。我說：「我為你邀請的女士還沒到，我們好好享受等她的這段快樂時光。」威爾並不愉快，他坐立不安，一直看著前門，抱著希望地看著我太太，又抱著希望地看著我。我們聊天，最後一位非常漂亮女孩在遲到二十分鐘後出現。威爾看來吃驚又害怕。我為他們介紹彼此：「威爾，來見琪曲。琪曲，威爾要帶我們四個人出去吃晚餐。」琪曲高興地拍手笑著。我說：「琪曲，順便一問，你結婚幾次了？」琪曲回答：「喔，六次。」我問：

「你離婚幾次了？」她回答：「六次。」（艾瑞克森笑）威爾臉色發白。

我說：「威爾，問問琪曲要到哪兒用餐。」琪曲說：「喔，威爾，我想去在中央北路的金鼓槌。」我太太說：「我也是。」我說：「那是家好餐廳，威爾。」威爾發抖。我說：「走吧！要我扶你嗎，威爾？」他說：「不用，我自己能走。我怕我會昏倒。」我說：「前門廊有三個階梯向下。別昏倒在階梯上，你會傷了自己。等到了草地再昏倒。」威爾說：「我不要昏倒。也許我能走到車子那。」

當他走到車子——我的車，我知道自己要開車——威爾說：「我最好抓著車子。我要昏倒了。」我說：「在這兒昏倒是最完美的了。」琪曲說：「喔，威爾，跟我坐在後座。」威爾顫抖著爬進車子。

到了金鼓槌的停車場，我停在最遠的一頭。我說：「威爾，你出去後可以昏倒在停車場上。」威爾說：「我不要昏倒在這裡。」

琪曲和我太太都下車，我們走向餐廳。沿路我一直指著（艾瑞克森比劃著）：「有個好地方可以昏倒。啊，有個好地方可以昏倒……又有個好地方可以昏倒。這是另外一個……」他走到餐廳前門，我說：「你要在門內或在門外昏倒？」他說：「我可不要昏倒在外面。」我說：「那好。咱們進去，你可以昏倒在那裡。」

我們走進去時，我說：「威爾，你要哪張桌子？」他說：「找張靠近門的。」我說：「在餐廳較遠的那一頭，有個高

出來的包廂，裡頭有舒適的雅座，我們就坐那兒用餐吧，還可以看到整個餐廳。」威爾說：「可是走到那兒前，我會昏倒。」我說：「沒關係，你能（艾瑞克森比劃著）昏倒在桌邊、或這張桌子、或那張桌子。」威爾走過一張張的桌子。

我太太坐在雅座的一邊，琪曲說：「威爾，你走到了。」然後在他旁邊坐下。我太太坐在他的另一邊，我則坐在外面的位置。威爾坐在雅座中，左右各有一位女士包夾著他。

女服務生進來，問我們要點什麼菜，她說的一些事冒犯我。我嚴厲地說她，她則很生氣地回我。第一件事你們知道的，我們彼此叫罵、咆哮。餐廳中所有的人都轉頭看我們，威爾很想躲到桌子底下。我太太抓住他的手臂說：「我們最好看著他們。」最後女服務生很生氣地走了，換經理來了，想知道有什麼麻煩。我又和他起了爭端，彼此咆哮。最後他也走了。

女服務生回來說：「你們到底要點什麼？」於是我太太點她要的，我也點了我要的。女服務生轉頭問琪曲：「請問你要點什麼？」琪曲說：「我的紳士朋友要雞肉，所有的白雞肉，還要一個烤馬鈴薯，不要太大，也別太小。他還要酸乳和調味料。至於蔬菜，我看給他來一盤煮熟的紅蘿蔔，再給他一些硬殼麵包捲。」然後她點了自己要的。

整個晚餐，琪曲不斷告訴威爾吃些什麼，什麼又慢一點吃，她監督他所吃的每一口。貝蒂和我享用晚餐，琪曲享用她的晚餐。對威爾那可真是地獄。

當他走出去，琪曲說：「威爾，當然該由你付費。威爾，我

想你該給這位女服務生一筆小費。這真是頓美好的晚餐，給
她……」她指定了小費的數目。當我們走出去，我繼續建議
威爾：「這是個可以昏倒的好地方。」直到我們走到我車
子，他坐進去後，我沿路指出所有他能昏倒的停車位。

回到家時，琪曲說：「威爾，進去和艾瑞克森醫生及他太太
聊聊吧。」只見她牽著威爾的手臂，拖著他進來了。閒聊
後，琪曲說：「我好喜歡跳舞。」威爾得意洋洋地說：「我
不會跳舞。」琪曲說：「太好了，我最喜歡教男人跳舞了。
即使這兒鋪滿了地毯……你有唱機，艾瑞克森醫生，放些舞
曲吧，我要教威爾怎麼跳舞。」最後琪曲說：「真的，威
爾，你可真是天生舞者，我們去舞廳跳舞，來個愉快的舞蹈
之夜吧！」所以威爾不情不願地走了。他們跳到凌晨三點，
然後他送她回家。

隔天早上他媽媽準備早餐時，威爾說：「我不要軟的水煮
蛋，我要煎蛋；我不要三片貝果，我要兩片土司、一杯柳橙
汁。」他媽媽（輕聲）說：「但是威爾……」他說：「不要
對我說『但是』，媽，我知道我要什麼。」

那晚他回家後，爸爸跟他說：「我在〈週末郵報〉上幫你看
到一則好報導。」威爾說：「我帶了〈警察報〉回來，我要
看〈警察報〉。」（向著團體）對外國人來說，〈警察報〉
是……你要怎麼形容〈警察報〉？它很赤裸，〈警察報〉充
斥著教人毛骨悚然的報導，只描述各種犯罪，尤其是性犯
罪。

他爸爸覺得很反感，威爾卻說：「下星期我要搬出住。我要

住到自己的公寓去。我要做我想做的事。」

他打電話給琪曲，那個週日他帶她出去吃晚餐，之後去跳舞。他們繼續交往了三個月。威爾來看我時說：「如果我不再和琪曲約會，會發生什麼事？」說：「她已經離過六次婚，如果你走出她的生命，她會知道怎麼辦的。」他說：「就這麼辦。」他不再約她，開始和別的女孩約會。他轉介他的姊姊、姊夫與外甥來讓我為他們做治療。

有一天，威爾帶著一位年輕女孩出現：「M 小姐怕說話，怕出去玩。她只是待在家裡、出去上班，可是不說話。下星期我要帶 M 小姐參加一個所有朋友都會參加的宴會，她不要去。我要你讓她去。」然後威爾離去。

我說：「M 小姐，顯然威爾很喜歡你。」她說：「是的，但我怕男人。我怕生。我不要參加宴會，我不知道可以說什麼。我就是沒辦法和陌生人說話。」我說：「M 小姐，我知道所有人都會參加那個宴會並交談，那是他們能做的，可是不會有一位好聽眾。所以你要成為那晚宴中最有價值的來賓，因為每個人都將有一位聆聽者。」

威爾和 M 小姐結婚了。他飛到優馬鎮帶著 M 小姐、飛到土桑市帶著 M 小姐、飛到旗竿鎮帶著 M 小姐吃晚餐。他搭鳳凰城所有的電梯和電扶梯。他現在是新車代理的主管。那趟金鼓槌之旅教會威爾走進有電梯或電扶梯的餐廳、藥房和建築物，教會他帶女人出門而不會昏倒在任何地方。（艾瑞克森暗自發笑）是**威爾**告訴他媽媽他要吃什麼，是**威爾**告訴他爸爸他想要看什麼……而且是**威爾**告訴他的父母他要住哪

裡。

我所做的，不過是安排一次餐廳之旅、安排女服務生和經理跟我的精采爭辯。經理、女服務生和我有段愉快時光，威爾發現他竟然能安然度過，（艾瑞克森笑）也能安然和一位離婚六次的女人相處。他跟那位漂亮、離過六次婚的女孩學跳舞，不必花好幾個星期做心理治療。他需要家族治療，但我讓威爾自己做。我所做的是，向威爾證明他不會死。（艾瑞克森笑）我這麼做時，還真享受了一段好時光。

許多治療師念書、接案，這星期要做很多這樣的事；下星期要用不同的方式做這麼多事，一再遵循相同的規則……這星期這麼多事、下星期這麼多事、這個月這麼多事、下個月這麼多事。威爾所需要的是發現他能過街，能進餐廳。他曾繞道幾個街區的遠路，只為了避開餐廳。我指給他看所有能昏倒的好地方，能死……（艾瑞克森笑）但他發現生命實在太美好，而且自己完成了治療的其他部分。M 小姐現在是七個小孩的媽，擁有很好的社交生活，因為每個人都喜歡有個好聽眾。

你看，我不相信佛洛伊德的精神分析，佛洛伊德確實對精神醫學和心理學貢獻了很多很好的看法，是很多看法是精神科醫師和心理學者早該發現，而不用等到他來告訴他們的。他也發明了一種宗教叫「精神分析」——那個宗教或治療適合所有人、所有性別、所有年齡、所有文化，以及所有情境，而那些情境卻是佛洛伊德也不知道是什麼的情境。

精神分析在所有時間適合所有問題，佛洛伊德分析摩西

（Moses），我敢以任何賭注打賭，佛洛伊德從來沒與摩西有任何形式的接觸。他不知道摩西像什麼，如何能分析摩西？況且摩西時代的生活遠不同他自己的時代。再說佛洛伊德也想從愛倫坡（Edgar Allen Poe，編按：1809-1949，英國著名短篇小說家）的著作、信件及報章報導來分析他。依我看，任何醫師想要從報章雜誌上相關的故事和給朋友的信件來診斷盲腸炎，都應該依法判刑。（艾瑞克森笑）但佛洛伊德從有關愛倫坡的閒話、道聽塗說和著作分析他。他不知道任何有關這個人的事。佛洛伊德的門徒在仙境分析愛麗絲（Alice）。而愛麗絲夢遊仙境純粹是個虛構故事，但分析師還是分析了。

在佛洛伊德的心理學中，不管你是獨子還是十一個小孩中的一個，獨子有和十一小孩中的一個一樣多的手足對手。即使小孩從來不知他的爸爸是誰，還是有父親固著（fixation）和母親固著，也總有口腔固著、肛門固著、戀父情結固著和戀母情結固著。這些所謂的事實根本沒有什麼真正的意義。那只是個宗教。我還是感謝佛洛伊德貢獻給精神醫學和心理學的概念，他還發現古柯鹼（cocaine）是眼睛的麻醉劑。

阿德勒學派（Adlerian）的心理學說，所有左撇子比右撇子寫得更好。你看，他把他的理論奠基在器官自卑說（organ inferiority）和男性對女性的宰制，卻從不曾看過左撇子和右撇子寫下的東西，或分析他們的書寫，看誰寫得比較好。我可以想到很多右撇子醫師⋯⋯不要說很多——醫師寫的東西是很可怕的，在我看來，左撇子醫師寫得和右撇子醫師一樣

可怕。

梅爾（Adolph Meyer，編按：1866-1950，美國精神科醫師）是我很欣賞的一位，他發展了精神疾病的一般理論，只是一個能量的問題。我欣賞每位精神病患都有一定的能量，那能量能用許多種方式表達，可你卻不能用能量來對精神病患進行分類。我想我們都應該知道，每個人都是獨特的，（莎莉睜開眼又閉上）絕無複製品。三百五十萬年來，人類居住在地球，我可以很放心地說沒有相同的指紋，沒有一模一樣的個體。異卵雙胞胎的指紋、對疾病的抵抗力、心理結構和人格，全都是非常非常不同的。

我非常期待羅傑斯學派（Rogerian。編按：Carl Rogers 所代表的人文學派）的治療師、完形學派的治療師、溝通分析（TA）治療師、團體分析師和其他各種學派的分支都能夠承認：對某甲適用的方法一定不能用到某乙的身上。我曾治療過許多狀況，總是根據不同的人發展新的療法。我知道帶客人外出晚餐，讓客人選擇他想吃的，因為我不知道他喜歡什麼。人們會穿他們想要的樣子。我很確定你們都知道我是穿著我要的樣子。（艾瑞克森笑）我認為心理治療是個體形成的過程（individual process）。

告訴你們我怎麼治好那位女孩的尿床問題。那天我沒有很多事要做，所以我看了她一個半小時。那真是超出她所需，我知道我的同儕治療師會花上二、三、四或五年，一位心理分析師可能要花上十年。我記得在精神科時，有一位非常聰明的住院醫師想學精神分析，所以他找 S 醫師，一位佛洛

伊德的門生。底特律有兩位頂尖的精神分析師，B醫師和S醫師，我們這些不喜歡精神分析的人管B醫師叫「教皇」（The Pope），叫S醫師為「小耶穌」（Little Jesus）。我最聰明的住院醫師找上「小耶穌」，事實上我的三個住院醫師都找他。

第一次的會面中，S醫師跟我那最聰明的住院醫師說他必須接受六年的治療性分析，一週五天，再加上另外六年的教學性分析。在第一次會面時，他跟艾利克斯說要十二年，然後他告訴艾利克斯，他太太也需要接受六年的治療性分析——「小耶穌」從沒見過他太太。我的住院醫師經歷了十二年的精神分析，他太太經歷了六年。「小耶穌」告訴他們，要等到他說可以，他們才可以有小孩。而我認為艾利克斯是位非常非常聰明的年輕精神科醫師。

S醫師說，他做的是和佛洛伊德一樣正統的分析。他有三位住院醫師，A、B和C，A必須把車停在A停車格，B必須把車停在B停車格，而C必須把車停在C停車格。A在一點來，一點五十分離開。他進來，「小耶穌」跟他握手。他躺在分析椅上，「小耶穌」把他的椅子移到躺椅左邊，距艾利克斯的頭左約四十五公分、後約三十五公分的距離。當B進來，他從這個門進來，從另一個門離開。他躺在分析椅上，「小耶穌」位在他的左邊，距離三十五公分和四十五公分。

所有三位都被分析者用相同的方式治療——艾利克斯六年、B五年、C五年。我心想這是什麼樣的犯罪啊！艾利克斯和

他太太十分相愛，卻被「小耶穌」說要等十二年才能當父母真是嚴重的不道德行為。

另一個案例是，十二歲的男孩因為尿床來求治——十二歲、一百八十三公分高，一位大男孩。他父母和他一起來，他們告訴我如何因他的尿床處罰他：在尿溼的床上擦他的臉、不讓他吃點心、不讓他和同學玩。他責備他、打他屁股、要他洗自己的床單、自己鋪床、從中午十二點起就不准他喝水，可是長到十二歲，喬也尿床十二年，無一日缺席。

終於，他爸媽在一月的第一個星期把他帶來。我說：「喬，你現在是個大男孩了，我要你聽清楚我跟你爸媽說的話。爸爸、媽媽，喬是我的病患，沒有人可以干擾我的病患。媽媽，你要洗喬的床單，不能再罵他，不能剝奪他該有的任何東西，不能說任何有關尿床的事。至於你，爸爸，你不能處罰他或剝奪他的權利，你要待他就像他沒尿床一樣，就像他是個模範兒童。現在讓我來跟喬說。」

我把喬引進淺的催眠狀態，然後說：「喬，聽我說。你一直尿床尿了十二年，要學會睡在乾的床上，每個人來說都需要時間，以你的狀況會需要比別人更久一些時間。沒關係，你儘管慢慢來。現在是一月的第一個星期，我不認為要你在一個月之內有一張乾爽的床是合理的，二月很短，所以我想你要不要在四月一日愚人節時停止尿床。」

對一個十二歲小孩的心智來說，在一月第一個星期到三月十七日的聖派翠克節（Saint Patrick，愛爾蘭之守護聖徒），四月的愚人節是很長很長的時間。我說：「喬，你要在聖派

翠克節或愚人節停止尿床，這不關其他人的事，甚至也不是我的事，那是屬於你的祕密。」

六月，他媽媽來跟我說：「喬有一張乾的床，但我不知道多久了。我只是今天湊巧注意到，有好一陣子，每天早上他的床都是乾的。」她不知道喬是從哪天開始沒尿床的，我也不知道，可能是在聖派翠克節，也可能是在愚人節。那是喬的祕密，反正他爸媽直到六月才知道。

還有另一個十二歲的男孩，也是每晚尿床，尿了十二年，他爸爸很排斥他，甚至不和他說話，他媽媽帶他來找我。當他媽媽跟我說故事時，我要吉姆在等候室等。她給了我兩則有價值的訊息，爸爸曾尿床到十九歲，舅舅也尿床到十八歲。媽媽很同情兒子，她認為尿床可能是遺傳的。我問媽媽：「我和吉姆說話時，我要你在場，仔細聽我所說的所有事，還要做我要你做的每件事。吉姆也會做我要他做的每件事。」

我把吉姆叫進來，跟他說：「吉姆，你媽媽跟我說了有關你尿床的事，我知道你想有張乾爽的床，那是你必須學的。我知道有一個對你來說有把握的方式，當然，就像其他的學習一樣，這並不容易。我知道你很想要一張乾爽的床，一定會全力以赴，就像你努力學會寫字。現在這是我要求你和你的家人做的。你媽媽說早上七點是全家起床的時間。我已經跟你媽媽說，把鬧鐘設定在早上五點，她會進來你的房間檢查你的床。如果她覺得是溼的，她會叫醒你，然後你們兩個去到廚房，打開燈，你開始抄書。你可以自己選書。」他選了

《王子與乞丐》。

「媽媽，我知道你喜歡縫補、編織、做百衲被，當吉姆在廚房抄他選的書時，你要陪著他，安靜地縫補或編織，或做百衲被，從早上五點到七點。這樣就有足夠的時間讓吉姆穿好衣服，爸爸那時也起床穿好衣服了。然後你準備早餐，開始和其他日子一樣的一天。每天早上五點，你檢查吉姆的床。如果是溼的，你叫醒他，帶他到廚房，一句話也不必說，開始你的針線活，吉姆開始他的抄書。每個星期六，把抄好的東西拿來給我。」

我送吉姆出去，說：「媽媽，你已經聽到我說的，有件事我還沒說。吉姆只聽我說，你要檢查他的床，如果是溼的，他就要被叫醒，到廚房抄書。有些早上，吉姆的床會是乾的，你安靜回床上睡到七點，然後叫醒他，為睡過頭跟他道歉。」

一個星期之內，媽媽發現床是乾的，她回到床上繼續睡，七點醒來時為睡過頭道歉。我在七月的第一個星期看他，到七月最後一個星期，吉姆每晚都有乾的床。他媽媽繼續道歉而不叫醒他。

因為我發出媽媽會檢查床鋪的訊息，如果她發現床鋪是溼的，「你要起床抄書。」仔細看這句子，它意味著：「你媽媽會碰你的床，如果它是溼的，你要起床抄書。」相反的含意是：「如果床是乾的，你就不用醒來。」所以，一個月之後，吉姆有了乾的床，他爸爸帶他去釣魚，那是他爸爸最喜愛的活動。

若用家族治療，就還有些事得做。我要媽媽做針線活，她是有同情心的，當她坐在廚房做女紅，吉姆不能把被叫醒抄書當作處罰；事實上他是在學點什麼。

吉姆到辦公室來看我。我拿出他的抄寫，依時間順序排好吉姆看著第一頁說：「這真可怕，我漏了好多字，又拼錯了一些字。甚至漏了整句，這份作業很糟糕。」當我們依時間順序翻頁，吉姆愈來愈高興，他的寫字進步了，拼字進步了，不再漏字或落句。翻到最後，他十分高興。

在他回學校三個星期後，我打電話問他學校的狀況。他說：「你知道嗎？真好笑，以前沒有人喜歡我，沒人要和我玩。我在學校非常不快樂，成績也不好。現在我是棒球隊長，我的成績是 A 和 B，不再是 D 和 F。」我所做的是：導正吉姆對吉姆自己的看法。

我從沒見過吉姆的爸爸，他在不承認自己的兒子好多年後帶他去釣魚。他在學校的不佳表現……其實他發現自己可以寫得很好、抄得很好，所以他把那些知識帶到學校。他知道自己可以寫得很好，因此發現他也擅長遊戲和社交。那就是對他的治療。

另一個男孩剛入學一年：兩年前，他的前額有一顆青春痘，他擠它，就像其他有青春痘的小孩——他們必須擠青春痘。肯尼有兩年的時間一直擠那顆青春痘，以至於它變成大膿瘡。他父母很生氣，帶他去看醫師。醫師貼上很緊的繃帶，肯尼還是不經意地把手指伸進繃帶摳。醫師威脅他會得癌症，父母用各種能想出來的方式處罰他：摑他耳光、鞭打

他、沒收玩具、限制他只能在院子裡玩。在學校，肯尼曾得到 D 和 F，老師因此罵他。最後他的父母威脅帶他去給一個瘋狂醫師治療，肯尼更生氣。有時晚餐吃麵包和水，冰淇淋、甜點或餅乾，從沒他的份；或是吃冷豬肉罐頭和豆子，不是跟姊姊、媽媽或爸爸吃一樣的東西。他們跟他說他必須停止摳膿瘡，肯尼說他不是故意的，無意間就摳了。

他不想被帶來看我，所以我到他家出診。當我進去時，他瞪眼瞧著我。我說：「肯尼，你不要我當你的醫師，對不對？」肯尼說：「當然不要。」我說：「同意你不要我當你的醫師，至少聽聽我跟你爸媽說什麼。」

我告訴爸爸媽媽：「你們要待肯尼像待他姊姊一樣，肯尼要吃和全家人一樣的東西。你們要把他的足球、棒球、球棒、弓箭、BB 槍、鼓，把所有你們拿走屬於他的東西都還給他。肯尼現在是我的病患由我來做治療。你們對待肯尼要像父母對子女一般。現在，肯尼，你要做我的病患嗎了？」

肯尼說：「當然要。」（笑聲）

我說：「好，肯尼，你不喜歡前額的瘡，我也不喜歡，事實上沒人喜歡，所以我要用我的方式治療它。這會是困難的工作，我想，你會願意做這個困難的工作。這困難的工作是：每星期寫一千次這個句子：『我完全同意艾瑞克森醫生，而且我了解一直摳我前額的瘡既不聰明、不好，也不令人渴望。』持續四週，每週一千次。」這瘡用兩個星期的時間治好了。（艾瑞克森微笑）

他的父母說：「感謝老天，現在你不必再寫那個句子了。肯

尼說：「艾瑞克森醫生說過你們不要來干擾我。他說四個星期，我就要做到四個星期。」他做到了，每週帶他的抄寫來給我看。

四週後我說：「真好，肯尼，我要你從今天起大約一個月後，在星期六打電話給我。」肯尼說好。他來看我，我拿出他依日期排序寫下來的東西。他看著第一張說：「這張寫得真糟，我拼錯字了。我忘了寫下所有的字，寫得歪七扭八的。」我們一頁翻過一頁。肯尼睜大了眼說：「我寫得愈來愈好了，沒錯字，沒漏字。」我說：「還有件事，肯尼，你在學校的成績如何？」他說：「上個月不錯，我得到 A 和 B，我以前從沒拿過 A 和 B。」

（艾瑞克森向上看著卡羅和其他一些團體成員）當你把走路的能量轉進另一個方向，病患就會痊癒，當然，他的家庭也向前邁一大步，（艾瑞克森笑）包括他的老師也是。

另一個尿床人：十歲的傑瑞，一樣每晚尿床。他有個弟弟，八歲，比他還高大強壯，八歲的弟弟從不尿床。

十歲的傑瑞被嘲笑，父母鞭打他，他不吃晚飯就跑了。他們屬於一個非常嚴密的教會，集會大聲祈禱傑瑞會停止尿床。他們用各種方式羞辱傑瑞，他必須穿上護罩包住前面和後面，再用帶子裹起來，然後說：「我是個尿床人。」傑瑞受過父母能想到的各種處罰，仍舊尿床。

我很小心地質詢他們，才發現他們非常篤信宗教，隸屬一個嚴密狹隘觀的教會。我要爸媽把傑瑞帶到我辦公室來。他們來了。爸爸抓著他的一隻手，媽媽抓著他的另一隻手，把他

拖進我的辦公室，要他把臉貼在地板上。我送他們出房間，關上門，傑瑞正大呼小叫。

嘶吼終究會力竭，我耐心等，當傑瑞停止呼號，開始深呼吸，換我嘶吼。傑瑞看起來好吃驚，我說：「我的一輪。現在換你了。」因此傑瑞又呼號一遍。他停頓好換氣，換我開始鬼哭神號。就這樣，他和我輪流鬼叫，最後我說：「現在該我坐在椅子上。」換到傑瑞坐到另一張椅子上。然後我開始和他談話。

我說：「我知道你喜歡打棒球，你可知道有關棒球的常識？你必須協調你的視力、手臂動作、手部運動還有身體的平衡。那是個科學遊戲。你必須靠協調及分工合作來玩棒球──你的眼力和聽力，還必須讓肌肉保持精準地正確。玩足球時，你需要的只是骨頭和肌肉，再蠻力踢開就好了。」他八歲的弟弟玩足球。（艾瑞克森笑）我們談玩棒球的科學，傑瑞很高興我描述玩棒球所涵蓋的複雜方式。

我知道傑瑞也玩弓箭，我為他示範玩弓箭必須如何精準地運用力量，必須精準運用眼力，必須注意風向、距離、角度，才能射中紅心。「這是個科學遊戲。」我跟他說。「弓和箭通常的名稱是射箭，科學的名稱是 toxophily。」我稱讚他在棒球和射箭上那麼好的表現。

下一個星期六，他沒有約定就來找我談棒球和射箭，又自願在下一個星期六來。第四個星期六，他來，得意洋洋地說：「媽不能戒掉抽菸的習慣。」這是唯一說的一次。傑瑞中斷了他的習慣。（艾瑞克森笑）

後來的小學、高中時光，傑瑞經常過來看我，每週一次，我們討論各種事情，我從來沒跟他說過「尿床」這個字。我只談他要談的。

我知道傑瑞想要有張乾的床，我稱讚他的肌肉控制、視覺協調、感官協調，而他將之運用到其他地方。（艾瑞克森笑）對待病患要像個獨特的個體。

有個醫師爸爸，老婆是護士，六歲小孩有吸吮大拇指的問題，不吸大拇指時就啃指甲。他們處罰他，打他屁股、不讓他吃東西，姊姊玩時他只能坐在椅子上。最後他們告訴小杰奇，他們要找來一位瘋狂醫師，他會醫治瘋子。

我到他家時，杰奇握緊拳頭瞪著我。我說：「杰奇，你爸爸媽媽要我改掉你吸大拇指和啃指甲的習慣。你爸爸媽媽要我做你的醫師。我知道你現在不要我做你的醫師，所以你先聽聽，因為我要跟你爸媽說些事情。你仔細聽著。」

我轉向醫師和他太太，說：「有些父母不了解一個小男孩需要做什麼，每個六歲小孩都需要吸大拇指，也需要啃指甲。杰奇，我要你盡你所願地吸大拇指和啃指甲。你爸媽不會找你的碴。你爸爸是位醫師，他知道醫師從不干涉另一位醫師的病患。而你是我的病患，他不能干擾我怎麼處理你。而一位護士絕不會干涉醫師。所以別擔心，杰奇，你可以吸你的大拇指、啃你的指甲，因為每個六歲小男孩都需要這麼做。當然，等你變成一個大小孩，七歲時，就會太大而不能吸大拇指和啃指甲了。」

杰奇的生日再兩個月就到了，兩個月的時間對六歲小孩來說

幾乎是永遠。他的生日還很遠，遠在未來。杰奇同意了。而每個六歲小孩都要變成七歲大小孩。杰奇在他生日前幾個星期停止吸大拇指和啃指甲。我只是迎合一個小男孩的理解力。

你的治療需要個別化，以符合個別病患的需要。

（向著莎莉）你是醒著卻動彈不得的年輕女士，我想你一直聽我說話，就像你仍在催眠狀態中。我注意到所有其他人也都一樣，即使有好同伴，（向著安娜）而你是最能知覺到這個的人。

幾點了？

珍：兩點五十。

艾瑞克森：兩點五十。我昨天問你們是否相信阿拉丁的神燈會有個巨人出現。現在有多少人相信會有個人從神燈中冒出來？（向著史都）你知道這個故事，對吧，有關阿拉丁和他的神燈？我有一個阿拉丁神燈，是現代化的。我不用摩擦它，只要把插頭插進牆上的插座，巨人就會出現——一個真的巨人。你想我正告訴你一個神話或是一個事實？嗯？

史都：那要看你的巨人像什麼而定。

艾瑞克森：這個嘛，她會親吻，會微笑，會眨眼。你想看看這麼美麗的巨人嗎？

史都：抱歉，你說什麼？

艾瑞克森：你想看這麼美麗的巨人嗎？

史都：我很想，不過我猜它是你太太。（笑聲）

艾瑞克森：不，那不是我太太。

史都：那我想看。

艾瑞克森：那是真的巨人從燈裡面出來。（跟安娜說）現在你確定
你想看她嗎？

安娜：是的。

艾瑞克森：你相信我在跟你說一個事實嗎？還是只是想像來的故
事？

安娜：我相信你在說一個事實，也相信有花招。

艾瑞克森：花招？你不會稱一位漂亮女孩是個花招吧？

安娜：不會，可是，從阿拉丁神燈裡面出來，我會。

艾瑞克森：但是記著，她是我的巨人，我不准任何人企圖把她帶
走。我太太可不嫉妒她。

所以，你們要幫我消毒嗎？（艾瑞克森指著翻領上的「蟲」
——麥克風，該拔除了）


艾瑞克森帶團體進到他家看阿拉丁神燈和他的收藏品。阿拉丁
神燈是一位學生送的禮物——一個女人的全景圖（hologram）。裡
面的燈點亮時，可以看到一個女人三度空間的相片。觀者若繞著全
景圖走，這女人會眨眼、會微笑，還會給觀者一個飛吻。

艾瑞克森很驕傲地向訪客展示他的鐵木雕刻收集品和各式各樣
值得紀念的事物。他的印度鐵木雕刻品多得幾乎擠滿了起居室。艾
瑞克森有許多有趣的禮物，他會展示給學生看，用這些禮物來接續
說明課堂上討論過的一些心理學原則。

# 星期三

把自己當作一座花園，讓病人的想法可以在裡頭滋長、成熟。治療師真的一點都不重要。讓病人自行思考、自行理解是他的潛能。


（布林奇，Blinky，是艾瑞克森的兒子組裝的一具牛頭骷骨，看起來就像一顆牛頭，兩個眼睛裡頭各裝了一顆小燈泡，內部放入電子裝置，就算把插頭拔掉，還能藉由儲存的電力運作。）

艾（對他太太說）：貝蒂，有沒有辦法把布林奇打開？

艾太太：好。

艾瑞克森：大家覺得我這位朋友布林奇怎麼樣？

史都：看起來好像是一個探頭探腦的窺伺者。

艾太太：好了。現在我該把它關掉嗎？米爾頓？

艾瑞克森：大家都看這邊喔。

　　注意看。她現在要讓布林奇不閃爍。（布林奇被關掉後仍繼續閃爍）布林奇的右眼好像比較靈光。

　　（停了一下）

　　克莉絲汀今天早上告訴我，她從催眠狀態中醒來後覺得頭痛。我想待會兒再來談這件事，我很高興你當時沒有馬上出來，因為當你著手改變一個人的思想——只要你顛覆他們慣常的思維模式——結果往往都會頭痛。

　　現在，你們或許都沒有注意到，但是，進行催眠時，我會如

此給予暗示：**如果**頭痛是自然反應，那就讓他們頭痛。但我也四處布下暗示：他們不會變得驚慌或過分害怕。

（艾瑞克森直接對克莉絲汀說）你對於你的頭痛覺得如何？

克莉絲汀：剛開始非常茫然失措，但是我想起來它是什麼時候發生的，它其實之前已經發生了。我歸因於自己是頭一次體驗催眠，那一次我在訓練課程中常失望，因為指導員似乎允許學員說出「催眠結束後啟動」（post-hypnotic）的暗示，這和他們的訓練並不一致，也和那些給暗示的受訓者本身所具備的知識不符。

艾瑞克森：我明白。我在「美國臨床催眠學會」任教的時候，總是小心翼翼地給暗示……所以任何參加研討會或工作坊的人不會吃太多苦頭，這樣子，他們也就不會頭痛了。

克莉絲汀：可是——我的詮釋或許有誤——我覺得受訓者向其他受訓者暗示是逾越權責的。

（艾瑞克森點頭，面帶微笑看著克莉絲汀）

克莉絲汀：而且我……對於指導員容許這種事發生感到大失所望，甚至有點惱怒。另一方面，因為我本身不是心理學家，困惑之餘也不知道自己這樣子下判斷是否正確。一開始我只是觀察，看看別人互相配合的練習，而我想盡辦法最後才被催眠。偏偏和我配合練習的人非常遲鈍，也許可以說給盡是荒謬的暗示，我完全無法接受。不過我還是盡量跟、盡量客客氣氣地、盡量不要搞砸她的學習經驗。我的頭痛大概就是這麼來的，或許每次催眠我都得經歷一次。我不知道。

艾瑞克森：嗯，你再也不用經歷那種事了。

除了在農家的成長經驗外，我在小學時曾讀過農業學、知道輪耕的重要。我向一位老農夫仔細解釋其中的道理，他竭盡所能想聽懂我在講什麼，我談到今年在田地種玉米、另一年種燕麥、另一年則改種苜蓿……依此類推。結果他一個勁兒埋怨我害他頭痛不已。（笑）因為他學習改變自己的觀念。後來，上大學，有一年我到某個民族的農村聚落賣書，在那裡學到另一件事：輪耕不是個人的責任。父親會把已成家的兒子和鄰居統統找來，大家一起討論輪耕的重要。然後，在全體聚落成員的負責下，這位農民才能進行輪耕。但是從頭到尾全是他一個人幹活，他才頭痛呢。（微笑）

至於人類行為——我們從孩提時代開始，行為愈來愈呆板，卻不自知。我們以為自己一直很自由，其實不然。我們必須認清這一點。

（低頭）現在，在那個聚落裡——我不會告訴你們是哪個民族，不過他們全務農。為了賣書，我有時會在某個農家過夜。他們總會跟我要飯錢。

好比這一家來說，我過午抵達，提出在他們家吃晚飯的要求。年輕男子正在收割牧草，他的父親來幫忙。用餐之前，他們先唸長長一大段聖經經文，然後又唸長長一大段感恩詞，接著又是一大段經文。父親離桌時把手掏進口袋，拿出錢包，他說：「我吃了兩顆中等大小的馬鈴薯、沾了一些肉汁，還吃了兩片麵包、兩片肉。」他又說了幾樣吃掉的食物，自己把費用加一加之後，付給兒子飯錢。我問他：「咦，你放下自己一天的活兒來幫兒子收割牧草，吃一頓飯

還得付錢給他啊？」父親這麼回答我：「我是幫兒子沒錯，但是我的肚皮歸我自個兒管，所以我付自己的飯錢。」

還有一次，我看見某個年輕人開車經過一名要到鎮上的老先生。我認出開車的年輕人，趕緊三步併做兩步追上老先生。我問他：「你兒子正開車往鎮上去呀。你用走的得走十五公里，兒子怎麼不停下來順道載你一程呢？」那位父親說：「我這兒子好榜樣。把車子停下來得多耗汽油，重新發動又得浪費油，那可就不好囉。絕對不能浪費。」（微笑）

後來，有天早上我和住在一起的那家人共進早餐。享用豐盛的早餐之後，主人走到屋後的門廊。我好奇跟了出去，看見一群小雞圍了過來。男子吐出早餐，讓小雞們啄食。我問他為何那麼做，他跟其他許多人一樣向我解釋道：「一旦成家，日子就不同啦，成了家的男人總得吐出他的早餐。」

我得知不久後有場婚禮，預定早上十點半舉行。我排了一下行程前往，下了公路抵達婚禮現場的時候已經十一點了。我發現穿著舊衣舊鞋的新娘子在穀倉裡頭刷洗，而她的夫婿則在後頭那片廣達四十畝的田裡種玉米。他們結婚那天是星期三，一點時間都不能浪費。（微笑）

另外還有一次，我要我的一名精神病學住院醫生和一名醫科學生跟著我幫入營新兵做心理檢查。住院醫生跑來找我：「有沒有搞錯啊？我剛剛剔掉十二名農人。他們都很健康，每個人都訴苦每星期會有一次嚴重的背痛，整天都得待在床上，由六個鄰人來幫忙幹那天的活兒，因為他自己痛得起不來。」我對他說：「你沒搞錯，你只是碰上某個特殊的族群

文化。」

男人知道自己每天要吐出早餐，每個星期有一整天躺在床上，讓六個鄰居幫他幹活。我仔細打探過才知道，那個年輕人每個星期也會各撥出一天幫忙其他六名鄰居，因為其他人也會有一天背痛不能下床幹活。

住院醫生納悶地看著我，我向他解釋：他們那一族的人結婚時，會邀集六個鄰居，進行縝密、認真的討論。因為年輕人結了婚，就意味他會在和妻子交歡後的隔天背痛不能下床，其他幾位鄰人也一樣。於是大家說定哪個人配合在哪天和老婆嘿咻，（笑）因為上床後他就不行了。（艾瑞克森一邊搖頭一邊笑）

我發現那名年輕住院醫生覺得非常好笑，他非常疼老婆，這件事顯然讓他心裡滋生了亂七八糟的邪念。（艾瑞克森笑）

一切都一成不變地進行。祖先怎麼做，兒孫們就照樣那麼做。那年夏天我從那群人身上學到不少人類學知識。我向來對人類學很感興趣，認為所有的心理治療師都應該閱讀並知道一些人類學，因為不同的族群看待事情有不同的方式。

舉個例子來說吧，賓州艾里（Erie）州立醫院曾聘請我去為當地的精神科醫師上課——講授精神科課程。我於星期天到達，住在醫院。要去吃晚餐的時候，我表示很樂意和全體員工一道吃。我很喜歡和當時在那兒的所有人見面。

我們到員工餐廳，一位在醫院工作的人對另一名同事說：「今天是星期五，對吧？」那名同事嘆了一聲，說「拿去」，（艾瑞克森伸出一隻手）把牛排交給同事，然後對女

侍說：「給我一罐鮭魚。」

不管哪一天，如果有人對他說：「今天是星期五吧？」他便不能吃紅肉。他是個循規蹈矩的基督徒，而且非常堅持，當有人開口問他：「今天是星期五吧？」他就不能吃肉。他的同事想在我面前表演這件事。

人們其實非常、非常不知道變通。各個不同的族群都有可以做、不可以做的事。我到南美洲的委內瑞拉講學的時候，很好奇會碰到哪些狀況。於是我在機場透過翻譯，解釋我太太和我都是北美人士，無法詳知委內瑞拉文化的精髓，可能會犯許多錯，希望他們對於我們這些從未接受其社會行為薰陶的北美人多份包容。

我學到的頭一件事情是：不能跟委內瑞拉人面對面說話。對他們而言，所謂面對面說話就是兩人緊貼著前胸說話。就像格魯喬・馬克思（編按：Groucho Marx，美國早期喜劇片《馬克思三兄弟》的其中一位）說的：「如果你再靠近我一步，就要跑到我的後背去啦。」（眾笑）所以，我很小心地把枴杖拄在前頭，（艾瑞克森做出拄著枴杖的姿勢）因為自從罹患小兒麻痺之後，我就不會向後退了。而且萬一有人推我的胸口，我一定會往後倒，所以我把枴杖擋在前頭，讓他不能更靠近。

接著我透過翻譯告訴主辦人，我太太和我會犯許多社會習慣的錯誤，但是還是希望能有多一點體驗。我告訴他們我們想參加一場派對，可以在尋常人家和男女老幼見面。

事後，我才發現，委內瑞拉辦派對只讓男人參加；女人只參

加女人舉辦的派對；要是兒童舉辦一場派對，則只有一名大人到場。結果我們參加了一場大人、小孩、男男女女全混在一起的派對，所有人都對我們非常友善。

後來我太太做了一件很糟糕的事。她的西班牙語還算溜，所以她聆聽高中學生在激辯基因鏈——每個基因裡頭的染色體數目——到底是四十五、四十六、還是四十七僵持不下，便操西班牙語加入孩子們的討論，還告訴他們正確的數目。當地許多醫生都不知道正確數目，男性的教育水準比女性高。結果居然讓一名北美女子告訴孩子連他們父母都不曉得的事。她那麼做真是要命。

不知變通。你們所有的病人也都有他們各自的不知變通。（停頓。一名新來的女子隨莎莉走進教室。她們大約遲到了二十分鐘）你是新來的吧？你得先把這張表填好讓我存檔。

（現在共有十一個人參加今天的課程）

接下來我要向你們講一個案例，這個案例可以顯示人類學知識的重要。（艾瑞克森要史都拿出檔案夾。史都將它交給艾瑞克森）

（對新來的女子）呃，新來的，你叫什麼名字？

女子：莎拉。

艾瑞克森：李莎拉嗎？

莎拉：不是。（眾笑）

艾瑞克森：（對席佛德）好，這位德國朋友，我剛剛問她閨名是不是李，李莎拉。

你知不知道為什麼？

席佛德：不知道。八成是個雙關語玩笑，我沒聽懂。

艾瑞克森：你要不要跟他解釋一下？（艾瑞克森要克莉絲汀解釋）

我兒子也叫他的狗李莎拉，（眾笑）因為沒有人不喜歡她。

（眾笑。轉向莎拉）這和你的經驗一樣，是吧？

莎拉：還好啦。（艾瑞克森笑）

艾瑞克森：好。幾年前我接到一通從麻州伍斯特打來的長途電話。

一位心理學家說：「我這兒有個十六歲男孩。他很聰明，學業成績也很優異，但是他從會說話以來就有口吃的毛病。他父親很有錢，請過一堆精神分析師、心理醫生、口語治療師、心理學家和家庭教師教這個孩子說話，但是他的口吃愈來愈嚴重。你肯不肯接這個病人？」我說：「我沒力氣接這種工作。」

一年之後他又找上門，他說：「瑞克今年十七歲了，口吃情況比以前更糟糕，拜託你收這個病人好不好？」我說：「聽起來挺麻煩的，我沒那個工夫。」

過了幾天他又打了一通電話：「我和他父母談過了，如果你願意只花一個鐘頭看看他，他們會把瑞克送到你那兒去。」我問他：「他們了不了解一個小時的諮詢，並不等同於我有任何義務多看一分鐘。」他說：「我已經向父母解釋過了，一個鐘頭就是一個鐘頭，他們的要求僅止於此。」我說：「如果他們想花錢大老遠從麻塞諸塞州把瑞克帶到這兒來、付我一個鐘頭的諮詢費，那是他們家的事，不干我的事。**我只花一個鐘頭看他，不多不少。**」

幾天後，這個叫做瑞克的男孩和他母親來到我的辦公室。我

看了那位母親和瑞克一眼，馬上就認出他們的種族。而當瑞克費勁想開口說話，只發出一堆咕咕噥噥的噪音，我根本聽不懂他說什麼。於是我轉向母親，我看出她是個黎巴嫩人，我要她講講他們的家族史。

她告訴我：她和丈夫自幼在黎巴嫩的某個社區長大。我進一步詢問她關於那個社區的文化，她一五一十告訴我。

他們在當地長大，後來移民到麻塞諸塞州，兩人決定結婚，歸化為美國公民。吶，在他們的文化中，男人的地位高出女人很多，女人的地位則低得不能再低。吶，男人的子女全跟他住，只要他們跟他住，他是個至高無上的獨裁者。女兒不受寵愛，他們會想盡辦法把她們脫手嫁出去，因為女孩和女人合著只有兩回事——做粗活和傳宗接代。

頭一胎應該生男生。如果不是男生，男人會說三遍：「我要把你休掉。」就算那個新娘子當初帶來百萬嫁妝，她的丈夫悉數沒收。她只能帶走身上穿的衣服和那個女嬰，從此流落街頭自尋生路。因為，頭一胎得生男的。

但是身為麻塞諸塞州的公民，他不能對他太太說「我要把你休掉」，而必須忍氣吞聲，接受頭胎是女生這個奇恥大辱。

結果第二胎還是女生，這下子他更覺得顏面徹底掃地。但是他什麼都不能做——他已經歸化為美國公民了。

瑞克是第三個孩子。他至少必須長得像父親：高䠷、修長、清瘦。結果，瑞克天生短小精悍，身高一百七十八公分。他父親是一八三公分的瘦高身材。於是瑞克也成了一個恥辱，不只因為他是第三胎，也因為長得不像父親。

父親的話就是法律，孩子們稍稍長大便得分擔家中和店內的工作，父親三不五時給他們一分錢，偶爾只給一角。他的兒女簡直就是做白工，而且工作方式仍然沿襲那個黎巴嫩地區的良好、古老模式。

瑞克從學會開口說話便一直口吃至今。不管非常富有的父親怎麼花錢請多少精神分析師、心理學家、口語治療師、家庭教師和用各式各樣的補救措施，他依舊口吃。以上就是母親告訴我的情形。

我對母親說：「在兩個條件之下，我願意再多花幾個鐘頭看瑞克：你可以去租一輛車在亞歷桑那州鳳凰城四處蹓躂，想看什麼就去看什麼。記住喔，我是男人。」當我告訴她「可以做什麼」的時候，她不可違逆，只有乖乖照做的份兒。

（艾瑞克森伸出左手指著克莉絲汀，略微修正了語氣）「不過，當你開車兜風的時候，不管在任何情況之下，絕對不能和另一名黎巴嫩人交談，因為鳳凰城內有個黎巴嫩社區。」她好不容易……答應了。

我接著說：「還有另一個條件。我有個開花店和苗圃的朋友。我現在打電話給這位朋友，我要你注意聽我和她在電話上的交談。」她從我的話裡知道這個朋友是女的。於是我撥了電話給我的朋友明妮。我說：「明妮，我這兒有個十七歲男孩，是我的病患。這個孩子每天會在你方便的時間去你的花店或苗圃，我要你直接使喚他，叫他做最骯髒的工作。他到的時候你會認得。」

明妮是黎巴嫩人，我曾經治療過她兩個兄弟，所以明妮一聽

就明白了我的意思。

「他要工作兩個鐘頭，你不必付酬勞給他，即便只是一朵枯萎的花。我要他做最骯髒的工作。當他到你那兒，你一定認得。你不必和他打招呼，什麼都不用說，直接派他做事。」

任何出身自那個社群、稍具自尊的黎巴嫩人都不會在女人手底下做事──簡直是顏面掃地。至於骯髒的差事，那只適合女人做。

我後來探聽了一下。瑞克真的去了。明妮派給他的工作，大多是用手攪拌糞肥和土壤的差事。明妮了解我的用意，從不和他說話。瑞克每天總是準時乖乖報到，做滿兩個鐘頭就離開。沒有人和他道再見，沒有人和他說半句話。每個黎巴嫩女人都必須畢恭畢敬向男人打恭作揖，講話也總得客客氣氣。這會兒瑞克被當作糞土對待。我查了瑞克，他每天工作兩小時、一星期七天，而且沒見任何黎巴嫩人。

在那段期間中，我偶爾見見瑞克。我非常小心地詢問母親關於他和他姊姊們的事，還有他們住在伍斯特哪裡等等，只是讓我有多一些背景認識。等我看過瑞克幾次（每次一個鐘頭）之後，我對母親說：「我要你幫瑞克租間臨時公寓，為他開個帳戶。辦妥之後，你立刻搭第一班飛機回伍斯特。」

母親說：「我想他父親一定不會答應。」（艾瑞克森望向克莉絲汀）我說：「女人，我不允許任何人干擾我的病人。馬上去給我辦妥。」這下子她明白她是和男人說話。她租下一間公寓，幫他開了帳戶，當天便回麻塞諸塞州去了。

等瑞克來的時候，我說：「瑞克，我一直仔細聆聽你說話。

你每次開口弄出的噪音把我搞得糊里糊塗。我會再見你兩次，因為我漸漸知道哪裡出了問題。」等到我見他總共十四小時之後，我說：「瑞克，我仔細聽過你說話。從你一歲起就不斷聽人家說你口吃。你聽精神分析師這麼說，心理醫生這麼說，各種醫學專家這麼說，老師、口語治療師、心理學家、家庭教師和其他人全都這麼說。」我說：「可是瑞克，仔細聽過你說話後，我不相信你有口吃的毛病。明天，我要你帶兩張紙來。你從一到十把數字寫下來，還要寫下字母。然後你還要自訂題目寫一篇作文，明天拿來交給我。那可以證明你並沒有口吃的毛病。」聽到我說他沒口吃，他顯出吃驚的神色。

隔天他帶著兩張紙來了。我只拿其中一張給你們看。上頭的底線是我畫的。我畫底線是為了讓學生了解為何這能證明他並不口吃。你們只需看一眼，用不著比這樣子還久，（看著那張紙短短幾秒後，傳給坐在他左手邊綠色椅子上的安娜）你們就會明白瑞克沒有口吃。

不過，我還是抱著企圖，希望有人能夠看著這張紙，說出：「沒錯，瑞克沒有口吃。」

（對安娜）你看那麼久，都夠寫一篇論文了，但你還是沒看懂，傳給下一個。（對下一個，珊蒂）你可別寫論文喔。

安娜：有了，我想我懂了。

艾瑞克森：（點點頭）往下傳。（所有組員一一傳閱那張紙。對安娜說）你說說看，為什麼它能證明瑞克並沒有口吃。

# 瑞克的作業

9876543210

zyxwvutsrqponmlkjih

gfedcba

## 我的生命使

　　我之道我會口幾還有領外衣個原因，我門還沒友討輪過它。總之我之道。這個圓因紙是很少的一個，可事你野許會覺得這個圓因對我的口幾一電幫助也媒有。

　　童年時期，直到時歲四年幾的時候，我看起來很肺。我的提重呼上又呼下的。我悔拿死磅或是二十磅，接著我悔剪肥，怒力減少一些提重。就算真的達到目標，我還悔決定繼續剪肥。我發現黨自己警張火勢沮喪時，我地體重就會曾加，因為我就悔。

9876543210

zyxwvutsrqponmlkjih

gfedcba

## Life Histoyr

　　I fele that theer is anothre reason fro my Stuttergin, which ew have ton yet discussde. I fele, however, thta this reanos is only a minor one. Yte,you mya feel that this reanos did ton contribute ot my suttergin at lla.

　　During my childhood, until around teh fourth graed, I saw very taf. Even won my wiegth goes pu and donw.I lliw gain net or twenty pounds, then I wlli go on a deit, and tyr to lose some weigth. Even won, I hvea decided ot go no a deit. I notice that whne I ma nervouse ro upset, ym

weight (inereases) (inereasaes) increases, because then I.

安娜：我很願意告訴你我的想法。他書寫的方式是從右到左，而不
　　　是從左到右。因此，或許在他的思維和認知當中不知不覺將
　　　兩者搞混了，以致產生了某種混淆。我說的有沒有道理？

艾瑞克森：這就是你的想法？

安娜：是的。

艾瑞克森：那你想錯了。

安娜：錯了？

克莉絲汀：是不是和他的阿拉伯出身有關？因為他們寫字是從右到
　　　左？

艾瑞克森：不對。

席佛德：你不是告訴他寫兩頁來證明他並沒有口吃？

艾瑞克森：我要他從一到十寫出數字、字母和兩頁自訂題目的作
　　　文。我看了一眼，對他說：「這就對了，瑞克，你根本沒有
　　　口吃。瑞克，我讓你自己看看哪兒出了問題。」（艾瑞克
　　　森拿起一本書開始唸）「生命」、「愛」、「是」、「一
　　　個」、「工作」、「是」、「的」、「兩者」、「利益」、
　　　「這個」、「去」、「責任」、「面對」、「我的」、
　　　「它」、「去」、「反應」、「他」。你聽見我說的每一個
　　　字，但是根本沒有意義，對不對？

　　　（艾瑞克森看著瑞克寫的東西）我們來看看他寫了些什麼。
　　　我給他的指示是：從一到十寫出數字。他怎麼答覆？「九、

八、七、六、五、四、三、二、一、零。」那些是數字符號，並非從一到十的數字。所以他沒有搞懂我的指示，也沒有針對我的要求做出正確回應。我要他寫下字母。他寫出所有的字母，卻不是按照字母順序。同樣地，他沒搞懂我的指示，也沒有做出正確回應。接著，在這篇作文中每隔一個（注意是**每隔一個**）字就拼錯一個字。他怎麼拼錯？字尾的兩個字母顛倒。

他出身自黎巴嫩雙親家庭。那是這個家庭的第一部分，他們沒有問題。在他前面還有兩個姊姊，照理說在家中應該有兩個翻轉。但是你不能翻轉它。

我向瑞克解釋這情形之後說：「以下是對你的療法，瑞克。我要你隨便去拿一本書，從最後一個字往前朗誦到最前面一個字，那可以讓你練習講出沒有意義的句子。就像我剛剛唸的一樣，你需要練習唸字。顛倒著唸書，一個字接一個字、從最後一個字到最前面一個字。你就能練習唸字。

「還有一件事，瑞克。你出身自一個黎巴嫩文化占優勢地位的家庭。倒不是說黎巴嫩文化有什麼問題、錯誤。對黎巴嫩人來說沒問題。但是你和你的姊姊是土生土長的美國人，你們的文化是美國式的，你們是美國一級公民；你們的父母是二級公民。這並不是貶低他們，他們已經盡了力。所以你可以尊敬黎巴嫩文化，但是那不是你的文化。你的文化是美國文化。

「你是個十七歲的美國男孩。你在父親的商店工作。他給你一分錢，三不五時給一角。黎巴嫩男孩做白工，只要父親

怎麼吩咐就怎麼幹活。但是你不是黎巴嫩男孩，你是美國男孩。你的姊姊們是美國女孩。在美國文化之中，你是個大男孩，一個十七歲的美國大男孩。你比其他店員都更了解你父親的店。告訴你父親：你很樂意在他的店裡工作，但是你希望能領一份美國員工該有的薪資。

「還有，你的父母有權要你住在家裡，你則有權利自付房間、住宿和清洗衣物的開銷。這才是美國人的做法。我要你向你的姊姊解釋這些。

「現在你出身自黎巴嫩文化的父母認為美國法律說你們年滿十六歲便可以不用再上學。每個年輕的美國女孩都有權利，只要她父母有錢，便能隨自己高興上大學。那是她們身為美國人的權利、文化的權利。你向你的姊姊們詳細說明，讓她們了解她們是美國人、土生土長的美國公民、享有天賦的美國文化。

「現在，瑞克，由於生活在一個黎巴嫩家庭裡，你被教導怎麼思考、何時思考，也左右你思考的方向。但是你是一個美國人。（艾瑞克森好像注視著克莉絲汀）美國人可以隨自己高興怎麼思考。現在我要你先讀最後一章，然後坐下來好好想一想，用猜的也好，揣摩前一章的內容。天南地北地想，然後再讀倒數第二章，看看你猜錯了多少部分；你一定會猜錯許多地方。當你讀倒數第二章的時候，再想想前一章寫了些什麼，這麼一來，當你從最後一章倒著往回讀到第一章，同時不斷揣想、臆測，然後驗證，你就可以學會如何全方位思考。

「還有，瑞克，你還該學其他東西：一名好作者的故事有一個情節，他根據人類思考、行為，將它原原本本、一絲不苟地傳達出來。我現在要告訴你我自己的經驗。我以前讀湯瑪斯・曼（Thomas Mann）的《魔山》（The Magic Mountain），讀到第五十頁的時候，我就知道書中的主要人物漢斯・卡斯托普會自殺。我愈往下讀，愈確定漢斯會自殺，我也知道他會嘗試許多不同的方式，但是都沒成功。最後我終於了解，沒錯，他會自殺，但是他會以社會認可的方式自殺。瑞克，我必須讀完一整本書才會知道他如何以社會認可的方式自殺。

「還有另一件事和閱讀也有關——厄尼斯・海明威（Ernest Hemingway, 1899-1961）是一位優秀的作家。當我閱讀他的《戰地鐘聲》（For Whom the Bell Tolls），裡頭有一小段情節講述一個非常不起眼、大約只出現一、兩頁的角色違反了某些心理背景。就在那時候，我知道海明威在此處巧妙地安插了一個伏筆，這位優秀作家將會讓這個小角色再度出現在故事中、違反同樣的心理背景。

「現在，瑞克，對你的治療就是尊敬你的父母；認知美國文化適合你、適合你的姊姊們；還有全方位的自由思考。」

瑞克若有所思地離開了。一、兩天之後我收到那位將他轉介來的心理學家打來的電話。他是瑞克頭一個去見的人，他告訴我瑞克好了九成。

瑞克寫了許多信給我，就好像寫給他的父親。我的回信則極力避免任何看起來像父執輩的語法，反而像是回信給一位高

中朋友。

去年耶誕節，瑞克來看我。他說話清晰、輕鬆又舒適。他父親希望他上耶魯或哈佛，但是他就像任何美國孩子一樣，自行選擇了另一所大學。他父親要他念商業管理。瑞克說：「我曉得企業界的大經理們不會錄用我。我去上了一個學期，不喜歡，所以放棄了。我對於化學和心理學比較感興趣。」

上了三年大學之後，他才開始思索：「任何美國男孩應該至少分擔一部分大學學費。嗯，今年，我已經上了三年大學，我決定休學。麻塞諸塞州的就業環境很貧瘠。我打算接受父親店裡的職位，畢竟我比其他雇員都更熟悉這家店，而我打算領一筆美國薪資。我也要負擔自己的住宿、房租和洗衣費，買自己的衣物，並開始存錢來付大學四年級的學費。然後我也許會休學，先賺錢再去唸研究所。」

我說：「很好，瑞克。那你的姊姊呢？」他說：「我和姊姊討論過這些事情，她們也同意，她們是土生土長的美國人，要活得像美國人。所以她們年滿十六歲時並沒有中斷學業。其中一位已經大學畢業，現在自己住在外面，擔任教職。我明白，依照黎巴嫩習俗，未婚女子應該與父母同住。我的姊姊是美國人，她一個人住，也喜歡教書。另一位姊姊後來進了大學，大學教育並不能滿足她，所以她又進了研究所，現在是執業律師。」

（對團體說）我不曉得瑞克他的父母對我有何看法，但我知道他們有三個光耀門楣的兒女。你們要稱呼為家族治療亦無

不可。

對母親的治療是：「女人，你聽到我說的話。快去辦妥。」
（微笑著對克莉絲汀作勢）現在，我知道了黎巴嫩文化。在
黎巴嫩有各式各樣的文化、各式各樣的族群，基督徒、穆斯
林、所羅亞斯德教派（Zoroastrian）等等。

但是重要的事：面對你的父母、不要動搖你的想法。雖然黎
巴嫩人從右到左書寫，但瑞克是在美國出生。在美國都是從
左到右書寫，而且你大聲說出自己的想法，你自由思考。這
才是重要的事⋯⋯認知到一切都與父母有關。

當然，由於先前治療過明妮的兩個兄弟，我學到許許多多關
於黎巴嫩人的事。她那兩個黎巴嫩兄弟現在都很尊敬明妮，
把她當成能幹的職業婦女，同時也是和他們平起平坐的美國
公民。

呐，你們之中有多少人試過從尾到頭閱讀一本書、和作者鬥
智？我認為每個人都該這麼做。我讀了《凱恩艦叛變記》
（*The Caine Mutiny*。編按：Herman Wouk 的小說，1952 年
普立茲文學獎得獎作品，描述二次大戰太平洋上，一艘由一
位神經質艦長率領的凱恩艦所發生的叛變）的頭幾章之後，
對我太太說：「我曉得桂格船長的下場了。」這真是一本夠
厚的書。

有一本書叫做《夢魘暗巷》（*Nightmare Alley*。編按：
William L. Gresham 1946 年的作品。描述一位巡迴演出的
魔術師如何爬升到上流社會繼續行騙，又如何摔下人生舞
臺），描寫美國的嘉年華會——就是那種全國各地到處都有

的庸俗嘉年華會。我女兒貝蒂·愛莉絲讀了那本書，推薦給她母親，兩人同時推薦我看。我讀了頭一頁，問她們兩人：「你們讀到哪裡才知道故事結局？」兩個人都說：「讀到最後呀。」我說：「讀頭一頁就知道了。」整本書的結尾就在頭一頁。《夢魘暗巷》很詳實闡釋了嘉年華會的樣子、詐騙術如何進行。我希望你們所有人哪天都能讀讀《夢魘暗巷》，充實自己的常識。我認為每一名治療師都應該閱讀這本書。

（此處艾瑞克森討論了近來心理治療盛行的弊端，然後繼續說）我認為任何具理論基礎的心理治療都是錯誤的，因為每個人都各不相同。

你不會邀請某人上飯店吃飯還告訴他該吃什麼。你希望客人能自行選擇他要吃什麼。如果你想取悅你的客人，就算自己不喜歡音樂，會不准他聽音樂，強迫他觀賞西部表演嗎？如果你真的想取悅你的客人，你會弄清楚他想看什麼。

只要你考慮到心理治療，就要考慮到你的病人。

瑞克是在美國生的黎巴嫩人，直到成年之後他們都是黎巴嫩人。他父母在麻塞諸塞州結婚並歸化為公民。麻塞諸塞州文化和黎巴嫩文化非常不一樣。他們是成年人。

好了，這就是瑞克的故事。（艾瑞克森叫一名學員幫他將卷宗放回架上）

接下來我要再報告另一個案例。昨天，我指出擺在客廳時鐘上頭那個蘋果娃娃。（昨日課程的屋內參觀時）

我接到一通從加拿大打來的電話。一名女人的聲音說：「我

是一名醫學博士，我丈夫也是；我們有五個兒女，中間那個孩子是女孩，十四歲，現在因為神經性厭食症住在醫院裡。過去這五個月間，她又掉了兩公斤，現在只有二十七公斤。我先生和我知道她再餓下去就要沒命了。她已經試過靜脈餵食、插管餵食、直腸灌食、好言相勸，統統不管用。」神經性厭食症通常發生在十來歲的青少女身上，成年男子與成年女子也有可能發生。這是一種疾病，心理上的疾病，這種疾病和宗教、上帝、耶穌、聖母，以及某些自願挨餓捨身的聖人或宗教人士有關。他們認為自己每天只需進食一塊蘇打餅和一杯水就夠了。

我在這家醫院看過至少五十名神經性厭食症案例身亡。醫生們都盡了全力，秉持醫德，採取適當的醫療手段拯救他們的生命。

我記得一個案例，一名不到二十七公斤的十四歲女孩。臨床專業人員動怒到失去了專業態度，甚至認為可以藉由激怒這名女孩迫使她進食並改變行為。他叫護士剝光她的衣服，要員工在她身上仔細端詳，那女孩呆立著，臉不紅氣不喘，眼睛眨也不眨，就像站在距離所有活人一兩百公里外的完全黑暗處，她絲毫不覺得羞赧，完全不以為意。

他們的家庭情感關聯……我不知道該怎麼專業地形容，總之，他們都很溫馴、和善。他們從不做錯事，也都會表示歉意，但就是不吃東西。他們看不見自己成了皮包骨。一名中等身高、體重不到二十七公斤的十四歲女孩，看起來很恐怖。但是一般說來，當大多數專業團體試圖以專業手法及適

當的態度對患者進行治療時，對此又是睜一隻眼閉一隻眼，任由神經性厭食症患者活活餓死。

她母親讀了海利記述我技巧的那本《不尋常的治療》（*Uncommon Therapy*）之後說：「我先生和我都認為，如果有人能夠治好我女兒，非你莫屬。」我對她說：「先讓我好好想兩天再打電話給我。」我反覆思索了整件事，當她又打電話來的時候，我要她帶女兒到鳳凰城找我。

母親和芭比來了。芭比是個非常乖巧、開朗、聰慧的女孩，除了每天只吃一塊蘇打餅、只喝一杯水。我開始詢問芭比，問她多倫多家的門牌號碼，母親幫她回答了。我問芭比家在哪條街上，母親幫她回答了。我問芭比上哪間學校，母親又幫她回答。我問芭比學校在哪條街上，母親也幫她答了。我這樣子進行了兩天，母親回答了每一道問題。

到了第三天，母親進門時不斷抱怨：「過去這三天我都沒怎麼睡，因為芭比徹夜啜泣，我根本睡不著。」我看著芭比，芭比說：「嗯，我並不知道我害媽媽不能睡。對不起。」我說：「吶，芭比，光道歉還不夠。就算你不是故意要害你媽媽睡不著覺，我認為你還是得因為害媽媽睡不著而受懲罰。」芭比說：「我也這麼認為。」

於是我暗中交代母親怎麼懲罰芭比。我告訴母親：「炒顆蛋給芭比吃作為懲罰。」結果母親炒了兩顆蛋，懲罰芭比吃下去。芭比認為那是懲罰，但我認為她的消化系統認為那是食物。（艾瑞克森微笑）我如此這般擾亂芭比的生理機能，而她則自願接受處罰。

這下子，在頭兩個星期之內，芭比便增加了快一公斤，期間掉了一半又補了回來。

喔，第三天當我私下交代母親怎麼處罰芭比的時候，我對母親說：「每次我問芭比問題，你就幫她回答。舉例來說，我剛剛問芭比最後一道問題，也被你代答了。現在我要你了解一件事。我問芭比問題就是要她回答，從現在開始，母親，閉上你的嘴。」（艾瑞克森左手用力一揚）

你們想像得到芭比看著一名陌生人當面叫她母親閉嘴，她起了怎樣的反應？這在芭比心中激起了情緒反應，從此她對母親說話的心情也不一樣了。後來當我詢問芭比問題，還是折騰了好一陣子才讓母親學會把嘴巴閉上。

我治療芭比的方法是對她講短篇故事，各種隱晦、懸疑的故事、錯綜複雜的故事、無聊的故事。我對她講各式各的故事和極短篇。舉例來說，我告訴芭比我的母親在一間富麗堂皇的木屋裡誕生。芭比來自一個富裕的家庭。她從未看過甚至沒聽過身邊的人在富麗堂皇的木屋裡誕生。（對全體）雖然你們全部都受過大學教育，我認為你們也不曉得富麗堂皇的木屋是什麼東西。

富麗堂皇的木屋就是一間木屋，四面牆由木頭架成、地板鋪上板子——木板。接著我哭喪著臉告訴芭比，我也是在木屋裡出生。那是一間尋常、普通的木屋，只是位於內華達山脈鞍部某礦區的一間木屋。三面牆由木頭架成，另一面牆就是山壁，腳下踩著的是泥土。

我告訴她我的母親當時經營一家民宿，供礦場不時來去的礦

工寄宿。她從威斯康辛州去到那兒，我的父親就是礦場老闆，他邀我的母親離開威斯康辛州到內華達州負責民宿。我的母親發現她的頭一樁任務便是：準備周全的日用雜貨——鹽巴、胡椒、肉桂、酵母、麵粉、好幾磅的脫水蘋果、醃牛肉、醃豬肉……所有足夠應付接下來六個月所需的食物，因為賣雜貨的販子隨二十匹騾車隊每年只來兩趟。經營民宿，補給可不能用完。

（對全體）現在你們可以想像一下那有多難，曾經自己煮過飯的人都會曉得，光一個星期就得準備多少東西了。這件事讓芭比很驚訝，因為在她患病前母親教她許多烹飪的事。芭比對這則故事非常感興趣。

接下來我告訴她關於我母親的另一則真實故事：她生前我父親結褵七十三載，卻當了三個小時寡婦。這件事吸引了芭比極大的注意力，你怎麼能夠和一個男人結婚七十三年，卻只當三個鐘頭寡婦。我告訴她這個故事。

在我父親帶領的礦班之中，有個礦工叫做「壞人」索爾。那年頭，每個人身上都帶著一把左輪槍，掛著彈藥皮帶。「壞人」索爾聲名狼藉，總在暗處放槍殺人，每殺一個人就在槍柄上刻一道痕，卻始終逍遙法外，因為從來沒有人目擊他作案……只找得到屍體。

某個星期一早上，「壞人」索爾醉醺醺地上工。我父親說：「索爾，你喝成這副德性，進坑幹不了活兒。先去睡一覺再說。」索爾聽完打算對父親拔槍，但是我父親是個快槍手。他說：「索爾，你爛醉如泥，根本別想對我放槍。」於是索

爾提議要和他空拳單挑。我父親說：「你醉成這樣子，拳頭也握不緊了。快去睡覺。還有，你下回敢再喝了酒上工，就等著被開除吧。」

隔了一個星期，索爾又喝得醉醺醺地來了。所有的礦工都圍著看我父親怎麼處置。我父親說：「索爾，我上星期一就告訴過你了，你要是敢再喝酒上工就會被開除。去記時員那兒，領你的薪水，快撇。」（對克莉絲汀）「撇」的意思就是滾蛋、（笑）滾得遠遠的。

索爾正打算掏槍，我父親說：「你爛醉如泥，根本別想對我放槍。你醉成這樣子，根本不能和我打架。領完你的薪水後快撇。」

礦場距離我母親、我姊姊和妹妹居住的木屋非常遠。後來，索爾滿山亂逛，任何爬過山的人都曉得那有多費勁兒。等到索爾來到小木屋的時候，已經醒得差不多了。他問我母親：「艾瑞克森太太，你丈夫今晚六點會在哪兒？」我母親不疑有他：「嗯，艾柏特得去大衛峽谷辦點事，完了會在六點鐘回家。」索爾說：「你六點的時候會成為寡婦。」

我母親衝進屋裡，打算拿來福槍把索爾斃了。等她走出木屋，索爾已經不曉得躲到哪個大石頭後面，（艾瑞克森擺出姿勢）她覺得非常難為情，他可能正好整以暇拿槍瞄準她，而她卻看不到他躲在哪兒。於是她趕緊進屋，把來福槍掛回牆上。

將近六點，我母親把晚餐放在爐子上保溫。到了六點、過了六點半、六點四十五、七點、七點半、八點、八點十五分、

八點半、八點三十五、八點四十、八點四十五、八點五十、八點五十五、九點。就在九點過了幾分鐘的時候，我父親進門了。我母親端出熱騰騰的飯菜擺在桌上，她說：「艾柏特，你怎麼搞的，這麼晚才到家？」我父親說：「我迷了路，只好沿著佛羅倫斯峽谷回來。」我母親突然涕淚縱橫地說：「我真高興你迷了路。」

我父親說：「女人，我在山裡頭迷了路，你高興個什麼勁兒？幹嘛哭啊？」母親告訴他「壞人」索爾的事。我父親聽了說：「把飯放到爐子上保溫。」他抄起左輪槍，摸黑直奔大衛峽谷去和「壞人」索爾決鬥。過了幾分鐘之後他回到木屋，滿臉不好意思：「我真是他媽的傻瓜，居然以為索爾會在那兒等著殺我。他這會兒也許早就逃出州界了。」（艾瑞克森笑）

芭比非常喜歡這個故事。接著我告訴她我母親怎樣在六個月前預備補給品。當然，每餐都吃派，所有的礦工吃膩了乾巴巴的蘋果派，看了都想吐，於是有一天我母親決定要好好款待大家，她用玉米粉做了蛋奶沙斯，裡頭加進一大堆肉桂讓顏色變深。等她端上肉桂派，大夥兒都很喜歡，直至今日這都是我最愛吃的派。我太太和女兒現在都還依照原始配方如法炮製。

光聽我對芭比講故事，她母親煩得要死。最後，列席的密西根州精神科醫生巴柏・皮爾森（Bob Pearson）說：「我很願意乖乖坐著聽你不斷對她講故事。你一再讓那個可憐的女孩的心情跌跌宕宕。我對結果實在捏一把冷汗。」我說：「那

個女孩的情緒需要運動運動。」

她家非常有錢，常常到阿卡波卡、墨西哥市、巴哈馬群島、波多黎各、倫敦、維也納或巴黎度假。他們喜歡旅行。

過了大約兩個星期之後——我並沒有天天見芭比，因為太忙了。——她母親說：「芭比從沒看過大峽谷。我們可不可以休息幾天去大峽谷瞧瞧？」我說：「這主意聽起來挺棒的。」

我問芭比的意下如何，並告訴她我是醫生，本來就該照顧她的健康：「這就是你母親帶你來找我的原因。我要你了解我的醫學權威。就我目前所見，你的健康一點問題也沒有。不過，我是個醫學博士，為了照顧好你的健康，我有義務面面俱到。我現在想到能在醫療上為你做到的唯一一件事是：你一定要每天刷牙兩次，每天刷牙齦兩次。」芭比答應一定會做到。

我說：「還有，你應該用漱口液把嘴巴沖乾淨，這樣子才不會把牙膏吞下去。漱口液就是漱口水，你也不該吞下去。現在我要你承諾每天一定要刷兩次牙，每天使用兩次漱口液。」芭比信誓旦旦向我保證她一定會每天刷兩次牙、使用兩次漱口液。我告訴芭比：「至於牙膏，任何一種高檔牙膏都沒問題。但是漱口液應該使用純魚肝油。」

（對全體）你們當中要是有人嚐過純魚肝油，保證這輩子不想再看它一眼。但是芭比卻乖乖地用純魚肝油漱口。我想你們全曉得用純魚肝油漱口的後果，巴不得趕緊拿沙土再漱一次，因為那味道實在太難聞了。

這就是芭比，矢志虔誠。她已經鄭重向我保證過，只能乖乖照辦。由於非常認真，她必須遵守承諾。我告訴她母親買一瓶八盎斯的純魚肝油。她母親提到參觀大峽谷，同意之餘我提及巴林傑隕石坑、石化林、彩繪沙漠、落日火山口，以及其他幾個景點。我再三叮嚀芭比一定要記得帶漱口液，囑咐母親提醒芭比一定要帶。我對母親說：「最後一次向她提漱口液的事後，你不會察覺漱口液不見了。」我了解十四歲是怎麼回事。我知道芭比會忘記把漱口液帶回來。

於是，芭比遊歷完亞歷桑那州之後，背負著龐大的罪惡感回來。她故意把漱口液掉在某處，但是她曾向我再三保證過，所以心裡有極大的罪惡感。這和虔誠並不一致。（笑）芭比不能告訴她母親，不能告訴我，只是感到罪惡感。這當然和虔誠的認知不相容。

我沒有天天見芭比。某天我對母親說：「母親，可否請你站起來？你身高多少？」母親說：「一百六十七公分。」我曉得母親撒謊。她看起來明明就是一百七十五公分。每當詢問女人私人問題，她們的答案都經過修飾。

席佛德：我不明白。

艾瑞克森：她們會修飾答案。她說她一百六十七公分，我認為她至少有一百七十五公分高，對於私人問題，女人總是會修飾自己的答案。

然後我說：「你體重多少？」她很得意地說：「五十三點五公斤，跟剛結婚時一模一樣。」（艾瑞克森露出不可置信的表情）我說：「五十三點五公斤？四十多歲、生過五個孩

子——你敢說你只有五十三點五公斤？那簡直是嚴重不足，最起碼也應該要有五十九公斤——甚至六十三或六十八公斤。母親，你自己營養不足、體重過輕，竟敢認為芭比體重不足，還把她帶到這兒就診？芭比，我要你好好看住你媽媽每天、每餐把飯菜吃光光。」芭比用從未有過的眼光看著她母親。「還有，芭比，要是你媽媽沒有吃光飯菜，我要你隔天向我報告。」

於是芭比接下這件差事。有一天芭比說：「我忘了告訴你，媽媽前天午餐只吃了半個漢堡，用餐巾把剩下的一半包起來留著當宵夜。」我說：「母親，這是真的嗎？」母親紅著臉說：「嗯。」我說：「母親，你違抗了我的命令，你得受到處罰。我要因為你抗命而處罰你。芭比，你也同樣違抗了我的命令，你應該昨天就向我報告此事，拖到今天才說出來。因此，我要處罰你們兩個。吶，明天早上九點，我要你們兩個人到我的廚房報到，帶一條麵包、一些乳酪，普通的美國乳酪。」

隔天她們來了，我要她們拿出兩片麵包，塗上一層厚厚的乳酪，放進烤箱讓乳酪融化，拿出來，翻面再擺上一層厚厚的乳酪，再放進烤箱。我讓她們把那兩個乳酪三明治……或是麵包三明治吃個精光。這下子她們攝取足夠的營養。這就是懲罰。

接著我和她們打交道：「我認為你們很不喜歡我，很不喜歡我對待你們的方式，所以現在你們該選擇回家時要多重了。」母親選擇五十六點七公斤。「芭比，你八成會選

三十四公斤，我會要你選三十八點五公斤，我們不妨折衷為三十六公斤吧。」芭比說：「三十四公斤啦。」我說：「好吧，你增重到三十四公斤就可以回家，但是如果回家後，頭一個月沒再增加兩公斤，我授命你媽媽隨時把你帶來就診。我想你絕不會喜歡那麼做。」

於是芭比和母親開始增重。過程中母親一直和父親保持聯絡。當芭比體重達三十四公斤，母親達到五十六點七公斤的時候，父親帶著其他家人搭飛機來見我。

我先見父親，「父親，你年紀多大？身高多高？體重多少？」等他一一告訴我之後，我說：「博士，按照你的年齡、身高來說，你的體重還少了兩公斤。」他說：「事先預防，免得變胖。」我說：「你們家族中有沒有糖尿病病史？」「沒有。」我說：「博士，你該感到羞愧，你因為自己少了兩公斤樹立了壞榜樣，害你的女兒因為少兩公斤體重而命在旦夕。」我端詳他怒火衝冠，非常仔細審視他的反應，那位父親感到尷尬、愧疚。

我叫他離開房間，叫兩名年紀較大的孩子進來，我說：「芭比什麼時候開始發病？」他們回答約莫一年前。「發病的情形如何？」他們說：「只要我們任何人打算拿食物給她，不管是水果、一顆糖果或一份禮物，她總會說：『我不配接受，你留給自己吧。』我們只好照辦。」於是，我看出他們硬生生剝奪妹妹的憲法權利。我向他們指出，芭比有權接受禮物，不管她要怎麼處置它。就算她要丟掉，也有權利接受。「你們這些自私的人，只因為她說她不配，就把禮物留

給自己。你們剝奪了妹妹收禮物的權利。」他們被罵得差不多了。我要他們出去，要芭比進來。

我說：「芭比，你從什麼時候開始發病？」她說：「去年三月。」我問她：「你發病的情形如何？」她說：「嗯，每當有人拿食物、水果或糖果、禮物給我的時候，我總是說：『我不配接受，你留給自己吧。』」我說：「芭比，我真是以你為恥，你剝奪了兄姊和父母請你吃東西的權利。你怎麼對待他們和那些禮物都沒有差別，但是他們的確有權送你禮物，你卻剝奪了他們送你禮物的權利。我為你感到慚愧，你自己也應該感到慚愧。」

（艾瑞克森對史都）請幫我拿這個病例給我，好嗎？

（史都把艾瑞克森要的卷宗拿給他）

芭比同意她應該允許父母和兄姊送她禮物。倒不是她必須拿來用，而是他們有權送給她，不管她要怎麼處置。

事情發生在三月十二日。芭比二月十一日時來看過我。我整整看了她二十個鐘頭。我女兒三月十二日結婚。我沒看見，但是我的女兒們都看到了，芭比吃了一塊結婚蛋糕。在他們向我道別的前一天，芭比問我可不可以讓她坐在我的腿上，讓她哥哥拍一張照片。

這就是三十四公斤重的芭比坐進輪椅、我的腿上的照片。拿去傳閱。（艾瑞克森把芭比坐在他腿上的照片遞下去）

耶誕節期間，芭比從巴哈馬群島寄了一張站在耶誕老人身旁的照片給我。（艾瑞克森把芭比的新照片遞下去。她體重如今看起來頗符合身高）

現在，芭比帶著肉桂派的食譜回家了。她寫信告訴我她過一次肉桂派給全家人吃，大家都很喜歡。我們持續通信。我知道芭比距離健康還遠得很。芭比寫給我的信鉅細靡遺，在每封信中都會間接提及食物，譬如：「明天我們要在院子裡種東西。番茄長得很漂亮。我們很快就能吃到從院子採收的東西。」

就在最近，芭比寄了這張獨照給我。她已經十八歲，她在信中致歉這張照片不是全身照。（艾瑞克森把照片遞出去給大家傳閱）她承諾要寄一張全身照片給我。

在她的前幾封信中，她鉅細靡遺描述了神經性厭食症，因為我只做了第一階段的治療。通常第一階段就是最後階段。第一階段是自我挨餓，被我阻止了。在這個挨餓的階段中，他們會自慚形穢、覺得低人一等、不受別人喜愛，默默地尋求宗教認同，並且在情感上和父母告別，然後慢慢地絕食到死，同時不相信自己正在把自己活活餓死。

一旦你讓他們度過挨餓階段，他們便開始暴飲暴食、導致過度肥胖。在過度肥胖的階段之中，他們會覺得信心不足、羞恥、不受喜歡、沒人愛、寂寞又沮喪。她向一位加拿大心理醫生求助，讓他幫她度過那個階段。她完全不需要我。

接下來的第三階段是變動很大的階段。一下子體重暴增，掉到正常體重、再上升、又掉回正常。接著才進入最後階段。芭比說：「我經歷過所有的階段，仍然覺得沒信心。最後這張照片讓你看看我現在的模樣。我下一步要建立足夠的勇氣和男生約會。」我回信告訴她，我很想看看她，她不妨來找

我。我打算送她去女人峰和植物園、赫德博物館、畫廊。我一定要看到她和男生約會才行。（艾瑞克森笑）然後她就算解脫了。

她寫信告訴我關於另外兩名受神經性厭食症折磨的女孩的事。她很同情那些女孩，還問我可不可以對她們現身說法。我回信給她說：「芭比，當我第一次看到你的時候，我很想同情你。可是我知道一旦同情你，一定會害死你。所以，我只能盡可能扳起臉孔、硬下心腸。所以不要同情那些女孩，那麼做只會加速她們的死亡罷了。」芭比回信這麼說：「艾瑞克森醫生，你說的非常對。如果你當時同情我，我會認為你是一個騙子，以自殺了斷生命。正因為你對我如此不客氣，我才得以康復。」（對全體）可是，一般醫生都太專業、太高高在上了，以至於治療神經性厭症總是「循規蹈矩地」採行正經的方法：藥物、插餵食、靜脈餵食，結果身體排斥所有的食物。我只是將進食當成懲罰，她反而都能夠接受。（艾瑞克森微笑）

吶，我認為最重要的就是竭盡所能對病患做出對他們有幫助的事。至於個人的尊嚴……去它的尊嚴。（笑）我一定混得下去。我不必擺出高高在上、一副專業的模樣。我專幹挑釁病人讓他們做出正事的勾當。

現在請把那口箱子拿給我。（艾瑞克森指了指他右手邊架上的盒子。史都拿下來交給他）這裡有一個非常重要的範例。我有個學生向我解釋，她為一對育有一名二十歲發展遲緩女兒的父母進行家族治療。在診療時間內，她與父親、母親相

處得很好，但是那名發展遲緩的女兒接二連三地耍脾氣。我對我的學生說：「那是因為你一直擺出正經、高高在上、專業的架子。你應該想盡辦法、竭盡所能讓你的病人做點什麼。」於是我的學生回到密西根州繼續她的治療。這就是那名發展遲緩的二十歲女孩做的。（他拿出一個紫色的填充布牛）我覺得這真是一件藝術品。我不相信你們當中哪位有能力做出一模一樣的東西。

我不明白結果會是一個紫牛。（笑），但或許是我的學生告訴她，我都穿紫色的……（對薩德）傑夫，你明白了嗎？現在那名智力發展遲緩的女孩已經不再動不動就鬧脾氣了。她知道自己能做事，能做出讓別人稱讚的東西。發脾氣得耗許多力氣，許多力氣灌注到這個紫牛裡頭。（艾瑞克森把紫牛擺在一邊）

現在，你們有誰爬過女人峰？

安娜：我還沒爬過。

（半數學員舉起手）

艾瑞克森：你的名字是……亞歷桑那？你正準備上亞歷桑那州立大學，對不對？（對莎莉）

莎莉：我剛畢業。

艾瑞克森：你爬過女人峰沒？

莎莉：爬過了。

艾瑞克森：很好。那你呢？（對莎拉）

莎拉：我沒爬過。

艾瑞克森：你住在亞歷桑那州多久了？

莎拉：七年。

艾瑞克森：（不可置信的表情）你竟然還沒爬過女人峰？
　　　　你到底要等到什麼時候才去爬呀？

莎拉：呃，我爬過其他幾座。（莎拉笑）

艾瑞克森：我可沒問其他幾座。

莎拉：（笑）我一定會去爬女人峰啦。

艾瑞克森：什麼時候？

莎拉：（笑）要說個日子啊？等夏天結束，天氣涼爽一點就去。

艾瑞克森：日出的時候很涼爽啊。

莎拉：（笑）真的，那倒是。

艾瑞克森：那你去過植物園嗎？

莎拉：啊，去過去過。（莎莉在一旁搖頭）

艾瑞克森：（對莎莉）你沒去過。（對全體）你們還有誰去過植物
　　　　園？（對莎莉）你有什麼藉口？

莎莉：我不知道植物園在哪兒。

艾瑞克森：你還有得學哩，知道嗎？
　　　　好了。現在，你們都曾受訓，認為心理治療是一連串井然有
　　　　序的程序：採集歷史、挖掘人家所有的問題，教導病人正確
　　　　的行為方法。（對全體）我說的沒錯吧？很好。
　　　　（低頭對著地板說）一位賓州精神科醫生執業長達三十年，
　　　　仍然還沒建立一套好的執業方式。事實上，他忽視自己的執
　　　　業方式，不更新自己的資料檔案。他結婚六年。他太太有一
　　　　份並不那麼喜歡的工作，但是為了幫忙家計必須持續下去。
　　　　結果六年來她每週得見三次精神分析師，後來經人家介紹，

來找我進行夫妻治療。

我從他們口中獲得許多資訊，然後問他們：「這是你們頭一回到西部？」他們說：「是的。」我說：「鳳凰城有許多景點你們應該去瞧瞧。既然這是你們頭一次來，醫生，我建議你去爬女人峰，花三個鐘頭去爬。還有，醫生太太，我建議你去植物園走走，在那兒待三個鐘頭。明天回來向我報告。」

隔天他們來了，醫生非常高興，說爬女人峰是他畢生最棒的一件事：「我的眼界、對生命的視野，從此大大改觀了。」他從來不知道沙漠能長成鳳凰城這模樣，他對此雀躍萬分，還說一定要再去爬一遍。

我問他太太植物園如何。她說：「我聽你的話在那兒待了三個鐘頭——這輩子最無聊的三個鐘頭。到處都是千篇一律、老掉牙的玩意兒。我發誓絕不再踏進植物園一步。我簡直無聊死了，白白花那三個鐘頭只換來無聊透頂。」

我說：「好吧。那麼今天下午，醫生，換你去植物園一趟，醫生娘，你去爬女人峰。明天回來向我報告。」

過了一天之後，中午前他們來了。醫生說：「我好喜歡植物園，真是太棒了，令人嘆為觀止。看到有那麼多不一樣的植物，無視嚴峻的氣候——整整三年沒有雨水、持續的高溫，（他們是七月來的）實在太教我吃驚了。我還想再去植物園幾趟。」

我轉向他太太，她說：「我爬了那座討厭的山。（笑）沿途每走一步就咒罵那座山、咒罵自己，但是大部分時間都在咒

罵你。我實在搞不懂自己怎麼那麼笨，竟然答應你去爬山。無聊透了。我真恨自己幹了這件蠢事。不過，因為你說我該爬，我就去爬啦。我還真的爬到山頂上。有那麼幾分鐘，我稍微感覺到一絲絲滿足，但是維持不了多久。接著我下山時又一路詛咒你、詛咒自己。我對天發誓，再也不要當傻瓜爬什麼山了。」

我說：「好。迄今我指派的任務你們都辦到了。嗯，今天下午，你們各自為自己挑一個地方去，明天再回來向我報告。」

隔天早上他們來了，醫生說：「我又去了植物園一趟，還想再多去幾趟。那真是一個令人驚奇的地方。我開心極了，捨不得離開。哪天我一定還要再去。」

我轉向他太太，她說：「信不信由你。我又去爬了一遍女人峰。唯一的不同是這回我罵起你來更流利了。我咒罵自己大笨蛋，上山時邊走邊罵。老實說，我在山頂上感到一絲短暫的滿足。一發覺自己怎麼多愁善感起來，我趕緊一邊下山一邊咒罵你和我自己。」

我說：「那好。很高興聽到你們的報告。現在我可以宣布：賢伉儷的夫妻治療大功告成了。快去機場，回賓州去。」

他們聽完真的走了。幾天過後我接到那位醫生打來的長途電話。他說：「我太太在另一線上。她已經訴請離婚。我要你勸她打消念頭。」

我說：「你們在我辦公室裡從沒提過離婚這檔事，我不打算在長途電話中進行討論。我要你們回答幾個問題：搭飛機回

賓州的路途上，你們兩人做何感想？」他們兩人都說：「我們感到很迷惘、困惑又匪夷所思，很納悶幹嘛去找你。你什麼也沒做，光叫我們爬山、去植物園。」回到家裡之後，太太告訴我：「我對我先生說我要開車去兜兜風，釐清一些迷惘。」他說：「好主意。」醫生說：「於是我也做了同樣的事，開車出去釐清內心。」太太說：「我直接去精神分析師那兒把他開除掉，然後去找我的律師訴請離婚。」丈夫說：「我兜了幾圈之後，跑去我的精神分析師那兒把他開除掉，然後進辦公室，開始動手整理，把病歷表依序排妥，把漏的病歷一一填上。」我說：「嗯，謝謝你們提供的資訊。」

他們現在已經離婚了。她換了自己喜歡的職業，厭倦日復一日攀登那座關係緊張的婚姻山，只為了感受短暫的「唉，又過了一天」。她的全部故事就是象徵。

最後的結局是，他們的精神分析師和他的太太跑來找我。他們的精神分析師是同一個人。他們和我談了一陣子，現在，他們離婚了，各自過著快樂的日子。

分析師的前妻說：「這是我這輩子頭一回能過自己的生活。我前夫以前老是欺負我，把家當成辦公室、把我當辦公室小妹。他只對病人有興趣，對我則興趣缺缺。我們以前相信婚姻美滿，但是當我從亞歷桑那州回來，你對另一個醫生和他太太做過那件事之後，我才知道自己該怎麼做。我的離婚離得很辛苦，因為我發現我丈夫居然是那麼自私，根本不想付任何贍養費，只願意讓我拿走我的衣服，自己到外頭找工作、找地方住。他認為家裡的東西全是他一個人的。我的律

師也很為難，我的前夫想霸占那個家，當作辦公室給他的病人使用，當然他還要所有的家具。

「現在我們總算離婚了，我得到我的家，我丈夫分得一大筆財產，我也找到喜歡的工作，愛上館子就上館子，想去看電影就去看電影，想聽音樂會就去聽音樂會。婚後這麼些年以來，這些事我只能盼著，壓根沒試過半次。至於我先生，他變了很多，三天兩頭就在外用餐。我們仍是朋友，但是都不想和對方結婚。」

席佛德：你怎麼會那麼早就發現？你之前就對這個結果略知一二了嗎？

艾瑞克森：那是我頭一次見到、知道有這些人。當他告訴我他接受精神分析已經十三年，自己的執業依然很糟糕，辦公室經營慘澹──這就夠了。當他太太告訴她每天都不快樂、接受精神分析六年、不喜歡自己的工作、生命毫無樂趣可言……我還需要知道什麼呢？於是，我施以象徵性的心理治療，配合他們象徵性地告訴我整個故事。我無須詢問醫生有沒有兄弟，我知道他白白浪費了十三年生命，她浪費了六年生命。我要他們去做點事。他獲得生命的新視野，她則得到對於她所不喜歡事物的無聊新視野。

真正從事治療的是病人。治療師只不過提供氛圍、氣候。僅此而已。病人必須做一切。

接下來還有另一個案例：1956 年 10 月間，波士頓州立醫院舉辦了全國精神醫學會，我受邀做一個關於催眠的演講。

艾列克斯博士不僅是該院員工，也是大會籌委會主席。我一

到了那兒，他問我可不可以不要只演講，也能當場示範。

我問他該找誰當對象，他說：「從臺下的聽眾裡頭挑。我說：「那一點都不好。」他說：「那麼，你到醫院晃一晃，找個你認為夠好的對象好了。」我在醫院四處物色，看兩個正在聊天的護士。我看著其中一名，觀察她的一舉一動。等她們聊得差不多了，我走向那名護士，自我介紹後告訴她我將在催眠研討會上演講，問她是否願意擔任我示範催眠的對象。她說她完全不了解催眠，既沒讀過也從未看過。我說那不成問題，正因如此才更合適。她說：「如果你認為我做得來，我很樂意。」我感謝她並說：「那麼就這麼說定了。」她說：「一言為定。」

然後我去找艾列克斯博士，告訴他有一名叫貝蒂的護士，將擔任我的對象。他聽完之後反應非常激烈。他說：「那位護士不行。她接受心理治療兩年了，是『補償的憂鬱症』（compensated depression）患者。」（所謂「補償的憂鬱症」意指非常嚴重的憂鬱症患著，但擁有貫徹到底的決心。不管心情多糟、多麼高興，他們總是繼續工作。）

艾列克斯博士特別強調：「她還有自殺傾向，首飾全送人。她是個孤兒，沒有兄弟姊妹，朋友就是醫院裡的其他護士。她把私人財物及一堆衣服全送人。甚至遞了辭職信。（我忘了她預定離職的日期。大概是十月二十日，當天十月六日。）十月二十日一離職，她就要自殺了。你不能用她。」

分析師、艾列克斯博士、所有的職員和護士都再三規勸我不要讓貝蒂上臺，「不幸的是，貝蒂已經答應我，我也對她做

了承諾。要是我推翻諾言不用她，她有憂鬱症，一定會把這件事當作最後一次拒絕，不用等到十月二十日，恐怕她今天晚上就會自殺。」由於我不肯退讓，他們只好屈服。

我先安排貝蒂坐在觀眾席裡，開始演講。我邀了好幾位聽眾上臺，簡單示範幾道催眠的手法——展示各式各樣的現象。接著我說：「貝蒂，請你站起來。慢慢走到臺上。朝著面前繼續走。別走太快，也別走太慢，你每走一步就會更進一步陷入催眠狀態。」

等到貝蒂走到臺上，站在我的面前，她已經進入非常、非常深沉的催眠狀態。我問她：「貝蒂，你現在在哪兒？她說：「這兒。」我說：「這兒是哪裡？」她說：「和你在一起。」我說：「我們在哪兒？」她說：「這兒。」我說：「那邊是什麼東西？」（艾瑞克森作勢指著觀眾）她說：「什麼都沒有。」換言之，她對周邊的環境產生全面性的負向幻覺（negative hallucination，編按：幻覺是無中生有，負向幻覺則是將有變成無），她只看得見我。於是我開始示範「僵直現象」（catalepsy）和戴上手套般的麻痺感（glove anesthesia）（艾瑞克森掐著自己的手）。

然後我對貝蒂說：「我想，如果我們走出去到波士頓植物園看看還不錯。我們非常輕易就能辦到。」我詳加解釋時間扭曲——如何任意縮短、延展時間：「時間延展為一秒鐘就像一天那麼久。」

於是，她在幻覺中和我置身植物園內。我指出，因為現在是十月，季生植物都快枯了。因為現在是十月，常年生植物都

快枯了。我指出，樹葉的顏色正逐漸改變，因為麻塞諸塞州的樹葉，總在十月變色。我指出各式各樣的矮樹、灌木和藤蔓，指出每叢灌木、每棵矮樹各自不同的形狀的葉子。我談及那些矮樹來春將重獲新生，來春將再重栽灌木。我一一描述樹木、花朵、樹上的水果種類、種籽的種類，以及小鳥怎麼啄食水果、啣著種籽、落在合適的環境、長成另一棵樹。我鉅細靡遺地描述植物園。

接著我提議去波士頓動物園。我解釋我曉得那裡有一隻袋鼠寶寶，希望我們能碰巧看到牠鑽出母親的育兒袋，如此才可以看見牠。我向她說明袋鼠寶寶叫做「幼袋鼠」，剛出生時身長約莫二點五公分。接著二點五公分長的袋鼠寶寶嘴裡起了自然變化，牠的嘴巴緊湊著乳頭一會兒都不能放開。就那麼吸呀、吸呀、吸呀，愈長愈大。我想牠待在母親的育兒袋，大約三個月後才探出頭來。我們看著袋鼠，看著袋鼠寶寶從育兒袋裡探頭張望。我們看著老虎和幼虎、獅子和幼獅、熊、猴子、狼和其他所有的動物。

然後我們到了飛禽區，看到各式各樣的鳥類。我談起候鳥的遷徙──那隻極地燕鷗怎樣在極圈度過短暫的夏天，然後飛到南美洲最南端──一趟橫越一萬六千多公里的旅程。那隻鳥度過冬天，在南美洲是夏天，以一種人類所不能了解的導航系統進行。那隻極地燕鷗和其他各種不同的候鳥本能地知道如何不靠羅盤遷徙千萬里──人類無法做到的事。

接著我們回到州立醫院，我讓她看見觀眾，和艾列克斯博士說話。我並沒有叫醒她。我讓她留在催眠狀態，讓她討論克

莉絲汀和其他人提到過的沉重感覺，以及其他人曾經提及的感覺。她一一回答問題。然後，我提議我們應該走到波士頓海灘。

我開始描述久遠以前清教徒在麻塞諸塞州落腳的波士頓海灘，印地安人如何喜歡它，早期的殖民者如何喜歡這片海灘。現今和過去無數代子民都在此徜徉嬉戲——今後也將會是一個充滿喜悅和快樂的所在。

我讓她看著大海，看到海面非常平靜，然後風暴襲來，接著又加進另一個颶風，然後讓她看著海面恢復平靜。我要她看著波浪起起落落。然後提議回到州立醫院。

我又示範了幾件關於催眠的事情，然後向仍在催眠狀態的她致以非常鄭重的謝意，感謝她願意讓我催眠，幫了我一個大忙——也讓在座觀眾獲益良多。我將她喚醒，重新感謝了一次，然後送她回醫院。隔天貝蒂沒有到醫院上班。她的朋友都很驚慌，跑到她的公寓。貝蒂音跡杳然，也沒留下隻字片語，制服也不見了……只剩下幾件平常衣物。最後，他們報警處理，但是怎麼也找不到貝蒂的屍體。她就那樣消失得無影無蹤，大家把貝蒂的自殺歸咎於艾列克斯博士和我。

隔了一年，我回到波士頓。還是有人責怪我害貝蒂自殺，艾列克斯博士也不能倖免。

過了五年之後，幾乎所有人都已經忘了貝蒂，除了艾列克斯博士和我。十年過去了，不再有人提起貝蒂。十六年後，1972 年七月，我接到一通從佛羅里達打來的長途電話，是一名女子的聲音：「你恐怕已經不記得我了，我是貝蒂，

1956 年你在波士頓州立醫院催眠的那個護士。我今天突然想到，你或許會想要知道我後來怎麼了。」我說：「那還用說。」（全體笑）

她說：「那天晚上離開醫院之後，我就去海軍招募中心，要求加入海軍護理隊。我簽了兩期兵役，後來在佛羅里達退役。在一個醫院找到工作，遇見一位空軍軍官，和他結了婚。我現在有五個孩子，仍然在醫院服務。今天，我突然想到你或許想知道我後來的遭遇。」於是我問她是否能將這個消息告訴艾列克斯博士。她說：「如果你想告訴他，就告訴他吧，對我而言沒有差別。」從那時候開始，我們密集的通信。

吶，當我到了植物園，讓她神遊植物園的時候，我講了些什麼？生命的樣貌，當下的生命；未來的生命；花朵、水果、種籽、每株植物各自不同的葉子紋路。到了動物園，我照樣跟她討論生命——幼小的生命、成熟的生命、令人驚奇的生命百態——變遷的型態。接著我們到了無數前人徜徉的海邊，未來亦將有無數人在那兒得到喜悅，現在也有無數人在那兒得到喜悅。還有海洋的神祕：鯨豚、海龜的洄游，一如候鳥的遷徙，都是人類不能理解卻深深著迷的事物。

我舉出所有值得為它活下去的事物。除了我自己之外，在場沒有任何人知道我其實正在對她進行心理治療。他們聽到我講的每一句話，但是都以為我只是在示範時間扭曲、幻覺——視覺上和聽覺上的。他們都以為我在示範催眠現象，沒有人曉得我刻意進行心理治療。

所以，病人並不需要知道心理治療的進行。這清楚說明了治療師不一定得知道病人為什麼要接受心理治療。我知道她沮喪、具自殺傾向，但那都只是普通的資訊。

同樣在那場集會的場合，有一位灰髮婦女在閉會時，走到我的面前對我說：「你認識我嗎？」我說：「不認識，不過從你的口氣聽起來，我好像應該認識似的。」她說：「嗯，你應該認識我。我已經當祖母囉。」我說：「有一大堆祖母我都不認識呀。」（全體笑）然後她說：「你曾經寫過一篇關於我的論文。」我說：「我寫過的論文可多啦。」她又說：「我再多給你一個提示。傑克現在是內科醫生了，我仍然是執業的精神科醫生。」我說：「真高興能再次看見你，芭芭拉。」

我曾經在伍斯特州立醫院的研究部門工作。我是研究部頭一個雇用的精神科醫生，當時忙得不得了。我曉得普通臨床部門有個年輕女孩，人長得漂亮，非常聰穎，正在精神科當住院醫師。

我四月的時候加入團隊，從另一名成員口中得知，那名住院醫師於一月時突然變得異常焦躁，體重不斷往下掉、內臟出現幾處潰瘍，還出現結腸炎、失眠等症狀；一股恐懼不確定和懷疑。她一整天從早到晚都待在病房忙著料理病人，因為那是她唯一能感覺到舒適的地方。她吃得非常少，避免和別人接觸，除了病人以外。

六月時，她跑來找我：「艾瑞克森醫生，我聽過你關於催眠的演講，也看過你用一般人和病人為催眠的對象。我要你今

晚七點來我的公寓，到了之後我再告訴你我的目的，如果我到時候忘記曾經邀請你到我的公寓，你不要害怕。」說完就不見了。

當晚七點鐘整，我輕敲她的公寓大門。她打開門露出吃驚的表情。我說：「我可以進去嗎？」她半信半疑地說：「如果你想進來的話。」

我聊起這是我在新英格蘭頭一回碰到的春天。我很清楚威斯康辛州的春天是什麼模樣，可是從來沒有經歷過新英格蘭的春天。我們就那麼聊著聊著，然後，我猛然注意到她正處於深度催眠狀態。我問她：「你是不是在催眠狀態裡？」她說：「是的。」我說：「你是不是有什麼事要對我說？」她說：「是的。」我說：「告訴我。」

她說：「我非常神經質，不明白究竟是什麼原因。我害怕知道原因。你可不可以叫我走進臥室、躺在床上，讓我把自己的問題搞定？一個鐘頭之內，你可以進來，問我搞定了沒。我會告訴你。」於是我叫她走進臥室、躺在床上，讓她把自己的問題搞定。

到了八點鐘，我走進臥室問她搞定了沒。她說：「還沒。」我告訴她九點鐘會再進來一次。到了九點鐘，她還沒搞定。到了十點鐘，她還沒搞定，但是她說：「半小時後再來，那時我就搞定了。」

到了十點半，她告訴我她已經搞定了，叫我帶她到客廳坐下並且喚醒她。就在她跨出臥室門之前，她說：「讓我忘掉催眠狀態下所發生的一切事情，我不想知道催眠狀態時發生的

事。但是你離開前跟我說：『光知道答案就可以了。』」

我接著之前的話題和她交談，和她聊新英格蘭的春天、我多麼盼望這個季節等等。她醒過來，一臉茫然，回答了幾句關於新英格蘭的春天的事，突然跳起來說：「艾瑞克森醫生，不准你在深夜十一點待在我的公寓。請你馬上離開。」我說：「當然當然。」她打開大門。我走出門外，回頭說了一句：「光知道答案不會有事的。」她的臉紅了，她說：「我心裡突然出現一個念頭。我不了解那是什麼，請你離開好嗎？快點，快點。快走開。」於是我走了。

到了六月底，她的住院任期結束。我當時忙著研究部門工作，對她沒有什麼特別的興趣，甚至不知道她後來到哪兒去了。七月過去、八月過去。九月最後一個星期某天上午大約十點、十一點的時候，她突然衝進我的辦公室。說：「艾瑞克森醫生，我現在在北漢普敦州立醫院工作。今天是我的休假日。我在那兒的精神科部門工作，我先生傑克在醫療部門工作，他是內科大夫。我原本躺在床上，喜孜孜地想著我嫁給了傑克，傑克也很愛我。我愈想愈開心，就像新嫁娘一樣開心，知道傑克愛我而我也愛傑克。我想著傑克多好、嫁給他多好。

「突然間，我想起六月初的事，我知道應該要告訴你。我等不及吃早餐，穿好衣服，盡快趕到這裡。你應該曉得出了什麼事。你記得六月的時候我曾要你到我的公寓，還告訴你如果到時候我忘記曾經邀請你的話不要吃驚。後來你到我的公寓，你聊到春天、夏天、新英格蘭的季節等話題。

「我當時進入催眠狀態被你注意到了。你問我是不是進入催眠狀態，我告訴你『是的』，對你說我要你為我做一件事，又告訴你我非常焦慮，卻不知道原因，可否你把我送進臥室、叫我躺下，讓我把自己的問題搞定。我要你一個鐘頭後進來問我搞定了沒。你在八點問我是否搞定了，我告訴你還沒；九點的時候你問我，我說還沒；到了十點，你又問了一次，我告訴你還沒，但是十點半就會搞定了。我還告訴你，等到十點半的時候，我要完全忘掉催眠狀態下所發生的一切，還要你帶我到客廳。

「最後，我醒來聽到你正在談新英格蘭的春天，看到你在那兒我非常吃驚，因為我看到時鐘顯示著十一點。我當時完全忘記了你為什麼會在那兒，只知道晚上十一點不能讓你待在那兒，於是我要求你離開。

「今天早上，當我正感覺快樂的時候，我想起所有的經過。我當時在催眠狀態下走進去，躺在床上，恍惚看見一張沒有捲起來的羊皮紙，中間畫著一道線。一邊是『正』、另一邊寫著『反』，而全部的問題圍繞著我去年十二月認識的年輕男子。

「傑克好不容易才完成高中學業。他家非常窮，一窮二白又沒什麼知識水準。傑克念高中、大學、醫學院都必須半工半讀。介於工作和他實在不怎麼聰明之間，他的成績總在丙、丁之間徘徊。

「我來自非常富裕的家庭，那種位於金字塔頂端、眼睛長在頭頂上的家庭。十二月的時候，我突然思念起傑克，考慮要

嫁給他。這個念頭讓我自己很震驚，因為他的家世和我簡直南轅北轍，他出身貧賤，而我屬於上流社會。我有財富的庇蔭，比傑克聰明，我的成績總是不費吹灰之力就拿到甲；我在紐約市欣賞歌劇、聽音樂會、看舞臺劇；在歐洲旅遊。我有財富上的一切優渥條件，我的全部背景就是勢利。愛上一個出身貧賤、聰明才智不如我的人，簡直教我驚駭莫名。

「在催眠狀態中，我清楚看到所有支持我嫁給傑克的正，和所有阻止我嫁給他的反。我仔細看著它們，花了一段頗長的時間。然後我盯著那些正反項，用正項去抵銷反項，再對反項一一解釋。那花了一點時間，因為正、反項實在太多了。我非常小心謹慎地從頭到尾審核一遍。當我消掉所有的反項，全部只剩下一大堆正項。但是我知道我不能馬上面對它，所以要你讓我全部遺忘掉。趁你離去之前我交代你對我說：『光知道答案就可以了。』

「你走出公寓說出『光知道答案就可以了』時，我的心裡閃過一個念頭：『現在我可以嫁給傑克了。』我當時不明白從哪兒冒出那個念頭，腦子一片紛亂，覺得匪夷所思。我無法思考，只能呆立著看你關上大門。我忘光了所有的事。

「等到住院任期結束，我遇見傑克，我們的交往終於開花結果。我們於七月結婚、一起找到在北漢普敦的工作——我在精神部門，傑克在內科部門。今天早上我趁休假躺在床上，想著自己多麼幸運能有傑克這麼一個丈夫、被傑克深愛、也愛他。接著我想起六月的事，我想你應該知道。」（艾瑞克森竊笑）

當她在 1956 年問我：「艾瑞克森醫生，你還認得我嗎？」呃，我想不起來。但是她一說出傑克仍在內科的時候，我就想起來了。我並不知道她的問題所在，她也不知道她的問題所在。我不知道我當時做的是哪門子心理治療。我是提供氛圍的人，把自己當作一座花園，讓她的想法可以在裡頭滋長、成熟，同時是在她不自知的情況下進行。（艾瑞克森竊笑）

治療師真的一點都不重要。讓病人自行思考、自行理解是他的潛能。她現在當上了祖母，傑克仍然在內科看診，而她也仍在精神科當醫師。那是一樁長久又幸福的婚姻。

所有討論心理治療的書全都強調規則。昨天……你叫什麼名字？（問莎莉）

莎莉：莎莉。

艾瑞克森：莎莉剛剛遲到。我取笑了她，讓她尷尬、感到不舒服。不知道我有沒有惹惱你。當然，這並不是你期待的對待方式。然而她進入催眠狀態，因為她到這兒來學東西。我想你也學到了。

（莎莉點頭同意）

艾瑞克森：在心理治療過程之中，傾聽病人的同時，你知道自己並不了解他語彙中的個人意義。我可以對一個德國人說某件事物太棒了。他可以告訴我那「太棒了」，或者也可以說：那「wunderbar」。我可以猜想「太棒了」和「wunderbar」之間有什麼不同。的確有點不一樣。所以當你傾聽病人，同時知道他的話語中有個人意義，而你並不知道他的個人意義，

他也不知道你話語中的個人意義。你企圖像病人一樣理解他的話。

接下來談談這名搭機恐懼症的病人──我用不著相信別人告訴我的任何事。我要了解她的話之後才會相信──當她講到自己的搭機恐懼症的時候，她告訴我能夠在飛機上走路，乘著它在跑道上滑行，但是只要飛機一離地，她的恐懼症就發作。她對於置身於由別人掌握生命的密閉空間懷有恐懼，尤其是不認識的陌生人──駕駛員。

我必須耐心等待，直到了解她的話。我要她保證她會做任何我要求的事，不論好或壞。我非常小心地取得這項承諾，因為這讓她再度將生命交付到陌生人的手裡。然後我對她說：「好好地享受飛往達拉斯的航程，回程也是，回來再告訴我你喜不喜歡。」她並不知道她將信守承諾，但她信守了。我知道我對那個承諾的用意，她不知道。我很和緩地說：「好好地享受來回的航程。」她便會遵守我所交代的一切。她並不知道我交代了什麼。（艾瑞克森微笑）你也不知道。（對著珍說）

我希望我已經教了你們一些心理治療。看、聽和了解的重要性，以及讓你們的病人做點事。

至於芭芭拉，她把心思展開成一長幅羊皮紙，從中讀到正與反，發現自己留下一堆正項。她曉得自己還沒準備好知道答案以外的東西，才會產生「現在我可以嫁給傑克」那個念頭。她不知道那個念頭打哪來，急忙把我趕走。（艾瑞克森微笑）接下來一連幾個月我都不明白「光知道答案就可以

了」這句話到底有什麼含意。

只要你讓病人做出那件主要工作，其他的自然會一一各自就位。

那名尿床的女孩——她的家人必須適應，別無選擇。她的姊妹、鄰居和學校同學都必須適應。

現在談談另一項觀察。當我加入伍斯特州立醫院的研究部門時，門診部主任 A 醫生帶我到醫院各處巡視病房和病人，然後請我到他的辦公室，說：「艾瑞克森，請坐。」

他說：「艾瑞克森，你跛得很厲害。我不知道你跛腳的原因，那不干我的事。我自己是在第一次世界大戰時，為骨髓炎，腿上動了二十九次手術，這輩子鐵定要一直跛下去了。

我說，艾瑞克森，如果你對精神醫學感興趣，其實很占優勢。你的跛腳會激起女性的母性本能，也會讓男病人覺得不用害怕，你只是個跛子，算不了什麼，所以他們不介意和你談話，因為你算不了什麼。

「所以呀，不要有表情，閉上嘴巴，睜大眼睛與耳朵。」我記取這個建議，自己再補充一些。不論我觀察到什麼，都將它寫下來，封存在信封，放進抽屜裡。過了一陣子，要是觀察到另一件事情，我會再寫下來，和前一次觀察相互對照。

我用以下這件事來進一步說明。在密西根，一位非常、非常害羞的祕書。她把辦公桌安置在房間的最角落，從不敢抬頭看你，總是低著頭接受你的發號施令，正眼也不瞧你。

她每天平均提早五分鐘上班——正常上班時間是八點鐘，八點一到，她已經在工作了。她一直工作到十二點過了大約

五分鐘，才去吃午餐，接著在一點鐘之前約五分鐘又開始工作。下班時間是四點鐘，她總是四點過了約五分鐘後才離開辦公室。

院方給每名員工兩個星期的計薪假。平常上班時間是週一早上八點到週六中午。但是黛比放假的時候，一直等到週一早上八點前五分才開始打包，這麼一來便白白損失了週六下午和星期天。她於下個週六中午前五分鐘回到工作崗位，又少過另一個週末假期。她非常認真盡職，近乎偏執。

某一年夏天，我看見一名陌生女孩走到距離我面前約莫二十公尺遠的陽臺。當時管人事的我，認得出在那兒工作的每個人，曉得他們走路、甩臂和抬頭的方式。我當時看著那名陌生女孩，納悶怎麼可能，我掌管人事呀。等到她轉到簿記部門，我才看見黛比的人事資料。

我走進辦公室，取出一張紙寫下我的觀察，寫完之後把放進紙袋裡封起來，交給我的祕書，告訴她：「將它編號登記好之後，鎖進抽屜裡。」

那個抽屜的鑰匙由她一個人保管，連我也不能偷看自己的觀察筆記。我連自己都不信任。（艾瑞克森微笑，直視某名學員，或許是莎莉）

一個月過後，有一天我的祕書吃完中飯回到辦公室對我說：「我曉得一件你不知道的事。」我說：「可別那麼篤定。」她說：「這件事我非常篤定。黛比今年夏天不會休假，她偷偷結婚了，今天吃中飯的時候告訴我們的。」我說：「神祕小姐，你去瞧瞧一個月前建檔的紙袋。」她連聲說：「啊，

不會吧，不會吧。」（笑）她找出那個紙袋，打開它、取出我的觀察筆記，上頭寫著：「黛比要不是有一個熱戀中的情人，就是私底下已經結婚、還有規律的性生活。」

這讓我臨時想起另一個重點。對男人而言，性只是局部現象。他不因此多冒出一堆鬍鬚。性只是局部現象。

當女人展開性生活，身體會呈現化學反應，而且會表現出來。一旦開始有規律的性行為，髮線位置會輕微地改變，眉毛邊緣會變得稍微明顯一點，鼻子會多長一公分，下巴會增厚一點點，嘴唇會更豐滿一點，顎骨的角度也變了，脊椎骨內的鈣質含量不同，重心也跟著改變，胸部和兩片臀部不是變得更大就是變得更緊緻。（艾瑞克森指著自己的身體各部位，舉出這些改變）因為重心降低，她走路樣子、兩隻胳臂擺動的方式也不一樣。你們如果仔細地閱人無數，一定能夠看出這些來。

不要去看你的同儕和家人，那是對別人隱私的造次冒犯。但是盡量觀察你的病人、護士、學生，看你的住院醫生看診的樣子，因為關照病人與照料病人的人是你的工作。你們都在醫學院裡任教，應該弄清楚他們有什麼不對勁，因為他們將來都要執業、治療病人。注視你的住院醫生。但要是你注視同儕或家人，那是對隱私的造次侵犯。我從不知道我女兒的月經什麼時候來，卻能知道哪個病人正處於月事期間、即將月經來潮或剛剛過完那幾天。

在密西根有這麼一位祕書，有一天，她對我的朋友路薏絲和我說：「你們這些該死的心理醫生總認為自己什麼都知

道。」我聽了之後謙虛地說：「八九不離十。」（艾瑞克森微笑）那名祕書瑪麗已經結婚了，她的丈夫是推銷員，因為業務關係有時候需要離家兩天、一個星期、兩個星期、三個星期不等——根本說不準。有一天早上我上班後聽見瑪麗關在辦公室裡頭打字。我在門邊聽了一陣子，開門，探頭進去說：「瑪麗，你今天早上月經來了。」然後關上門。瑪麗心知肚明我說對了。幾個月後，我又聽見瑪麗在辦公室裡打字，我打開門說：「瑪麗，你先生昨天晚上回家啦。」（艾瑞克森竊笑）瑪麗根本瞞不了我。

還有一些護士和祕書甚至會自己先跑來找我。某天一名祕書走進我的辦公室對我說：「可否叫你的祕書迴避一下？我有一件事要告訴你。」我請我的祕書出去後，她說：「我昨晚開始談戀愛了，趁你發覺之前我先跟你明說。」（全體笑）當你盯著同儕或家人，會因為客套或私密的直覺阻礙了你從中獲得資訊。但是病人是另一回事，負責照料我的病人的護士是另一回事。至於醫學院學生，他們遲早會到外頭執業看病人，你們最好知道他們有什麼不對勁。你們都是成人，也是我的同儕，我不會盯著你們瞧，只會從你們的臉上看出你們是否討厭我，我會知道。你們兩位也知道我看得出來，對不對？（對莎莉和莎拉說）

莎莉：嗯，你看得出來。

艾瑞克森：接著我要告訴各位另一個案例。某耶魯教授曾在國內接受精神分析兩年，他太太則接受分析一年。他們後來到歐洲，接受佛洛伊德每週五天的分析一年，她則接受佛洛伊德

的弟子的分析一年。隔年夏天，他們回國後自願到伍斯特州立醫院當義工。

那位教授告訴我那兩年的精神分析和佛洛伊德的面談，以及他太太接受佛洛伊德弟子的分析那兩年。他說他想讓我對他和他太太進行精神分析。可是我那時被研究部門的工作綁死，抽不出空。我告訴他得花點時間讓我安排一下。

頭一個星期，伍斯特辦了一場書展會。我一向喜歡逛書展會，尤其是出版社的庫存品出清。我為此進城，而那位教授跟來了，他也喜歡買書。我們走在街上的時候，一名極度臃腫、長寬約有一公尺半的胖女人從一家商店走出來，走在我們前面約莫六公尺的地方。

那位教授轉頭對我說：「米爾頓，你想不想把手放在那上頭？」我說：「不，我不想。」他說：「啊，我好想喔。」

回到醫院之後，我打電話給他太太：「我們走在一個非常肥胖的女人後頭，她的塊頭大約長寬一公尺半，你先生問我想不想摸她的屁股。我說我壓根沒有欲望做那種事，他居然說他很想。」

他太太暴跳如雷：「我先生說他很想摸那個碩大無朋的肥屁股？」我說：「他是那麼跟我說的，而且說的時候還很興奮呢。」她說：「我這些年來捱餓受罪，就是為了保有苗條、緊翹的屁股。我不要再自己找罪受了。他愛對又大又肥的屁股上下其手，隨他去好了。」（眾笑）

過了幾個星期之後，她跑來找我：「你曉得我先生文質彬彬的，非常龜毛，自以為什麼都懂，我要你告訴他怎麼和我做

愛。他以為做愛只有一種方式，就是壓在我身上。我偶爾也想在上頭呀。」

我把她的丈夫找來，對他解釋，做愛時採用雙方都喜歡的體位是正確的，只要有一方不喜歡就不對。我講得非常仔細。那就是我全部的心理治療。

（對全體）那麼，為什麼那位教授在那三年的精神分析期間，都沒有發現他太太的俏屁股有問題？為什麼她在兩年的精神分析期間，每週五次，都沒發現她的丈夫喜歡大臀部？於是，我利用兩次短短的面談，施展所有的佛洛伊德精神分析術和其他分析師的理論。現在，那位教授退休了，他們有了孫子，而她現在的身材是一點五公尺高、一點五公尺寬，他們快樂得不得了。（艾瑞克森微笑）我認為這才叫心理治療。

我初抵密西根的頭一天，看見一名女孩，後來旋即得知她是個醫技人員，腰部以上和膝蓋以下長得非常漂亮，但有一副我前所未見、超級大的海屁屁。當她走在醫院走廊，和別人擦身而過的時候，只要一擺動屁屁就能把那個人撞倒。（艾瑞克森用左手擺姿勢）我曉得她不喜歡自己的屁屁。我覺得她很有意思。

我發現她有個頗古怪的習慣。每當探病日，她會站在從我的辦公室看得到的醫院樓層門口處。只要有母親帶小孩經過，那個女孩會問他們三個問題，每次都看見母親連連點頭之後，才進入醫院探望親人，每個孩子都被那名醫技員留在身邊，她喜孜孜地看著他們。從那個女孩放棄休假、幫其他女

人照顧小孩這件事看起來，她一定很喜歡小孩。

後來，過了大約三年，她突然沒日沒夜地打嗝。我們那裡有一百六十九名從底特律來的醫生。每個醫生都檢查過她，所有人都建議她接受精神科諮詢。那個女孩曉得要做精神科諮詢就得找我。她聽過我的名號——我眼力過人。她斷然拒絕。

她的上司去看她：「我說啊，六月，你在這兒住院免費、看診免費，大家都提議你該做精神科諮詢，你卻抵死不從。你的工作永遠都等著你，就算你生病躺在病床上，仍然拿得到薪水。你，要嘛乖乖接受精神科諮詢，要不就去打電話叫輛救護車把你送到私人醫院去。只要你接受精神科諮詢，飯碗就能保得住。」

她可不想自掏腰包搭救護車、住私人醫院，於是她說：「好吧，我做就是。」

我大約兩點鐘去她的病房，小心翼翼地掩上房門，抬起手對她說：「閉上你的嘴，什麼都別說，（艾瑞克森舉起左手出指揮交通的停止手勢）先聽完我要說的話。問題的癥結就是你沒讀過〈所羅門詩歌〉。聖經明明擺在你的桌子旁邊，你卻偏偏不讀。這就是你的問題。呐，既然你還沒讀過〈所羅門詩歌〉，我來講解給你聽好了。大約一年以來，我看著你放棄休假幫別的女人看孩子。你老是問那些母親你能不能給小朋友口香糖、糖果或玩具，她們去探望生病的親屬時，可不可以幫她們帶孩子。由此可知你很喜歡小孩。你認為自己有副大屁屁，沒有男人會因此看你一眼。你要是讀過〈所羅

門詩歌〉，就會恍然大悟了。」我這番話引起她的好奇心。
（對全體）我懷疑你們當中哪個人讀過〈所羅門詩歌〉？
（對一名學員）你讀過？（艾瑞克森點頭）然後我開始講
解：「想娶你、會愛上你的人，一定會看你那碩大、肥胖的
屁屁，將它視為撫育孩子的搖籃。他必然是一名想要子孫滿
堂的男子，所以一定會看到一個撫育孩子的搖籃。

「現在，不用停止打嗝，等到十點半或十一點的時候再停
止，那樣子大家才會認為你是自己好起來的，和我一點關係
都沒有。繼續打嗝，他們所有人就會知道連我都沒輒。等我
離開後，讀讀〈所羅門詩歌〉。聖經擺在你的床邊。」

幾個月過後某天，我的祕書外出用餐之後，六月走到我面
前，讓我看她的訂婚戒指。又過了幾個月，趁我的祕書外出
用餐，她帶著未婚夫到我的辦公室。那名男子告訴我他在
某處有一塊地，滔滔不絕地講他和未婚妻打算在那兒建立家
園，計畫要蓋許多臥室和一間超大的育嬰室。（艾瑞克森微
笑）

我曾經問過我父親當初為什麼會娶母親。他如此回答：「因
為她的鼻子歪向西邊。」（眾笑）我母親鼻間隔長壞了，所
以鼻子歪歪扭扭的。我當時反駁，她必須面向北方才能讓鼻
子歪向西邊。我父親說：「我是打芝加哥來的，芝加哥在威
斯康辛的南邊。」我辯不過這個邏輯。

我又問母親：「你為什麼嫁給父親？」她回答：「因為他的
眼珠子一個藍的、一個白。」我說：「眼珠子不是藍的，就
是褐色或黑色呀。」她說：「你爸有個藍眼珠。他以前是個

鬥雞眼，右眼有時候會脫窗只露出白色眼球。」我說：「我
從來沒看過他的白眼。」她說：「是哦，我嫁給他那天，他
一直盯著正前方。」

我說：「那隻眼睛有沒有又轉回去過？」她說：「有啊，只
有一次。他跑到聖路易打算加入泰迪・羅斯福的『野騎兵』
團。他們判定他視力不及格打了回票。他回家的時候，眼睛
就是一個藍的、一個白的。但是他待在家裡時想著，自己有
老婆、女兒要養，最好正經點，所以兩隻眼珠子又成了藍色
的。」（艾瑞克森微笑）真是不問不知道。現在幾點了？

珍　　：四點。

艾瑞克森：我可以數到四。那個誰，你能否到這邊來，坐在那張椅
　　　　　子上。（艾瑞克森對莎拉說，莎拉走向綠色椅子）

　　　　　你有沒發現我剛剛沒有叫她離開那張椅子？（艾瑞克森現在
　　　　　說的是安娜）

　　　　　吶，其他人都知道。你有幾根手指？

莎拉　：五根，呃，四根。

艾瑞克森：把大拇指也算進去。

莎拉　：那就是五……十根。

艾瑞克森：到底幾根？五根還是十根？

莎拉　：十根。

艾瑞克森：你確定？

莎拉　：是的。（笑）

艾瑞克森：好，把雙手放在大腿上。這樣子算有沒有什麼不一樣？
　　　　　（艾瑞克森從右邊指到左邊）那這樣子算有沒有什麼不一

樣？（艾瑞克森從左邊指到右邊）都可以數出正確數目吧？

莎拉：是的。（微笑）

艾瑞克森：你確定？

莎拉：是的。

艾瑞克森：如果在把這隻手的指頭加到另一隻手上，你能算出正確數目嗎？

莎拉：是的。

艾瑞克森：我想你有十一根指頭……你真的認為我弄錯了嗎？

莎拉：嗯，從某方面來說或許沒錯。

艾瑞克森：嗯，我一邊指你一邊算。（艾瑞克森指著她的指頭，她跟著數）

莎拉：一、二、三、四、五、六、七、八、九、十。

艾瑞克森：你就這樣數法啊？

莎拉：是呀。

艾瑞克森：嗯，我認為你有十一根指頭。你剛剛還說不管從這邊或那邊數起都沒差別。（艾瑞克森做出樣子）把這隻手上的指頭加到另一隻手也算得出來，對吧？

莎拉：對。

艾瑞克森：你懂了吧？

莎拉：懂了。

艾瑞克森：十、九、八、七、六和五是十一呀。

莎拉：（微笑後大笑）沒錯。

艾瑞克森：你現在才知道自己長了十一根指頭啊？

（莎拉點頭表示贊同後大笑）

艾瑞克森：你不認為你高中時代應該更用功些嗎？

莎拉：對，應該。（微笑）

艾瑞克森：你確定沒錯？

莎拉：嗯。

艾瑞克森：把這隻手放在背後。（指著她的左手）好，現在哪隻是
左手？（譯按：which hand is left？另一個意思是：剩下哪隻
手？）

（莎拉微笑後大笑）

艾瑞克森：所以你的右手成了左手？我認為她再回去上高中了。

莎拉：麻煩的是，我還在上高中。

艾瑞克森：這個把戲拿來和小孩玩挺不賴。

我還想為各位做一件事。（對史都）你能不能把那張卡片拿
給我？（艾瑞克森拿著那張卡片，交給莎拉）好，小心地讀
卡片上的字，不要違背你對它的理解。大家傳閱，不要違背
你們對它的理解。（房間裡的人輪流傳閱那張卡片。卡片上
寫著：盡可能以各種方式唸出兩組括弧內的東西。

## （710）（7734）

（艾瑞克森拿回卡片）好了，你怎麼唸這張卡片來著？（對
莎拉說）

莎拉：你是要我唸卡片上全部的字？（艾瑞克森點頭同意）

莎拉：你是要我只唸數字？我不太確定。

艾瑞克森：大聲唸出來就是了。（艾瑞克森把卡片拿給莎拉再看一
遍）

莎拉：全部的卡片……嗯？

艾瑞克森：告訴大家你讀到什麼。

莎拉：括弧內的嗎？（艾瑞克森點頭）七一零、七七三四。

艾瑞克森：有其他人讀到不一樣的嗎？（對席佛德說）你來作答。

席佛德：我可以重組數字。

艾瑞克森：說明一下。

席佛德：零一七、或一七零；三四七七、或七三四七。

艾瑞克森：提示是「盡可能以各種方式」（譯按：way 的另一個意思是「方向」）唸出兩組括弧內的東西……我看到的是「油」（譯按：OIL，字形等同於倒著看 710）和「地獄」。（譯按：HELL，字形等同倒著看 773）（艾瑞克森把卡片上下顛倒後交給莎拉。她大笑。艾瑞克森微笑。房間裡的人輪流傳閱）

呐，你們怎麼不遵照指示，盡可能以各種方向唸呢？

克莉絲汀：你知道那是因為有另一個，呃，原因讓它……德國人七的寫法不一樣。他們會這樣子讀，而且我寫的七和他寫的也不一樣，（指席佛德）所以對我們來說，那就完全不是那麼一回事。就算把它上下顛倒，也不會讓它變成這副樣子。

艾瑞克森：可是你們都會讀英文呀。

克莉絲汀：可是我們的七是這麼寫的。（克莉絲汀當場示範）

艾瑞克森：當你們聆聽病人，用心聽仔細，然後在椅子上坐定好好再聽一遍，因為那些內容還有另一面。這個也有另一面。（艾瑞克森指著卡片）

我再告訴你們我以前的經驗。艾瑞克森太太和我有一次到墨

西哥市。當地一位牙醫邀請我們到他家共進晚餐。那位牙醫非常以他太太為傲，告訴我們他太太是個大畫家。他太太在一旁連聲否認，說自己只會畫一些簡單的素描罷了，何況畫得也不算頂好。牙醫口口聲聲說那些素描多麼不得了，不顧她的阻止，拿出五、六幅出來讓我們欣賞。

我看著每一幅。她在每幅畫邊緣加上扭曲糾結的線條邊框。我看著畫，這樣看、這樣看、再這樣子看。（艾瑞克森翻轉卡片）覺得一頭霧水，因為我從畫面中分析出兩種截然不同的結果。

我拿起一張紙，在上頭撕出一個指頭大小的洞，將那張紙覆蓋在線條邊框上。牙醫湊過來看，看到一個非常小的臉孔。我移動紙張，他又看到另一個小臉。那些線條邊框裡頭隱藏著成百上千張小臉。

我說：「任何人要是具備這般功力，能將成百上千張各自不同的小臉化成邊框藏進畫裡，讓大家瞧不見，連畫者也不曉得他們在那兒，那一定是個大畫家。」她現在是墨西哥市名聞遐邇的藝術家，還主持市立美術館。

當你們看事物的時候，用心看。當你們傾聽病人訴說，用心聽，同時盡力想想另一面。因為，如果你光聽病人訴說，還是不會知道完整的故事。一旦你們將它顛倒過來，便能看出「油」和「地獄」。

我想這些已經夠你們今天好好消化了。你們哪些人還沒爬過女人峰的，去爬。至於還沒去過植物園和赫德博物館的人，明天早上找時間去。現在已經四點了，赫德博物館五點

關門，植物園也是，還有動物園。女人峰倒是全天候開放。

（艾瑞克森微笑）

安娜：艾瑞克森醫生，我明天早上就要走了，我要謝謝你。

艾瑞克森：哦，那這是我最後一次看到你了，因為明天十一點四十五分之前我還賴在床上哩。

至於我的收費，我之前沒跟你講清楚。我的費用很有彈性。我總是告訴學員開心付多少錢就付多少。我的基本收費是每個鐘頭四十元。要是讓你們每個人都付這筆錢我會良心不安。你們知道自己在這兒花了多少個鐘頭，所以大家就依據這個標準分攤。要是你們覺得錢太多，支票數字多寫一點也沒有關係喔。不管收到多少我都會量入為出。（眾笑）

你們大家說我該不該帶這個天真的小傢伙進去，讓她瞧瞧精靈的模樣呵？（艾瑞克森指著笑盈盈的莎拉）

席佛德：我可以幫你消毒（編按：即拿掉麥克風「蟲」）嗎？

艾瑞克森：你高興就好。

我現在就要把這個天真的小傢伙帶進去，讓她瞧瞧阿拉丁神燈囉。有真的精靈喔。

莎拉：有真的精靈——聽起來挺有趣呢。

傑夫：你真是一點都不會變老，你愈活精力愈旺盛哩。

艾瑞克森：再多灌點兒迷湯！

# 星期四

無論你的病人是何許人也，請善加利用。假如她會吟誦，你也可以吟誦。假如她是個摩門教徒，你也應該對摩門教略有所知，才能夠善加利用這個宗教。

（今天有五個新來的人加入小組。出席的人共有十一位。艾瑞克森要求新來的人填寫資料，環視著房內。）

艾瑞克森：有沒有人曉得教宗保祿是如何雀屏中選的？

克莉絲汀：像其他教宗一樣，由紅衣主教團選出來的。

艾瑞克森：不對。主教們無法達成決議；他們先休會去「跑路」，再回來投票（譯註：took a poll，與「選保祿」同音）。（艾瑞克森笑呵呵）

席佛德：（坐在綠椅上）許多美國笑話都跟語言有關，我多半都聽不懂。

艾瑞克森：（停頓了一下）我還有另外一個美國笑話。有位女士在火車站看見一隻短尾貓，她問站長：「是曼島貓？」他回答：「不是，是差兩分兩點跟兩點兩分造成的。」
大部分美國人都聽不懂。（笑聲）英國曼島的曼島貓尾巴天生就是短的。當站長說「不是，是差兩分兩點跟兩點兩分造成的」，他指的是那班差兩分兩點到站又在兩點兩分開出的火車，輾過貓的尾巴，把它輾斷了。（艾瑞克森又笑了）

席佛德：我聽懂了。（笑聲）

艾瑞克森：在座有沒有澳洲人？有位紐西蘭人跟我聊起澳洲人。他
　　　　　說澳洲人不曉得水牛（buffalo）跟美國蠻牛（bison）之間的
　　　　　差別。你們曉不曉得這是什麼緣故？

　　　　　澳洲人知道水牛是什麼，可是（裝出澳洲腔），他認
　　　　　為 bison 是用來洗臉時放進去的地方。（艾瑞克森故意把
　　　　　「face」（臉）唸成「fice」）（編按：臉盆英文是 basin）
　　　　　（艾瑞克森從新來的人手中接過資料卡，戴上眼鏡開始讀）
　　　　　大家是不是故意跟我過不去？這個星期每個人（這個說法並
　　　　　不公允）都要我猜猜他們的年齡。他們寫下出生日期，卻填
　　　　　上兄弟姊妹的年紀。喔，邦妮，不管你是哪位……

邦妮：我在這兒。

艾瑞克森：你讓我想起往日在醫學院教書的美好時光，請把日期填
　　　　　上去。還有，露絲，你對日期有意見嗎？

露絲：今天的日期嗎？（艾瑞克森把資料卡還給她訂正）

艾瑞克森：（點名叫璦迪，把資料卡遞還給她）日期，你也要我猜
　　　　　你到底幾歲。

　　　　　我告訴醫學院的學生，期末考將於十二日星期四下午兩點在
　　　　　科學大樓舉行。我說得很慢：「星期四兩點在科學大樓 222
　　　　　教室。」然後我就走開再回來查看，結果人人都在問：「他
　　　　　說了什麼？他到底說了什麼？」

　　　　　好啦，你可以再告訴我一次你叫什麼名字嗎？

琳姐：琳姐。

艾瑞克森：你喜不喜歡坐在吸血鬼的旁邊？

琳妲：我以前見過他，我覺得他很友善。（笑聲）

艾瑞克森：你一定沒有在午夜遇見他。

好，對你們當中的某些人，我要再重複一遍：在意識清楚的時刻，我們的心靈處於知覺狀態，這個知覺狀態是一心多用的。你們到這兒來，除了想聽聽我要說些什麼，同時你們的注意力也分散在我、在場的其他人、牆上的書架、圖畫和其他東西上面。好啦，無意識心靈是一座巨大的倉庫，儲藏著你們的記憶和所知所學。它非得是一座倉庫不可，因為你無法時時把你所曉得的一切都記在心上。你的無意識心靈就充當一座倉庫。想想你這一輩子學會的一切事情，絕大部分都自動運作的。

對你來說，學會講話就是一件漫長又辛苦的事。如今你可以從早說到晚，完全不用操心這個字怎麼說、每個字裡面又幾個音節、正確的唸法是什麼等等。你從來不需要停下來思考這些。可是以前有一度你說「哈水水」時，以為自己是在說「喝水」；現在你說成人的詞彙時，不必像嬰孩時期那麼辛苦地努力說「哈水水」。小嬰兒時，你必須刻意察覺自究竟說了什麼，還要努力記得不要說「哈哈水水」，而說「哈水水」。

我還記得我女兒在牙牙學語的時候會說：「爬樓梯，踢普踢普，踢普踢普，踢普踢普……，要給我的娃娃蓋毯毯。」現在她會說：「我走上樓梯給洋娃娃蓋毯子。」還是常常重複許多字眼，她叫哥哥「藍藍」，其實他的名字是藍斯。

說到心理療法，假如你想做心理治療，首先學到的是：

一般常用的字眼對每個人來說，都具有不同的意義。「running」這個英文字就有一百四十二個意思。你說到「run」時，察覺到絲襪有破洞的女孩就會感到不好意思（譯註：run 有脫線破綻的意思）；其實你說的是玩牌的手氣（a run of luck）或是魚群的遷徙（a run of fish），還是政府的管理，或者一匹馬如何奔跑，以及一匹駱駝跑起來跟馬有什麼不同。所以，病人告訴你許多事情，你聽進去的是自己的意思。

前幾天我談過這個，現在再說一遍。（艾瑞克森談起「牛奶滷汁」的故事，最後他結束這個故事（編按：〈星期二〉的故事，見第 113 頁）所以我們都有我們自己的特殊意義。

你們當中有幾個人會做菜？假設你們去露營，到伊利諾州北部或威斯康辛州，決定晚餐要煮魚，會怎麼做呢？（艾瑞克森微笑）假設你們突襲了農場的玉米田，採了幾根玉蜀黍，會怎麼煮呢？

嗯，我可以告訴你們最美味的做法。你先釣一條魚，去掉內臟，不必刮鱗，只要用大蕉葉把它包起來就行。這是一種大葉子的雜草，沒有毒性。把魚包好以後，再去河底挖些泥巴，把蕉葉包起來做個圓球，兩端要薄一點。然後把它丟進營火裡面，等兩端噴出蒸氣，你曉得魚已經熟了。把泥球從營火中撈出來，砸破它，把它分開。所有的魚鱗、鰭及尾巴都黏在蕉葉上，這時，一條鮮美多汁的魚就在你面前。它們真是美味可口。只要撒一點鹽巴，就有一頓奧林匹亞盛宴可以享用。

假如你運氣不錯抓到鵪鶉，也是先去掉內臟，小心地用一球泥巴包起來，丟到營火裡去烤。當兩頭的蒸氣噴出來時，把球敲破，羽毛和鳥皮就會黏在烤乾的泥巴上，這樣也就有一隻乾乾淨淨、烤得鮮美多汁的鵪鶉，加一點鹽巴就是豐盛的一餐。

煮鵪鶉還有別的法子，（笑聲）只是我偏愛這麼吃。

至於烤玉米：用泥巴把它們包起來，丟進營火裡烤上一段時間，再敲開泥球，外面的皮自然就掉下來，玉米也烤好了。我曉得，因為我都做過。

你們全都曉得烹調玉米的各種方法，每個人對各種情況的反應也都有好幾種，各不相同。這裡有張照片是我非常喜歡的。（艾瑞克森拿出一張照片傳給左手邊的席佛德）

席佛德：（瞧著照片）我只看出一部分的意義。

艾瑞克森：讓她瞧瞧。（傳給邦妮）請大聲唸出來。

邦妮：「謹將這個榮譽祖父獎頒給米爾頓·艾瑞克森醫生，吉姆和葛蕾西·柯翰及小犬史雷德·納森·柯翰於領養週年紀念日，1977 年 9 月 12 日，附上這個特別的同意『封印』。」（照片上有他的腳印和「兩歲」的字眼。邦妮把照片舉高，讓大夥兒瞧瞧）

艾瑞克森：請傳閱。

好。吉姆讀到高中畢業，是個非常有理想的青年。葛蕾西是他的同班同學，也是個非常有理想的年輕女性。

吉姆被徵召去越南打仗，擔負的是非戰鬥性的任務，在一次卡車車禍中，他摔斷了脊椎，脊髓完全損傷。

他幾乎是每隔五分鐘就抽痛一次，所以坐著輪椅回退伍軍人醫院求診。醫生為他動手術，可是徒勞無功，甚至讓他痛得更厲害。他動了第二次手術，同樣毫無幫助。醫生們還打算動第三次手術來紓解他每五分鐘抽痛一次的苦楚。

就在那個時候，吉姆或葛蕾西或兩個人都聽人說起我。他們告訴外科主任想來看我，請我利用催眠來解除他的疼痛。這位外科醫師把他們請進他的辦公室去坐坐，花了整整一個鐘頭告訴他們，催眠是無稽之談，是魔法、妖術、巫術。他把我說成一個江湖郎中、一個騙子，不學無術。其實，他不喜歡催眠，也不喜歡我。他認為他們壓根兒就不該想到催眠這件事。

吉姆的疼痛還是每五分鐘就發作一次，葛蕾西非常同情他，儘管外科醫師那一小時嚴詞反對催眠，他們還是決定來看我。

葛蕾西推著吉姆的輪椅進我的辦公室，兩人臉上帶著惶恐、快快地期待神情，有點厭惡，還抱有一絲希望、一點敵意及小心翼翼。他們當然沒有舒暢的心情可以聽我說話，他們告訴我他背上的傷，以及兩次手術，還有退伍軍人醫院德高望重的外科主任說催眠是妖術、是魔法、是江湖郎中的騙術。

我告訴葛蕾西：「請你站到那邊那塊地毯上。（艾瑞克森伸手一指）請站挺，向前看，雙手放在兩旁。至於你，吉姆，這裡有一根沉重的橡木枴杖，是我拿來走路用的，這根枴杖很重，你拿著。假如你看到我做出你不喜歡的舉動，就用它來杖責我。」（轉向席佛德）杖責就是「痛打」的意思。

（全室哄堂大笑）

席佛德：用那塊木頭？

艾瑞克森：一根橡木手杖，一根走路用的枴杖。

吉姆接過手杖，緊緊握在手中，然後看著我。

我告訴葛蕾西：「葛蕾西，我要做你不喜歡、會激烈反對的那種事情。一旦你陷入催眠昏睡（hypnotic trance）狀態我就會住手。好啦，你不曉得什麼是催眠，也不懂得什麼是催眠的昏睡狀態，可是在你的內心深處，你是知道的。所以你就站在那兒，假如我對你做出失禮的事情，你曉得一旦你進入催眠狀態我就會停止。」

我舉起竹子手杖，前後地滑向她的胸部，試著撥開她的上衣。葛蕾西緩緩閉上雙眼，陷入深沉的催眠狀態。我把手杖放下來，吉姆眼睜睜地望著我，視線無法從我身上移開。我問葛蕾西：「你的故鄉在哪裡？高中讀的是哪一所學校？請說出幾個同班同學的名字。你喜歡亞歷桑那的天氣嗎？」那一類的事。葛蕾西閉著雙眼回答我。我伸手握著她的手臂，把它舉起來，就讓它直直地舉著，在僵直狀態中。（艾瑞克森舉起自己的手臂，讓它同樣舉著）

我轉向吉姆對他說：「你聽到葛蕾西跟我說話，現在換你跟她說話。」我伸手把葛蕾西的手臂放下來。（艾瑞克森放下自己的手）吉姆叫：「葛蕾西？葛蕾西？！」他轉身告訴我：「她聽不到我的聲音。」我說：「沒錯，吉姆。她陷入深沉的催眠狀態，聽不到你的聲音，你問她任何你想問的問題，她都聽不見。」他又問了幾個問題，一點反應也沒有。

然後我說：「葛蕾西，你高中班上有幾個同學？」她告訴了我。我舉起一根手指頭再次舉起她的手，再用一根手指頭把它放下來。（艾瑞克森用左手比了一下）我告訴吉姆：「請你舉起葛蕾西的左手。」他伸手去舉它，可是我已經將葛蕾西的手放在她的身旁，所以它是動彈不得的。吉姆怎麼樣也無法拉動它。我伸手用一根手指舉起她的手，告訴吉姆把它放下來，他試了，葛蕾西的肌肉緊繃，手還是停在原處，一動也不動。（艾瑞克森用他的手做示範）

我不慌不忙地做這些事情，然後說：「葛蕾西，請保持深沉的催眠狀態，可是張開眼睛，從那塊地毯走向那張椅子。」（艾瑞克森指著）「等你在椅子上坐好後再閉上眼睛。然後清醒過來，睜開眼睛，開始感到納悶。」

葛蕾西坐下來，閉上眼睛，再睜開雙眼，開口說：「我怎麼到這裡來的？我本來站在那邊的地毯上。我怎麼到這裡來的？」吉姆試著告訴她，可是葛蕾西反駁：「我明明站在那邊的地毯上。我是怎麼到這裡來的？」我讓他們爭辯了好一會兒。

然後我告訴吉姆：「你瞧瞧牆上的時鐘，現在幾點？」他說：「九點過二十五分。」我說：「沒錯，你九點進來的，只抽痛過一次，就沒有再發作過了。」吉姆說：「對耶。」然後才又抽痛了一下。我說：「你覺得怎麼樣？你擺脫了疼痛二十分鐘。」他說：「我不喜歡它，也不希望它再度發作。」我說：「我不怪你。好吧，吉姆，你看著葛蕾西。葛蕾西，你看著吉姆。葛蕾西，當你看著吉姆時，就會慢慢進

入深沉的催眠。吉姆，當你看著葛蕾西，也會進入深沉的催眠，你會進入催眠。」一分鐘內，他們就雙雙陷入深沉的催眠。

我向他指出：「吉姆，疼痛是身體給的一種警告，就像早晨吵醒你的鬧鐘一樣。你醒過來，把鬧鐘關掉，開始為一整天的工作做準備。」我說：「好吧，吉姆，葛蕾西你也聽著。吉姆，當你感到疼痛開始發作時，就把鬧鐘關掉，讓身體舒舒服服地做這一天的工作和需要完成的任何事情。葛蕾西，你注意聽好，因為這樣吉姆就不必常常來看我。既然你是吉姆的妻子，當吉姆感到疼痛開始發作時，他可以請你坐下來，看著你，你也可以看著他，你們會雙雙進入催眠狀態。等你們進入催眠後，葛蕾西，你可以重複我此刻要教你的某些事情。」然後我指示葛蕾西該跟吉姆說些什麼。

就這樣，我見了他們幾次，確定他們真的學會了。在第一次會面後，他們回退伍軍人醫院去要求見外科主任。他們給他上了一課催眠術，足足一個鐘頭。他們告訴他，他錯得有多麼離譜，真是大錯特錯。吉姆說：「你瞧，我已經不再抽痛了，可是你本來還想要動一次毫無用處的手術。你真應該感到羞恥，好好學學催眠是怎麼回事。」接著這位外科醫師就到鳳凰城學院來旁聽我的課，還邊聽邊做筆記。

幾天後，吉姆和葛蕾西出院了，回亞歷桑那的家。因為殘障，政府給了吉姆一筆錢來蓋房子。吉姆坐在輪椅上工作，幫忙蓋了家的一部分。政府又給了他一部耕田的牽引機和十五英畝的土地，吉姆學會從輪椅上下來坐到牽引機的駕駛

座上去，他可以耕耘自己的田地。

起初，每隔兩個月，他們會開車到鳳凰城來，吉姆把催眠看作為了維持效力需要第二次注射的預防針，要求我再給他「補打一針」。我就給他加強一下。不久以後，吉姆開始每隔三個月才來一次，然後是每半年一次。後來他們又想出了一個好點子：打電話。吉姆會打電話來說：「葛蕾西就在分機上，我想我需要加強一下。」然後我說：「葛蕾西，你坐下來了嗎？」她回答：「我坐好了。」我說：「好吧，我要掛上電話了，你跟吉姆保持催眠十五分鐘，你告訴吉姆你該說的，吉姆，你要好好聽葛蕾西的話。十五分鐘結束時，你們就可以醒過來。」

後來吉姆和葛蕾西想要一個小孩，葛蕾西在兩年流產了六次，她看過好多醫師，他們都建議她領養一個，不要自己生。所以我就贊助他們領養了史雷德‧納森‧柯翰。

他長到兩歲大時，他們帶他來看我，我非常喜歡這個小男孩。他的塊頭幾乎跟我四歲的小孫子一般大，更守規矩。葛蕾西跟吉姆是非常棒的父母。就在幾天前，我又贊助了吉姆和葛蕾西領養另外一個小孩。

人們不**曉得**的是……這是無窮盡的……他們的確曉得的事情，卻相信自己不知道。你們多半認為你們無法誘發麻醉。我給你們打個比方：

你們去上大學，有位教授用著單調無比的聲調講課，你對那門課不感興趣，永遠也不可能提起興致。他用平板的聲調沒完沒了地一直講下去，你真恨不得那隻嗡嗡作響的蟲趕快死

掉算了，可是又完全無望。他一直說個不停。你坐在硬梆梆的木頭椅子上，臀部發痛，腰痠背痛，連手臂都發麻，你侷促不安，就是找不到舒服的姿勢。時鐘上的指針彷彿停擺了，一個小時就像是永遠過不完一般。最後，這個嗡嗡聲音終於停了。你感激不盡地站起來，活動筋骨，讓身體感到舒服些。

第二天，你坐在同一張椅子上，卻又喜歡上那位教授，他談著你感興趣的事情，你傾身向前，睜大眼睛張開耳朵，全神貫注地聆聽著。那張硬梆梆的木頭椅子並沒有讓你的臀部坐痛，也沒有教你感到痠痛。時鐘似乎跑得太快了，一個小時實在是太短了。這堂課幾乎才剛剛開始就結束了。你們全都有過這樣的經驗，是你們麻醉了自己的。

現在我再來跟你們說說幾個癌症個案。美薩（Mesa）有位醫師打電話給我：「我有位女病人快要死於子宮癌了。這個故事十分令人悲傷。大約一個月前，她的丈夫突然在廚房倒下，死於心臟衰竭。葬禮過後，這名寡婦來找我做健康檢查，完成檢查時，我不得不告訴她，她得了子宮癌，而且癌細胞已經擴散到髖骨和脊椎，差不多只剩下三個月的時間可活。我勸她要看開點，她遲早會有些疼痛。現在是九月，十二月來臨以前她就會死去。她受到許多疼痛的折磨，大量的地美露（Demerol，編按：類鴉片麻醉止痛藥，Pethidine 的商品名）加上嗎啡和其他麻醉劑，對她都不管用，她時時處在疼痛之中。你可不可以幫她催眠？」

我同意，並親自到她家去看她，因為她想壽終正寢。我到她

的臥房，向她自我介紹。這位女病人說：「擁有英文碩士學位，出版過一冊詩集，所以我對文字的魔力略知一二。你真的認為你的語言的魔力可以對我的身體做出化學藥品做不到的事嗎？」說：「夫人，你曉得文字的魔力，我則是用**我的**方式掌握語言的力量。我想請教你幾個問題，我曉得你是個摩門教徒，你是個虔誠的摩門教徒嗎？」她說：「我相信我的教會，我是在摩門教禮拜堂結婚的，也用同樣的信仰養育我的孩子。」我問：「你有幾個小孩？」她說：「兩個。兒子明年六月就要從亞歷桑那大學畢業，我真想看他戴上學士帽、披上學士服的樣子，可是到時候我早就作古了。女兒今年十八歲，明年六月要在摩門教禮拜堂結婚，我也很想看她披上婚紗當新娘的模樣，可是到時候我也早就不在了。」我說：「你女兒在哪裡？」她說：「在廚房裡為我準備晚餐。」我說：「可不可以請她到臥房來？」這位母親說：「可以。」

接著我問這位母親：「你現在很痛苦嗎？」她說：「不只現在，昨晚和今天一整天都在痛，今晚還會痛一整夜。」我說：「那是你的看法，我不一定要這麼想。」

少女進了臥房，非常漂亮的十八歲女孩。摩門教徒非常有品德，嚴守道德律。我問女孩：「你願意為令堂做什麼？」女孩含著淚水回答我：「什麼事都願意。」我說：「我很高興聽到這樣的回答，你可以坐在這張椅子上，因為我需要你的協助。你不曉得如何進入催眠的昏睡狀態，不過，沒關係，當你跟我一塊兒坐在這張椅子上，在你的內心深處，你的無

意識心靈，你也可以說是你的內心深處，你曉得如何進入催眠。所以，要幫助令堂的話，你就進入催眠，非常深沉的催眠，這場催眠是如此的深沉，你的心靈將會脫離身體，飄浮在外太空，你只能**感受**到我的聲音，陪著你飄浮在外太空裡，你只能感受到我的聲音。」

我轉向這位母親，她睜大眼睛專注地盯著女兒，她女兒已經闔上雙眼，一動也不動。然後我做了一件這個母親一定會抗議的舉動。少女當時穿著涼鞋和少女短襪，裙子長及腳踝。我說：「媽媽，現在仔細看著我，你不會喜歡我現在要做的事情，你會強烈抗議，可是你只要看著就會明白。」我把女孩的裙襬拉到她的腿上，高過膝蓋，來到大腿上面，母親萬分驚恐地瞧著，因為那是你絕對不能對摩門少女採取的非禮舉動，不能暴露她的大腿肌膚。她的母親簡直是嚇壞了。

當少女的大腿露出三分之二後，我舉起手使盡全力打下去。（艾瑞克森作勢打自己的大腿）母親聽到這一巴掌的聲音時幾乎從床上跳起來，她看女兒既沒有移動也沒有畏縮。我把手移開，讓母親看看我在她女兒腿上留下的手印。我再度舉起手，同樣用力打在少女的另一腿上，女孩還是沒有畏縮，對我來說，她此刻正在外太空飄浮，只能感受到我的聲音。

然後我告訴女孩：「我要你的心靈回到我的身邊來，我要你緩緩睜開雙眼，我要你瞧著對面牆壁跟天花板的交界。」我已經事先目測過這間房間的寬度，只要她瞧著那裡，她的眼角餘光就可以瞥見自己裸露的大腿。她看了，臉上一陣潮紅，偷偷摸摸地拉下裙襬。母親瞧見了女兒的臉紅，以及偷

偷摸摸拉下裙襬的舉動，她顯然希望沒人注意到這件事情。

我告訴女孩：「我還要請你做一件事。你現在坐在我旁邊，我要你在不移動身體的情況下，坐到房間的另一頭去。」然後我當作她就坐在房間的另一頭似的跟她說話。女孩回答了我的問題，可是改變了說話的語調，彷彿她真的在另一頭。（艾瑞克森瞧著房間的另一頭）母親不斷地瞧過來瞧過去，察覺到了女兒異樣的聲調。我又把女孩叫回來坐在我身旁，說：「我非常感謝你幫助我來幫助令堂，現在你可以醒過來，回廚房去為令堂準備晚餐了。」當她醒過來後，我再次感謝了她，因為同時感謝病人的無意識心靈和意識心靈是非常重要的。

女孩清醒後就回廚房去了，我轉身告訴這位母親：「媽媽，你雖然不曉得，不過你也在非常深沉的催眠狀態中，你不會感受到疼痛。好啦，你用你對文字的認識來掌握文字的魔力，你也曉得催眠語言的力量。媽媽，我無法時時刻刻陪著你，也沒有必要如此，所以我要告訴你一件非常非常重要的事。

「現在仔細聽清楚了，你的疼痛還會再回來，我無法阻止它回來，當疼痛回來時，我要你帶著你的頭和肩膀，把它們放進輪椅，推到客廳去。

「我要在那裡留一部特殊的電視給你，你可以在客廳最遠的角落看到它，別人都看不見那部電視，但是你可以在腦中把電視打開，它有美妙的詩歌和文學節目，你把頭和肩膀放進輪椅裡，到客廳去打開電視，上面的節目都沒有廣告。」

（任何寫過一本詩集的女性都有豐富的想像力，擁有珍貴的記憶。）「你就這樣看著電視節目，你向來想看的節目都可以在這裡隨意聽到，你就這樣看一會兒，過一陣子感到疲倦，你就關上電視，再帶著你的頭和肩膀回臥房來，跟你的身體復合。那時你會感到疲倦，就會睡著，好好安穩睡一覺，等你醒來時，會感到口渴或飢餓，也可能感到孤單，想要人作伴，朋友們可以來探望你，每當疼痛威脅著要回來時，你就帶著頭和肩膀，把它們放進輪椅，出去客廳看電視。」

六個星期後，週日早上，我會例行到沙漠去兜風時，在早晨六點順道去拜訪她，值班的看護顯然沒有得到充分的簡報，我花了好一番功夫說服她我是她的醫師，最後我拿出身分證，她才同意讓我進門。

護士說：「她折騰了一夜，一整夜都在噓我，她以為自己在外面的客廳，簡直是精神錯亂，胡言亂語，我努力向她解釋，她人在臥房裡，可是她一直說：『噓。』」

我告訴病人：「沒關係，我現在要把電視關掉一下，跟你的看護解釋清楚，這樣她才不會吵你，等我離開時，電視會再打開，接著從剛才關掉的地方播下去。」我向看護解釋。媽媽不久就累了，她搖著頭和肩膀回臥房去，跟身體合而為一，然後就睡著了，醒來時飢腸轆轆地嚷著要吃早餐。

她的朋友們定期來探病，早就習慣她拎著頭和肩膀去外面聽無人看得見的電視，她會回來，沉沉睡著，然後又口渴或飢餓地醒來，或者準備吃片水果，還是喝杯冰水，朋友們都習

慣了。

這位婦人死得很突然，在第二年八月陷入昏迷。她親眼見到兒子戴上學士帽、披上學士袍；也親眼目睹女兒在摩門教禮拜堂結婚，再回家來讓她瞧瞧她當新娘的模樣。她舒適地活了十一個月。「總是帶著你的頭和肩膀出去看那部想像中的電視。」

我妹妹動了乳房切除手術，拆線時刻來臨時，我妹妹說：「醫生，你曉得我很膽小，很怕拆線，你介不介意我帶著我的頭和腳進日光浴室去？」我妹妹解釋：「我在日光浴室時，不停地在門口偷瞧我的房間，醫生老是站在擋住我身體的位置，過一會兒，我又瞧了一遍，他走了，所以我就帶著我的頭和腳回去跟我的身體復合。」

有天晚上，我妹妹出院回家來，家父也經過一次嚴重的心臟病發作，從醫院回來，他們坐在那兒閒聊家常，兩人同時注意到對方突然心搏過速，我妹妹說：「爸，你心跳過快了，跟我一樣，我一定會比你早進墳墓的，青春站在我這邊，對我比較有利。」家父說：「不會的，孩子，我占了年齡和經驗的優勢，一定會比你早走一步的。」兩人都開懷大笑，我妹如今還健在，家父過世時得年九十七歲半高齡。

艾瑞克森家族多半把疾病和厄運看作人生的粗茶淡飯。任何吃過最爛的隨身口糧的士兵都會告訴你，粗食是所有減肥飲食中最好的選擇。（艾瑞克森開懷地笑）

現在，我來跟你們談談另一個癌症實例。有位醫生打電話給我，他說：「我有位三十五歲的病人，她是三個孩子的媽，

想要死在家裡,她右邊動過乳房切除手術,可是太遲了,癌細胞已經轉移到骨頭及肺部,還零星散開到全身各處,藥物對她一點作用也沒有。你願不願意幫她催眠?」

所以,我去家裡拜訪她。當我打開前門時,聽到屋內傳來吟誦的聲音:「不要傷害我,不要傷害我,不要傷害我,不要嚇唬我,不要嚇唬我,不要嚇唬我,不要傷害我,不要嚇唬我,不要傷害我。」我聽著穩定的吟誦,聽了好一會兒。

我進臥房去,想自我介紹。婦人蜷曲躺在右側,我可以尖叫,也可以高喊,還可以重複我自己的話,可是她還是毫無間斷吟誦著。

我靈機一動,心想:嗯,我還是換個方式吸引她的注意比較好。所以我加入了她的吟誦:「我要傷害你,我要傷害你,我要嚇唬你,我要嚇唬你,我要傷害你,我要嚇唬你,我要傷害你。」她終於問:「為什麼?」可是沒有等我回答,所以我又繼續吟誦,不過改變了內容:「我要幫助你,我要幫助你,我要幫助你,可是我會嚇唬你,我會嚇唬你,我會傷害你,可是我想要幫助你,可是我會嚇唬你,我想要幫助你。」突然間,她打岔說:「怎麼幫?」然後又繼續吟誦,所以我又加入:「我要幫助你,我要幫助你,我要嚇唬你。我要請你在腦子裡轉過身來,只要在腦子裡,身體不用轉;在腦子裡轉身,身體不必轉;在腦子裡轉身,身體不必轉。我要傷害你,我要嚇唬你,我要幫助你。只要你在腦子裡轉過身來,身體不必轉。」

最後她說:「我的腦子已經轉身,身體沒轉,你為何要嚇唬

我？」然後又開始平常的吟誦。我說：「我要幫助你，我要幫助你，我要幫助你，我要幫助你。」她終於又打斷自己：「怎麼幫？」

我說：「我要你感覺到有隻蚊子咬你的右腳底，咬、咬，會痛、會癢，這是你被蚊子咬過最糟糕的一次，會癢、會痛，這是你被蚊子咬過最糟糕的一次。」

她說：「醫生，真對不起，我的腳已經麻木了，無法感覺那隻蚊子的叮咬。」我說：「沒關係，沒關係，那種麻木的感覺已經偷偷爬上你的腳踝，爬上膝蓋，爬上你的腿，你的小腿，慢慢地爬上你的膝蓋，現在已經爬過你的膝蓋，上了你的大腿內側，幾乎到了半路，現在已經到達半路，已經到達半路，現在它來到你的臀部，就要傳遍你左邊的臀部，再回到你左邊的大腿內側，慢慢傳到你的左邊蓋，再下去、下去，下到你的左腳腳底，現在你從臀部以下全部麻木。

「現在這種麻木的感覺又要慢慢、慢慢爬上你的左側身體，爬到你的肩膀，到達你的脖子，然後再下到你的手臂，一直到達你的手指尖。現在我要這份麻木感開始爬上你的背，慢慢爬上你的背，愈來愈高、愈來愈高，直到它抵達你的頸背。

「現在，我們要讓這份麻木感爬上你的肚臍，然後愈來愈高，我真的感到很抱歉，我真的感到很抱歉，我真的感到很抱歉，可是當它到達右側乳房手術傷口的時候，我卻無法讓那份麻木的感覺……完全麻木，那個手術的地方會覺得像是個非常癢的蚊子叮咬。」

她說：「沒關係，它已經比以前的疼痛好多了，我可以忍受蚊子的叮咬。」我向她道歉，因為無法讓蚊子叮咬的感覺消失，可是她一直安慰我，她不介意蚊子的叮咬。

我經常回去探望她，她體重開始增加，也停止吟誦。我告訴她：「你可以用催眠來扭曲時間，這樣每天都會過得很快，我沒來拜訪的時候，時間就會飛快度過。」我每個月都定期去探視她。

到了四月時，她告訴我：「醫生，我很想在房子裡走動，到每間房間去看一看，只要一次就好，只要在死前再看一次就好。而且，我很想再使用一次浴室，只要一次就好。」

我打電話給她的主治醫師：「請告訴我她的 X 光片情況。」他想知道原因，我告訴他，她多麼想在屋子裡走一趟，他說：「她的髖骨、骨盤和脊椎已經都有癌細胞轉移了，我想你冒的風險是兩邊臀部都破碎。」我說：「好吧，你認為她有可能做得到。」他說：「是的，我想她做得到。」

我告訴了這位婦人：「現在我要幫你穿上束腹，你會感覺到一件很緊、很緊、很緊的束腹，它會牢牢撐著你的臀部。」換句話說，我做的事情就是緊縮她的肌肉來固定她的骨頭，我說：「它會讓你走起路來很古怪，你也無法好好移動大腿，必須用膝蓋以下的部位走路。」

我陪著她走過每間房間，去探視她三個小兒子的玩具，他們的臥房和他們的衣服。她使用了浴室，彆扭地爬回床上，我再小心翼翼幫她脫下束腹。五月來臨時，我太太和女兒貝

蒂・愛莉絲陪我一起去探望她。病人說：「醫師，我的肚子裡有個新的疼痛。」我說：「好吧，我得治療這個疼痛。」我轉身對我太太和女兒：「睡吧。」她們就站在那兒陷入深沉的催眠，我告訴她們感覺肚子裡有種非常難過的疼痛，讓她們很難受，她們立刻就感到很難受，痛得很厲害，我的病人看了也很同情她們。我說：「現在，我要把她們的疼痛和你的疼痛一塊兒拿走。」我小心翼翼地暗示著疼痛和不舒服的感覺逐步消失，我太太和女兒醒來的時候感覺好極了，病人也是如此。

她在七月最後一個星期過世，過世時有前來探病的朋友作伴，她突然陷入昏迷，從此就沒有再醒過來。

好啦，我已經說了兩個個案，我在其中一樁利用了摩門教的宗教。在另一個裡面利用了病人的症狀。現在再來談第三個個案。

有位醫生打電話給我說：「我在善心撒馬利亞人醫院（Good Samaritan Hospital）有個病人，今年五十二歲，擁有碩士學位，人非常聰明，博學多聞，還有絕佳的幽默感，可是只剩下到三個月可活，而且時時遭受疼痛的折磨。我開雙倍的嗎啡和止痛劑地美露與酯氫可酮（percodan，編按：化學名，Oxycodone Hydnochloride 的鴉片類止痛劑）給她，再加上九粒的安米妥鈉（sodium amytal），都還無法讓她感到睡意。她承受的痛楚實在是太大。不過我可以讓她坐上輪椅，請救護車把她載到你的辦公室，救護車駕駛可以把她推進你的辦公室，你看看能不能用催眠幫她做點什麼。」

救護車司機推著她穿過這扇門進入我的辦公室。（艾瑞克森指著辦公室的側門）她進我辦公室的時候，我已經七十歲了，頭髮顏色跟現在差不多，這個顏色已經維持將近十五年。她看著我說：「小子，我的身體是連強效的化學藥品都拿它沒辦法的，你真的認為你的催眠話語可以改變得了它嗎？」

我說：「夫人，我注視著你的雙眸時，看得到你的瞳孔穩定地擴大和收縮，臉上的肌肉也在抽動，所以我**曉得**你正承受巨大的折磨，這份痛楚持續刺痛悸動。我用眼睛就看得出來。現在，夫人，請你告訴我，假如你看到一頭餓得皮包骨的老虎就在隔壁房間，慢慢地走進來，而且一邊舔著嘴巴一邊用著飢餓的目光注視著你，你還會感覺到多少疼痛？」她說：「在那種情況下，我是不會感覺到任何痛楚的。唉呀，我的天啊，我現在真的感受不到任何疼痛了。我可不可以把那頭老虎帶回醫院去？」我說：「當然可以，可是我必須告訴你的醫師。」她說：「只要不要告訴護士就行，我想捉弄她們，每次她們問我痛不痛時，我就告訴她們：『瞧瞧床下，看看老虎還在不在那兒，我一點兒也不痛。』」任何稱呼我「小子」的五十二歲婦人都有幽默感，所以我利用了這一點。

換句話說，無論你的病人是何許人也，請善加利用。假如她會吟誦，你也可以吟誦。假如她是個摩門教徒，你也應該對摩門教略有所知，才能夠善加利用這個宗教。還有吉姆，有理想的吉姆和有理想的葛蕾西，你不能對高度有理想的人做

出非禮的舉動，所以當我假裝要打開她的胸罩時，立刻就贏得了他們的注意力。（艾瑞克森大笑）

克莉絲汀：你說你給了葛蕾西特殊的指示，教她在催眠時跟吉姆說些什麼，你可不可以解釋一下，說得更清楚一點？

艾瑞克森：我要葛蕾西逐字逐句背誦我對鬧鐘的說法，你醒過來，你把鬧鐘按掉，你改變你的活動，為那天做些該做的事情。假如你是個天主教徒，你就吃魚，那是該做的事情之一，既然他在蓋房子和幫忙耕田，那也是應該做的事。

女學生：一個癱瘓病人的痙攣應該控制到什麼程度，有沒有限制？嗯，我是說透過催眠控制他痙攣的痛楚？

艾瑞克森：吉姆非常痙攣，這一點我沒提，當我開始碰觸他妻子的胸部時，這種痙攣就消失了，所有的注意力都暫時轉移了。（艾瑞克森呵呵笑）我並不介意他沒有痙攣。

另一位婦女：你認為癌症病人可以控制自己的癌症發展到什麼地步？

艾瑞克森：這方面的實驗工作做得還不夠。佛瑞德．K在愛達荷州的雙瀑市聽過我的演講，是那兒屬一屬二的外科醫師，他非常上進，認為雙瀑市需要一個醫學協會，就組織了一個。然後他又覺得這座城市需要一家醫院，所以就催生了一家社區醫院。後來他覺得他們應該要有一棟職業的辦公大樓。他是雙瀑市的進步動力。

我演講結束後，佛瑞德上前來找我說：「我聽了你的演講，才恍然大悟，這個世界可以忍受一個不可靠的精神科醫師，卻不能忍受一個不可靠的外科醫師。」所以，他去鹽湖城接

受精神科的住院醫師訓練，如今他已經是位精神科醫學的教授。

除非可以在外科部門工作，否則他拒絕接受教授頭銜，所以，佛瑞德對他開刀的每位病人催眠，嘗試加速手術傷口的癒合，接受催眠加速傷口癒合的病人，都比別的病人好得快。我只能告訴你這些。

珍　　：艾瑞克森醫生，我得了雷諾氏症（Raynaud's Disease），我能不能用催眠做點什麼？

艾瑞克森：你戒菸了嗎？

珍　　：是的，我不抽菸。

艾瑞克森：好吧，1930 年，我見了法蘭克・S 醫師，他也得了雷諾氏症，堅持要繼續抽菸，他喜歡香菸。我說：「你是跟它分不開了。」（艾瑞克森注視著珍「我認為你不該到寒冷的地方去。」緬因州奧古斯塔市的州立醫院請他去當院長，法蘭克說他想要這份工作。我說：「好吧，每次你的手指感到冰冷的時候，看看你能不能在腦子裡，在你的手指尖放一把火。」法蘭克年紀比我大一點，他定期給自己的手指頭放火，他的病情始終沒有惡化。

珍　　：唯一的差別是，我感到冰冷的是腳趾頭。

艾瑞克森：那麼就在腦子裡，定期放把火。

珍　　：現在嗎？

艾瑞克森：假如你此刻就可以想到我所想的事，你的臉就會變紅。

　　　　（笑聲）這下子，你曉得你可以控制臉上的毛細孔了。

　　　　（珍點點頭）

艾瑞克森：在你的手臂？以前你那兒起過雞皮疙瘩。（珍瞧著自己的手臂）當你感覺天氣從溫暖氣溫降到零度時，你那兒和全身就會起雞皮疙瘩，我希望你有過一腳踏進水太燙的浴缸的經驗，腳上會有許多雞皮疙瘩，因為熱的感覺器官太多而擠到冷的感覺器官。

現在你的腳和你的臉都可以變紅了。（艾瑞克森笑呵呵）你已經發現，你可以在臉上放一把火。（艾瑞克森開懷大笑）感謝你所做的示範。（眾人哄堂笑）

珍　　：這裡真熱。（笑聲）

艾瑞克森：好，精神治療需要的催眠有多深？你們沒有太專心，因為我在跟你們說話的同時，一直在催眠狀態中進進出出，我已經學會可以一邊進入催眠，一邊跟你們討論，看著那塊地毯飄升到這個高度。（艾瑞克比了一下）這是比較小一點的地毯，我還可以跟你們談吉姆跟葛蕾西，（艾瑞克森瞧著地毯）飢餓的老虎或別的，你們只會注意到我的演講變慢了一點。（艾瑞克森微笑著環顧四周）我可以在你們毫不知情的情況下進入催眠。

克莉絲汀：那麼你可不可以多談一點自我催眠？

艾瑞克森：可以。有一回我去印地安那某個地方演講催眠，有個人，將近兩百公分高，骨骼強壯，肌肉健碩，對自己的體格十分自豪，他上前來跟我握手，我看見他那隻擢骨手，趕緊先發制人，搶先握住他的手。

他告訴我，他的小名是「鬥牛犬」，每當他有了一個念頭，總會堅持到底，誰也改變不了他。他說：「全世界沒有人

可以催眠我。」我說：「你想不想發現事實恰恰相反？」他說：「沒有半個人做得到，誰也催眠不了我。」

我說：「我很想向你證明，讓你見見這位可以催眠你的人。」他說：「就這麼說定了，把人帶來。」我說：「今天晚上，當你在旅館房間準備就寢時，在七點到八點之間空出一小時來，穿上睡衣，搬一張椅子坐在鏡子前面，瞧著那個即將催眠你的人。」

第二天他告訴我：「我在今天早上八點醒來，依然坐在那張該死的椅子上。（笑聲）我在那兒足足坐了一整夜，我承認我可以催眠自己。」

1950 年時，有個病人打電話給我：「去年我讀了一本催眠的書，花了兩三個小時仔細把書讀完，完全遵照上面的指示做，可是我就是沒辦法催眠自己。」

我說：「瓊安，你在五十年時就當過我的病人，當時跟我的接觸應該會讓你知道，你應該再打通電話給我。你讀的那本書，應該是（艾瑞克森說了一個外行催眠家的名字）寫的吧。」她說：「沒錯。」我說：「他那些談自我催眠的書全都是垃圾，你所做的是刻意告訴自己該做些什麼，和怎麼做，你讓整件事變得太有自覺了，假如你想進入自我催眠狀態，把鬧鐘設定在二十分鐘後響起，把它放在梳妝臺上，然後坐下來對著鏡子看自己。」

第二天我又接到她的電話，她說：「我把鬧鐘撥好，坐下來瞧著自己，接著鬧鐘就響了。我想我一定做錯了。這一回，我小心翼翼地撥了二十分鐘，把它放在梳妝臺上，再坐下來

瞧著鏡子裡的自己，鬧鐘又響了，這回顯示二十分鐘已經過去了。」

換句話說，你不必告訴自己在催眠狀態時要做些什麼，你的無意識心靈比你知道的還要多。假如你信任你的無意識心靈，它就會做你想做的自我催眠，它比你高明多了。

對了，我那個當護士的女兒最近從達拉斯來探望我們，談起了她為病人做的事，那裡的急診很多，很吃力、也很費時，他們專門處理車禍病人，在達拉斯隨時都可能發生車禍。她母親問她，在兵荒馬亂的急診室待一整天後，她怎麼還睡得著。羅珊娜說：「喔，很簡單，我有個夜光時鐘，上床後我就瞧著那個時鐘。我曉得假如可以瞧著時鐘走十分鐘，就可以跑上跑下樓梯二十遍，我很懶，也不需要跑二十次樓梯。可是我曉得，**要是**我在十分鐘後還瞧著時鐘，就會真的下床去跑二十遍樓梯。」

我發表過一篇論文，談一個喪偶的鰥夫。他跟同樣喪偶的兒子住在一起。他們自己做家事，經營自己的房地產公司，在家事上分工合作。

後來這個老人來看我，他說：「我整夜失眠，輾轉反側，努力想睡著，可是總是睡不到兩個小時，我通常都到凌晨五點才睡著，七點就醒了。」

我說：「好吧，所以你想要治療失眠，照著我的話做就可以了。你說你跟兒子平分家事，你們是怎麼分工的？」他說：「我兒子做他喜歡做的事，我做我喜歡的。」我說：「你最討厭做的是什麼？」他說：「給地板打蠟，我們的地板是實

木地板，我喜歡地板上蠟，只要**我兒子**肯給地板上蠟，我就願意做其他家事。因為我實在受不了打蠟的工作。」

我說：「好吧，我心裡已經有個良方可以給你了，這會占去你八個小時的睡眠，看你能不能忍受損失八個小時的睡眠？」他說：「我已經每夜損失八個小時的睡眠，連續一年了，當然承受得起。」

我說：「今天晚上你回家以後，拿一瓶地板蠟和一條抹布，擦地板擦一整夜，一直擦到平常起床的時間，再去做你白天該做的事，這樣你只損失了兩個小時的睡眠而已。第二天晚上，到了就寢時間，再給地板打蠟，打一整夜，再準時去上班，這樣就損失四小時睡眠。第三天晚上，你再擦地板擦一整夜，再損失兩小時睡眠。」

到第四天晚上，開始擦地板前，他告訴兒子：「我想去瞇一下眼睛。」第二天他睡到早上七點才醒來。

現在他的床頭擺著一瓶地板蠟和一條擦亮的抹布。我告訴他：「你有一個夜光時鐘，假如上床後可以連續看著時鐘看上十五分鐘的話，你就起床擦地板擦一整夜。」從此他再也不失眠了。（艾瑞克森發笑）

有個醫師來看我，他說：「我一路打工念完大學，損失了不少睡眠，我發現要念完醫學院很困難，在念完醫學院前，我結了婚，有了家庭，我必須再損失許多睡眠，償還醫學院的學費，還要撫養家人。打從那個時候起，我就在十點半上床，我翻來覆去，不斷看著時鐘，盼望早晨趕快到來，可是從來無法如願。大約翻到凌晨五點左右，我才昏沉睡著，可

是七點就必須起來上班。你曉得，在醫學院這些年來，我承諾自己要讀完狄更斯全集，還有史考特全集、杜斯妥也夫斯基全集，因為我熱愛文學，可是始終撥不出時間來，我只是輾轉反側，失眠到清晨五點。」

我說：「所以，你想睡著？那你還抱怨自己從來沒有時間讀狄更斯。好吧，去買一套狄更斯全集。「現在，我想知道你家的內部裝潢，你有個壁爐，壁爐上還有壁爐架？」他說：「沒錯。」我告訴他：「找一盞電燈，放在壁爐架上，再把一冊狄更斯作品擺在電燈旁邊，從晚上十點半到清晨五點，你就站在那兒讀狄更斯，那樣一來你就可以趕上你的文學進度了。」

後來，他回來看我，問我：「我可不可以坐下來讀狄更斯？」我說：「可以。」後來他又來看我：「我讀狄更斯有困難，坐下來開始閱讀後，讀不到一頁，我就睡了，醒來時因為坐姿的關係全身僵硬。」

我說：「好吧，找一個夜光時鐘，假如上床後你可以看著那個時鐘超過十五分鐘，你就起床到壁爐前站著讀狄更斯。既然你已經讀了一部分的狄更斯作品，應該發現許多方法，可以抽出時間來讀狄更斯了。」他讀完了狄更斯、史考特、福樓拜和杜斯妥也夫斯基的全部作品。他害怕站在壁爐前閱讀，他寧可睡覺。

人們明明可以自給自足，卻來找你求救。有位婦人想戒菸，也想減肥，我告訴她，她可以做得到，同時還得到許多滿足，也不會太不舒服，她告訴我：「我抗拒不了食物和香

菸，卻可以拒絕運動，而且的確如此。」

我說：「你是個很虔誠的婦女，對不對？」她說：「是的。」我說：「那麼你就答應我，你會做到我要求你做的幾件小事。把火柴放在地下室。你住在一棟有閣樓的兩層樓房。你愛抽多少菸都無所謂，只要把火柴放在地下室，把香菸放在閣樓上就可以。你想抽菸的時候，先到地下室去拿出一根火柴放火柴盒上，再跑上閣樓拿一根香菸，再下樓回地下室去點菸，這樣一來，你就做了許多運動。

「你說你喜歡吃零嘴，怎麼辦呢？在屋裡跑一圈，還是去外跑？同樣跑幾圈，再進屋來吃你想吃的？」她說：「那可能是個好主意。」我說：「當然了，你烤蛋糕時要切成好幾小塊，每吃一塊，你就要繞著屋子跑，能跑多快就跑多快，然後才能吃一塊蛋糕。假如你想吃第二塊，就要多跑兩圈。」

效果顯著得驚人，她的香菸很快地就愈抽愈少……先到地下室去拿一根火柴出來，放在火柴盒上，再跑到閣樓去拿一根香菸，再跑到地下室點菸，享受吸菸的樂趣。繞著屋子跑好幾圈，才能吃一塊蛋糕；想吃第二塊，還得再跑上兩倍的路程；想吃第三塊（向全組人），得再跑三倍……她很快就少吃了。

重點是不要做太多書上說的事，不要死守書上讀到的法則。重點是讓病人做他們非常非常擅長的事。有個密西根人來找我，他說：「我有個無法控制的壞脾氣，每次發火時，我就會把身邊最近的人的耳朵當沙包練習，我已經打過老婆的耳光，還把女兒和兒子們打倒過許多次，就是控制不了自己的

脾氣。」

我說：「你住在密西根的農場上，房子如何取暖？怎麼煮飯的？」他說：「那是農場，我們有燒柴的爐灶。」我說：「燃料是怎麼來的？」他說：「我有一大塊地可以堆放木頭。」我說：「你都砍哪種樹？」他說：「喔，我砍橡樹，也砍梣木，可是不砍榆樹，因為這種木頭太硬了，很難劈成柴火的大小。」

我說：「從現在起，你只要砍榆樹就好。當你砍倒榆樹後，把它們鋸成大塊，再用斧頭來劈柴，砍一下再抽出來，再砍一下，你必須一路劈到底，劈開一整塊木頭，把它劈成兩半，這是最難劈開的木頭，劈開一塊榆木，等於劈開一打橡木。

「好了，當你發脾氣的時候，就帶著斧頭出去使盡全力劈榆木，你的精力可以發洩一空。」我曉得劈榆木是何等滋味，這是最困難的差事，所以他就這樣藉著劈榆木發洩他爆炸的精力。

席佛德：我有一個疑問，跟我的病人比較起來，你舉的人們總是做你要他們做的事，他們似乎也都有高度的動力。（笑聲）我想我的病人通常不會這麼聽話。

艾瑞克森：我的家人也是這麼說的：「你的病人為什麼會做你要他們做的瘋狂事情呢？」我說：「我很鄭重地告訴他們，他們曉得我是認真的，我十分誠懇，也絕對有信心他們會聽我的話。我從來不會想：『我的病人會不會做那麼荒謬的事呢？』是的，我曉得他們會照著我的話去做。」

現在有個女人來找我，或者打電話給我，要求我見他的丈夫，用催眠手法讓他不要再抽菸了。她的丈夫來看我，一個律師，年薪三萬五千美金。他的妻子在婚前繼承了二十五萬美金的財產，買了他們住的房子，還支付稅金和水電開銷、負擔家用、償還丈夫積欠的稅款。她不曉得丈夫那三萬五千美金的年薪都花到哪兒去了。

上面這些事情我都是在詢問這位丈夫抽菸的事情時，從他那兒問出來的。我曉得他絕對不會戒菸的。所以一個小時會談結束時，我告訴他，他根本無意戒菸，問他我可不可以打個電話給他太太，告訴她他是個天生的輸家。假如我這麼做的話，她大概就不會再盯著他，嘮叨要他戒菸了。

所以他同意讓我當著他的面打電話給他太太，告訴她他是個天生的輸家，別再盯著他、唸他了。我覺得這麼做是天經地義的，他是個律師，應該聽得懂英語的一般用語，他應該懂得運用語言。

我打電話給她說：「真抱歉，我不得不告訴你，你丈夫是個天生的輸家，所以請你就別再嘮叨他了，他不想戒菸，也不會戒的。」

兩天後，她沒有事先預約就衝進我的辦公室，臉上掛著兩行淚，哭得像個淚人兒：「每次我到醫師辦公室，就會哭個不停，像現在一樣，總是在地板上留下一灘淚水，明天我還要帶小孩去看小兒科醫師，我還會一路哭著去，再哭著回家。你能不能做點什麼，幫幫我？我說：「沒錯，哭是一件很幼稚的事，你通常多久哭一次？」她說：「每次我剛開始做什

麼事情時就會這樣。大學畢業時，我拿到教師證，找到一份教職，卻連續哭了一個星期，不得不辭職，因為我哭個不停。」

我說：「好，明天你必須帶孩子去看小兒科醫生，你會一路哭著去，再一路哭著回來，我認為哭是一件幼稚的事，所以不妨用另外一件比較不惹人注意、幼稚的事來取代比較好。你抓著一條這樣大小的醃黃瓜，（艾瑞克森比了一個長短的手勢）一路握著到醫師那兒去，再一路握著回來。」

第三天，她氣沖沖地到辦公室來，這回沒哭了，說：「你為什麼沒告訴我，**在診所**時也要握著醃黃瓜？」（艾瑞克森微微一笑）我說：「那是你的責任，不是我的，現在我再給你另外一項任務，今天下午，我要你去爬女人峰，明天再來向我報告。」第二天她回來說：「我登上了女人峰，信不信由你，我在離峰頂十五公尺左右的地方，找不到小路，我爬過了一大堆崎嶇的岩石，終於爬到山頂時，第一次感受到個人的成就感，彷彿完成了什麼事，明天我還要再去爬一次女人峰，這回我一定不會找不到路，我會再回來向你報告。下山時我一直感到納悶，我怎麼可能會找不到那條路呢，那是不可能的呀。」

她第二天又來告訴我，她成功地攀登了女人峰，同樣感到有成就感。

又過了一陣子，她意外來訪，她說：「我覺得我先生比較像是跟我婆婆結了婚，他在家裡什麼事也不做，既不會修理漏水的水龍頭，也不會做最簡單的家務。如果他母親在半夜一

點打電話來，他會趕緊穿上衣服，開車穿越整座城市，去幫她修理漏水的水龍頭，或者幫她掛一幅畫。可是他在家裡就不會做這些，我如果不請水電工人或木匠來幫忙，就得自己動手。」

我說：「嗯，你的丈夫應該做你的丈夫，而不是他母親的丈夫。」

她說：「我不喜歡我婆婆，她會在下午四點鐘出現在我家門口，有時候還會帶著客人上門來，要求我給他們做一頓非常豐盛的晚餐，我必須出門去採購必要的菜色，再趕回來為她和她的客人煮一頓豐盛的晚餐，可是當我坐下來跟他們一起用餐時，我卻感到反胃想吐。」

我說：「我認為你的婆婆下午四點鐘才上門要求一頓豐盛的晚餐，實在是很沒有禮貌。所以下次她出現時，你照常把晚餐做好，等到吃飯時間到時，不要坐下來，你告訴他們那一天臨時有個重要的約會要出門。不管你去哪裡，哪怕去汽車電影院看場電影也行，混到十一點再回家。」

幾天後她又回來說：「我婆婆跟我先生及客人在四點鐘上門來，要求一頓豐盛的晚餐，所以我聽從你的建議，幫他們做了一頓盛宴，等到要坐下來吃飯時，我告訴他們我有重要的事要出去，然後就出門了。我一直等到十一點才回家，卻發現我先生和婆婆又用慣用的伎倆，灌醉了客人，在餐廳地毯上吐得到處都是，我不得不收拾善後。」

我說：「好吧，在餐廳地毯上嘔吐的客人，或是幫助別人這麼做的人，都沒有資格在任何時刻享受特殊的晚餐。」她

說：「我想也是。」

後來她又回來說：「我支付水電帳單、我丈夫和我自己的所得稅，我丈夫每隔一陣子才抱一袋食物回來，還是因為他想要我做點特別的菜色。他打算帶我去聖地牙哥參加律師年會，可是我不想去。」我說：「你先生想帶你去那兒，就讓他這麼做，等你回來時，再告訴我你玩得開不開心。」

她回來以後說：「我想住有游泳池的旅館，我丈夫卻告訴我，對街上的旅館比較有情調，所以我們去住了沒有游泳池的旅館，我實在看不出那裡有什麼不同的情調，我在那間房間住了一個星期，付了一千美金，這還不包括餐費。

「我們下樓去餐廳吃飯時，一歲半大的女兒撞上了高腳椅，咯咯吵了一下，我丈夫就打了她一巴掌，當場在餐廳出糗。」我說：「你先生是律師，他應該曉得虐待兒童是違法的，我認為那是虐待兒童，我想法律也會要你為任何進一步的虐待兒童事件負責。」她說：「我想也是，我再也不會讓他打我的小孩了。」

幾個星期後，她來看我：「我丈夫每年總有三、四次，會欠債二、三、四、五千美元，然後他會要求我賣掉一些有價證券，來幫他還債。」我說：「一個年薪三萬五千美元的男人，有太太幫他付所有的生活開銷和所得稅，應該用自己的薪水來還債。」她說：「我也是這麼想，我再也不賣證券了。」我說：「你假如這麼做的話，二十五萬美金也撐不了多久。」

幾週後，她又來看我：「我先生每年總會要求我跟他分居兩

三回，可是這並不是真正的分居，我不曉得他上哪兒去或在什麼地方過夜。他老是在星期四晚上出現，要求一頓豐盛的晚餐，星期天晚上吃過飯後，跟孩子們玩一玩就離開，我不曉得他究竟上哪兒去了。」我說：「喔，我想你應該跟他**坦誠以對**，假如他要求跟你分居，那麼就認清事實，跟他分居，告訴他：『好，你要分居可以，多久都行，這一次要玩真的，週四和週日都沒有晚餐可吃了，我會把所有門窗的鎖都換掉。』」

大約六個月後，她來辦公室看我：「我有沒有離婚的理由？」我告訴她：「我是個精神科醫師，不是律師，不過我可以推薦一個誠實的律師給你。」所以她記下他的名字，火速離了婚。

大約半年後，她沒有預約就直接跑來找我：「你用暗示的方式騙了我。」我說：「我怎麼用暗示騙了你？」她說：「我跑來問你說，我有沒有充分的理由離婚，你說你只是個精神科醫師，不是律師，你把我轉介給律師，他用法律的理由幫我辦了離婚。我每回想到跟那個無賴維持了七年的婚姻就想吐，我是為了**私人**理由離婚的。」

我說：「假如我教你用私人的理由離婚，你會怎麼做？」她說：「我會替他辯護，繼續維持這段婚姻。」我說：「這就對了，你過去這六個月都在做什麼？」她說：「嗯，我一離婚，就找了一份教職，我很喜歡這份工作，再也不哭了。」握著一根醃黃瓜，告訴她她的丈夫是個天生的輸家。而他，身為一個律師，根本就不該讓她說他是個天生的輸家。她終

於漸漸醒悟……每回跑來抱怨一次，她就清醒一點。

席佛德：請重複最後這一句，我聽不懂。

艾瑞克森：每回她跑來抱怨丈夫，就更加明白我稱呼她丈夫是天生
的輸家的事實和含意。那就是我為什麼要在第一次就打電話
給她，告訴她她丈夫是個天生的輸家的緣故。

席佛德：你真的這麼想嗎？真的認為他是個天生的輸家嗎？

艾瑞克森：嗯，你認為不是嗎？他失去了他的妻子、他的家庭，現
在他必須花自己的錢來養活自己和扶養他的小孩，支付自己
的所得稅。

席佛德：可是我認為他也可以改變。

艾瑞克森：你真的這麼想？任何在結婚頭七年用這種手段，來利用
妻子的年輕男人是不會改變的。他還是媽媽的小男孩，他會
帶媽媽出去吃晚飯，她可以在凌晨一點打電話叫他去修漏水
的水龍頭。

席佛德：是啊，可是我想他應該也可以學著好好離開媽媽，你覺得
他永遠都被綁住了嗎？

艾瑞克森：是的，因為他是不會讓任何人解放他的。

席佛德：所以你認為他還沒做好改變的準備？

艾瑞克森：我想他永遠都不會做好準備的。

席佛德：唔。

艾瑞克森：現在，克莉絲汀，請你到我辦公室裡找一個病歷檔案
夾，那個用呂宋紙做的檔案夾，大概就放在書桌旁的文具架
旁邊。（克莉絲汀進去後面的辦公室，帶回來他指定的病歷
檔案夾）一個三十歲的男人不該在半夜一點鐘，穿過整座城

市，去幫他母親修理漏水的水龍頭。

席佛德：是的，這一點我也同意。

艾瑞克森：而且他應該支付自己的所得稅。

　　現在，誰的嗓子比較好可以幫我讀信？但是不要大叫。

珍　　：我來。

艾瑞克森：（艾瑞克森把副本遞給她）大聲把那封信唸出來。

珍　　：

2 月 29 日

親愛的艾瑞克森醫生：

　　我是應你在我們幾個星期前電話談話的要求寫信給你。我本來應該可以早點寫這封信，可是我想先跟 L 醫師聯絡，看看她是否有興趣陪我來鳳凰城（假如見得到你的話）。她出城去了幾個星期，所以延誤至今。就是她大力向我推薦您的，她也向我表示過，假如可以配合她已經爆滿的行程，她很樂意陪我來鳳凰城走一趟。

　　至於我的問題，我大約在四歲到四歲半開始口吃，我在一歲左右開始講話，口吃幾乎跟我妹妹的出生以及五歲初切除扁桃腺同時出現，至於這些事件跟我的口吃有什麼關係，我從來無法把它們拼湊起來，我曾經多次嘗試解開童年的創傷，包括傳統的心理治療，我試過催眠（L 醫師認為我可以被催眠）、跟著光碟試「尖叫」治療法、還有費雪·霍夫曼步驟（Fisher-Hoffman Process），都沒有成功。我也嘗試過各種「身體」治療法，好比羅芬（Rolfing）、羅米（Lomi）身體做法、兩極治療法（polarity therapy）、針灸、生物動力學，以及呼吸技巧。我還嘗試過無意識的方法，做了 EST 和許多靜坐、心靈、瑜珈訓練，可是我的口吃依然存在。我嘗試過

的做法多多少少對我有點幫助，可是我覺得過去還有許多糾纏不清的往事，我至今還是非害怕去面對。

　　灣區有許多靈媒朋友告訴過我，我跟我母親的關係尚未解決。我也曉得自己在處理憤怒方面有困難。我雖然年過三十，人們卻告訴我，我很孩子氣（很多人不敢相信我已經過二十歲了），很多人也依然把我當作小孩子看待。我想要長大，好展開我的人生，我厭倦活在情緒的困境之中。

　　我的生活模式到目前為止如下：我所做的所有事情，起初看起來都一副即將馬到成功的樣子。事情進行得很順利，直到遇上一點小小的困難，這時我通常會放棄、認輸。

　　我非常希望可以改掉口吃的模式，因為它妨礙了我跟別人的互動，有時甚至連跟他們在一起都很難，讓我難以擴大生活圈，由於它是孩提時代的習性，在某種程度上它也讓我覺得自己像個孩子。

　　我的人生目前正進入一個變化階段，可是還無法展現我的技藝，賺錢營生。我目前的處境是被生存的罪惡感搞得破滅。我找得到的工作要不是半技能就是毫無技藝的勞力工作。從我的經歷看來，這是很難讓人滿意的。我念到研究所（主修經營調查和統計理論），為了追求音樂夢想，我在拿到博士學位前輟學。我做音樂做了一陣子，一切順利。我喜歡自己的演奏，我的音樂也得到一些認可。後來我停止演奏了一陣子，重新恢復時，我的感覺不再靈敏，左邊變得比較僵硬。從那時候起，我的音樂變差了，我也不再把自己看成一個認真的職業音樂家。隨著演奏音樂的能力減弱，我愈來愈痛恨自己，也開始吸毒。直到這兩年，才逐漸減少藥量（我吸毒了七年）。

我覺得自己現在比較堅強了，也熱切渴望好好過日子。我對於跟你合作充滿了樂觀的希望，雖然我也感覺得到有股強烈的力量在抗拒健康，它依然繼續糾纏著我。這股頑抗的力量，也是我的自尊心模式的一部分。或許是恐懼或不信任，我巧妙地拒絕跟他人合作。

盼望很快獲得您的回音，我期待跟你一起合作，假如您肯收我的話。我從 4 月 1 日起隨時都可以配合您的時間（除了四月份的每週二晚上以外）。

尊敬您的，

喬治・樂齊

艾瑞克森：這個病人在幾週前打電話給我，我說：「哈囉。」他說：「巴──巴，巴，巴，巴，巴，巴。」我說：「寫信給我。」隨即掛上電話。

幾個星期後，他寫了這封長信來，談他漫長的精神官能症和七年的吸毒故事。收到這封遲來的信，我立刻想：「他是那種職業病人，**永遠都不會**復原，他會把我當傻瓜玩弄，白白浪費我的時間和精力，到頭來還是一場空。」所以我讀了那封信後，回了一封信，我想這封信一定可以打動他，讓他再寫一封信來，供教學之用。（對珍）好，唸下去。

珍　：（繼續唸艾瑞克森所寫的回函）

3 月 7 日

親愛的樂齊先生：

由於你打電話來求助，卻又無法說出口，還要我教你如何跟我溝通。其實不需要別人教你，你就應該這麼做，所以我就幫你把你的問題做個摘要，希望這樣一來可以對你有所幫助，雖然也可能徒勞無功。

　　通常像你這樣的電話，並不會帶來我所要求的信件，信假如寄來了，通常又會因為他人而延遲，在你的情況是因為 L 醫師的緣故。

　　其次，你敘述長期尋求協助，卻又不接受，偶爾才提供短暫象徵性的接納。

　　你一定列了一些大有可能和疑似的原因，結果可能誤導了治療師的方向，因此使漫長而辛勤的搜尋更加得不到結果。只有對原因毫無察覺，才會使得問題繼續存在。

　　為了示範行為模式的一致性，你也必須提及其他類型的失敗，例如你在音樂演奏、長大成熟、賺錢營生方面的挫敗，而非得到博士學位。

　　這封信要是沒有一些巧妙的威脅話語就不算完整，在你的情況，是保證對我的不信任和不合作等等。

　　最重要的是，對治療設限，不論這個限制是多麼小。它不需要講道理，只是某種限制，甚至是毫不相干，像你的限制就是整個四月份的星期二晚上都沒空。你到底是怎樣牽強附會幻想，竟然會認為你可以占用我晚上的時間？

　　假如這封信你還能讀到這裡，心中必然已經升起一個疑問：「你還要做我的病人嗎？」這豈不是暗示說：我可能會處理你那寶貝得不得了的問題，你用七年的吸毒來證明了這一點，吸毒不是更

妨礙說話嗎？

我還會期待這封信能夠得到回音嗎？？？？

附上你可能會嫌討厭的誠意，

米爾頓‧艾瑞克森醫生

艾瑞克森：你要是收到這樣一封信，就曉得該怎麼辦了。聽聽他的
　　　　　回函。

珍　　：

3 月 11 日

艾瑞克森醫生：

　　您真是單刀直入，大筆一揮就抹去了不必要的客套。我對於突如其來的攻擊毫無防備。我以前並沒有察覺到你正確地從我的信上得知的那些遊戲（除了我的拖延遊戲以外，因為我已經為此道歉過，那是為了 L 醫師的緣故）。你的洞察力教我佩服得五體投地。

　　你的信上有種可以理解的憤慨（和同情），我絕對無意觸怒你，你顯然認為我太狡猾，有意誤導你，再澄清一次，我沒有這樣的意圖。

　　我的問題，在你看來並不陌生，事實上，我猜你大概把我的信看成某種「表格信」，只是在空白處填上了我的特殊歷史。

　　是的，我仍然想成為你的病人，是的，我失敗的精神官能症是寶貝得不得了，它們不都如此嗎？抱歉，我太放肆了，竟然對治療加上一條限制。

　　靜候佳音。

謙卑的，

喬治·樂齊

附註：我的口吃通常沒有像我打電話給你那天那麼嚴重，我當時特
　　　別緊張和害怕，我現在還是很怕你。


（珍再往下唸下一封信之前，看了艾瑞克森一眼，他點點頭，示意
她繼續）


3月24日

樂齊先生：

幾項修正如下：

1. 醜陋的現實從來無法「用大筆一揮就抹去」，在病人發展出足
　　夠的誠實來拋棄它們之前，它們始終都存在。

2. 對事實的簡單陳述，不是一個「突如其來的攻擊」。

3. 對於一個「沒有察覺到那些遊戲」的人來說，對於我所提到的
　　和沒有提到的遊戲，你的技巧表示了漫長而辛勤的努力，才能
　　對那些遊戲「毫無察覺」。

4. 你對我的「洞察力」佩服得五體投地，說真的，你沒有資格奉
　　承任何人。

5. 至於「可以理解的憤慨」，你又習慣性地搞錯了，那是一種消
　　遣的口吻，足以引誘你回信。

6. 你只要再多加努力點，就可以得出一個遠比「我的問題，在你
　　看來並不陌生」的輕描淡寫。

7. 你的陳述:「是的,我仍然想成為你的病人。」讓人半信半
   疑,有所保留。

8. 「我失敗的精神官能症是寶貝得不得了,他們不都如此嗎?」
   實在是太荒謬了,別的不說,它想必也令你感到難堪。

9. 為一個自負的限制「抱歉」,實在是文不對題,也沒有碰觸到
   真正的議題。

10. 你說你對你的精神官能症「寶貝得不得了」,然後又增補了
    「謙卑的」這幾個字眼,因而提供了一個對比,但是只達到消
    遣的目的而已。

11. 你寫說「我現在還是很怕你」,其實你所謂「寶貝得不得了」
    的「失敗的精神官能症」才值得你害怕。

12. 感謝你自願努力來娛樂我。

附上跟先前同樣的誠摯之意,

米爾頓‧艾瑞克森醫生

(笑聲)(珍繼續讀下一封信)

4月9日

樂齊先生:

　　我建議你在4月19、20日左右寫信給我,表達你要求跟我約
個見面時間的希望與目的。

誠懇的,

米爾頓‧艾瑞克森醫生

（下一封信）

4 月 19 日

艾瑞克森醫生：

關於我「要求跟你約個見面時間的希望與目的」——

我的希望來自幾個月前跟 L 醫師的一次討論，她詳述你透過催眠，何等迅速而無情地解除了一位滑冰冠軍的長期情緒障礙，L 醫師對你的專業感到敬畏，並且覺得你可以幫我。

我的希望（雖然可能只是我自己的幻想）是，透過催眠，我們可以接觸並解除我童年早期的家庭情況，這大概是我始終沒有完全長大的緣故。我希望能夠成長到為自己的人生負起完全的責任。我想拋棄幾乎長達一生的失敗和口吃。我想跟我的兄弟姊妹之一解決手足對立的問題。我想要有能力去愛，而不是討厭和害怕他人。我想要愛我自己！（目前，我做不到）我需要給自己重新設定一個正面的未來展望。

假如在你的協助下，這個過分的要求得以實現，那麼我就可以自由地創造和貢獻，我衷心渴望如此。目前我的處境並非如此，因為我的努力必然以失敗和挫折告終。

L 醫師覺得我可以接受催眠。我預見得到一些可能的困難，因為先前的嘗試證明是失敗的。我害怕我面對的是個心靈的困境，那樣一來除了我自己，誰也幫不上忙。不過，我仍然希望有最好的結果，並且期待可以見到您，並跟您合作。

我會在 4 月 22 日星期四早上九點打電話給您。

充滿希望和誠懇的，

喬治・樂齊

艾瑞克森：他的確打了電話來，充滿希望和誠意。當然了，艾瑞克
　　　　森太太接了電話，告訴他：「艾瑞克森醫生不接電話。」
珍　　：（下一封信）

4 月 23 日

樂齊先生：

　　你請快遞送來的信少貼了二角錢郵票，在信尾你堅決要來一場
電話對話，不管我先前要求你只做通信聯絡，不要嘗試口頭聯絡。

　　你表達了一個希望，想「接觸並解除我童年早期的家庭情
況」，卻又把它當成可能的幻想。這純粹只是要求查看一個無法改
變的過去，不是治療。

　　你表達了一個希求，而不是一個意圖，去解決童年的手足對
立，可是你卻沒有提到想要符合成年最簡單的需求。

　　你把要求治療的基礎放在你對 L 醫師的信仰和希望上，這肯
定跟你的負面期望和猶豫不決的渴望恰恰好相反。

　　假如要收你做我的病人，你就需要證明你有能力為自己負起一
點責任。

真誠的，<br>米爾頓・艾瑞克森醫生

（下一封信）

4 月 28 日

艾瑞克森醫生：

「假如要收你做我的病人，你就需要證明你有能力為自己負起一點任。」

請原諒我的無知，可是我不懂你確切的意思。簡單地說，怎樣才能夠滿足你上述的要求？

此刻我只能猜測如下：

去年我做了五個月的運動場管理員，養活自己。但因為管理政策改變，要求裁減員工，我雀屏中選。從那時起我靠聯邦失業保險津貼過活到今，並且繼續找工作，演奏音樂賺點小錢。我目前正在跟一個樂團一起灌錄唱片。這樣您滿意了嗎？夠相關了嗎？

我的另一個猜測是，你可能會關心我是否籌得到足夠的金錢來支付您的諮商費用，答案是：「是的，我籌得到。」

我希望並相信自己並沒有錯誤地詮釋了您的要求。還有，我希望我已經展現足夠的證明可以滿足你。我還把你的要求唸給一些博學多聞的朋友聽，兩人都同意我的詮釋。

假如您的要求已經滿意地達成了，我願意接受任何您方便的約談時間。

靜候佳音。

真誠的，

喬治・樂齊（隨信附上二角郵資）

珍 ：（下一封信）

樂齊先生：

心理治療的目的是要改善病人神經質失調所導致的行為。在你所有的來信中，你一貫地堅決支持你的理解，強調你的失敗的重要性，有時相當微妙，暗示你要保持目前處境不變的決心，同時又假裝願意合作尋求治療，還主張要我符合你的要求，並接受你的詮釋。

你上封信有句有意思而又相互矛盾的引文：「我還把你的要求唸給一些博學多聞的朋友聽，兩人都同意我的詮釋。」（下面的線是我加上去的。）

我已經沒有任何對你來說有價值或有趣的話可以寫給你了。

誠懇的，

米爾頓·艾瑞克森醫生

艾瑞克森：假如我想要的話，我也可以寫信給他，得到相同的回應。

我收到一個女性的來信，她曾經說：「我已經密集接受精神分析三十年了，現在快要完成四年的完形治療（Gestalt）。到那個時候，我可不可以成為您的病人？」那些人是沒有希望的，他們是職業病人，那是他們人生的唯一目標。

而那個律師……他在年薪這件事情上做得不錯。他花錢，卻得不到任何有價值的東西。他的汽車還在貸款，他也積欠房租，連支付孩子的贍養費也會拖延，可是，他一年賺三萬五千美金，車子竟然還是自己的。他本來結了七年的婚，卻

沒有過得比他剛剛找到工作時更加幸福。事實上，是更糟。他是娶了二十五萬美金。如今，他連這個都沒了。他是個天生的輸家，生來就是註定要輸，要失敗的。

我在這方面學會的第一課是在醫學院時學到的。我接受的任務要檢查兩名病人，記錄下病歷。我先去看最近的一個病人，一個七十三歲的男性，父母靠福利救濟金過日子，他也靠這些救濟金長大，變成了不良少年。這輩子，他從來沒有做過一天誠實的工作，他偷竊，也在監獄服刑了一段日子。他去坐牢是因為他是個流浪漢，毫無謀生的技能。他曾經被送到州立綜合醫院，接受最好的醫療，一毛錢也不用付，可是他老是回頭去當小偷，成天無所事事，到處遊蕩，什麼事也不做。然而，他卻活到了這把年紀，七十三歲了。他有輕微的生理疾病，幾天就可以治好，然後就可以再回去靠大眾的納稅錢過活。我心想：「為何一個終生遊手好閒的人可以活到七十三歲，而對社會大有貢獻的人卻只活到四十幾歲、五十幾歲、六十幾歲？」

接著我又去探視下一個病人，她大概是我這輩子見過最美麗的女子，芳華十八，個性風趣，我跟她聊天，聰穎的她海闊天空地談起了古代的大師，切利尼（Cellini，譯註：十六世紀義大利的雕刻家、作家）、古代歷史，以及過去所有的經典文學。她極度聰明、美麗、迷人、才華洋溢。她會寫詩、寫故事，會畫畫，還是個出色的音樂家。

我的檢查從頭皮、耳朵開始，然後我注視她的眼睛，放下檢查眼鏡，向她解釋我忘了做幾件差事，一會兒就回來。

我回到醫師休息室，坐下來跟自己說：「艾瑞克森，你最好面對人生的真相，那個老遊民會康復，還會活下去，他這輩子都是社會的負擔，永遠都不可能老老實實做一天的工作。然而，這位美麗、迷人、極度聰明、才華洋溢的女孩，她的視網膜卻顯示她在三個月內就會死於布賴特氏症（Bright's disease）。艾瑞克森，你最好面對現實，你這一生都要面對生命的不公。美貌、才華、腦力、才能，全都白白浪費了。而一個毫無價值的無賴卻存活了。他是個天生的輸家，而她生來就註定要死亡的。」

電視上的一部貓食廣告片裡，有隻貓在玩一團線，這提醒了我應該讓你們看個東西。你可不可以把那塊木頭遞給我？

某州立大學的藝術系主任來看我，看到這座雕刻，拿起來檢視了一下說：「我在州立大學當藝術教授，我靠雕刻維生，我的作品在全歐洲、亞洲、南美洲和美國都獲得肯定。」（他是個著名的雕刻家）「這座雕刻是個藝術品。藝術表達人生，表達人類的思想、人類的行為、人類的經驗。我不了解這個作品，可它是個藝術，是非常有意義的藝術，可是我不了解它。」所以，傳閱一下，讓大家都瞧瞧。（艾瑞克森把它遞給席佛德）

（附註：這座雕刻是原住民的海牛雕刻）

換句話說，它告訴你一個人民的故事，這個故事述說他們如何生活，生命中重要的是什麼，為何它在生活中是重要的，在那個特殊的民族裡，所有人是如何管理自己的。

席佛德：我可不可以問另一個問題？我是個溝通分析師（TA，

transactional analyst），這個理論一個重點是：人生藍圖的基礎來自一個非常早的決定，那可能是個決定，不是心理的，而是比較基本的。大部分都是可以改變的。

我們看看你所說的那個人，原則上說來，他做輸家的決定是可以改變的，只要退回到做下輪的決定那個階段。當他發現做比較好的選擇和決定時，可以獲得支持，就可以改變他的人生。你覺得怎樣？

艾瑞克森：有可能，可是怎麼做呢？

我來跟你們說說喬的故事。當年我才十歲，住在威斯康辛州的農場上，一個夏天的早晨，家父派我去鄰近的小村莊跑腿。快到村落時，有幾個同學瞧見我，跑來告訴我：「喬回來了。」我當時並不曉得喬是何許人也，他們告訴我的是從他們父母那聽來的故事。

喬的故事並不動聽，他因為好鬥、具有侵略性和毀滅性，被學校退學。他會用煤油浸泡貓狗，再放火燒了牠們。他兩度企圖燒掉父親的穀倉和住家，還拿乾草叉戳豬、小牛、乳和馬兒。

他十二歲時，他的父母在終於承認管教不了這個兒子，上法庭把他託付給一所管訓不良少年的專門學校，一般家庭管教不了的不良少年都送到這裡來。在學校待了三年後，他們准許他回家探望父母。他在返家途中又幹了一些壞事，警察逮捕他，把他送回學校。他一直在那裡待到二十一歲成年。

喬二十一歲那年，依法他自由了，出來時穿著監獄做的衣服和鞋子，身上僅僅帶著十塊美金。當時他的父母已經過世，

家裡的房地產也都處理掉，所以他只有十塊錢和監牢的衣服與鞋子。

他到密爾瓦基市去，立刻就犯下持械搶劫和竊盜罪，被警察逮捕，送進了感化院。在感化院裡，他們試著用對待其他收容人的方式對待他，可是喬寧可跟人人為敵，在餐廳打架挑起暴動，砸毀桌椅。

所以他們把他關在小牢房裡，連吃飯都在那裡。每星期兩、三個跟他一樣大塊頭的警衛，在天黑後才放他出來散步或運動一、兩次。服刑期間，喬都待在綠灣的男子感化院，沒有因為行為良好而獲得任何休息。

他被釋放時，一進綠灣的市中心便又犯下竊盜和其他重罪，旋即被送進州立監獄。州立監獄試圖把他當成一般罪犯，喬可不要這種待遇。他只想痛毆其他罪犯，打破窗戶，製造麻煩。所以他們把他送進土牢。

土牢位於地下室，還不到兩坪，水泥地傾向土牢前的排水溝，沒有任何衛生設備，他就這樣被關在那裡，穿或沒穿衣服。我去過那種土牢，裡面既不透光又隔音。每天只有一次，通常是凌晨一、兩點，一盤食物會從一個小洞塞進來，可能是麵包和水，或者一般的監獄伙食。兩個跟他一樣高大（他有一百九十公分高）的警衛，在天黑以後，左右各離三公尺押著他出去運動，這樣他才不能繼續毆打其他受刑人。

喬一直在土牢度過。在那蹲一段時間足以馴服任何人，那兒不見光、隔音、沒有衛生設備。在服完三十天的土牢後，他出來時發狂地打架，當然又被送回去。事實上，他在州立監

獄時一直都在蹲土牢。一般人在土牢待上兩回，就足以得精神病或者發瘋，喬卻在裡面待了好幾年。

好不容易出獄，他又在村莊裡犯了一些罪，被逮捕、送回州立監獄去、在土牢蹲了一個刑期。

在州立監獄坐完第二次牢後，他被釋放，回到羅威爾小村莊，他父母以前經常到那買東西。村子裡共只有三家商店，前三天他都站在收銀機旁，暗暗計算當天的收入。

後來三家商店都遭竊，經過小村落的河流上有艘汽艇也不翼而飛。人人都曉得是喬做的。

我是在第四天來到小村子。喬坐在一張板凳上，眼睛眨也不眨地盯著空中。我跟玩伴圍成半個圓圈圈著他，瞪大眼睛瞧著一個活生生的罪犯。喬完全不理我們。

離小村子約三公里處，住著一個農夫和他的妻子與女兒。他擁有兩百畝肥沃的農地，換句話說，他是個非常富有的農夫。要耕作兩百英畝，至少需要兩個人力，他雇了一個工人幫忙，那天早上剛剛辭職，因為工人家裡有人過世了，要回密爾瓦基去，他告訴老闆不打算回來了。

嗯，這個農夫有個女兒伊黛，芳華二十三，是個很迷人的女孩，受過所謂的良好教育，是個八年級畢業生，她身高近一百八十公分，非常健壯，可以獨力宰殺一頭豬，會耕田、耙草、種玉米，做任何長工做的粗活。她還是個絕佳的裁縫，常常幫年輕女孩做新娘禮服和嬰兒服。她也是個出色的廚子，遠近馳名，是整個村裡最會做糕點的人。

那天早上，當我在上午八點十分到達村子時，伊黛也在父親

的差遣下進村子來辦事，她綁住馬和四輪馬車，走向大街。喬站起來，擋住她的去路，上上下下打量了她一遍。伊黛也抬頭挺胸地站在那兒注視著喬。最後，喬終於說：「我有沒有這個榮幸邀請你去參加星期五晚上的舞會？」在那個地區，羅威爾小村莊，星期五晚上的舞會在市政廳舉行，人人都會來參加。伊黛說：「可以，只要你是個紳士的話。」喬退開到一旁，讓伊黛去辦事。

星期五晚上，伊黛去參加舞會，把馬車和馬綁好，進市政廳去，喬已經在裡面等候了。那天晚上他們一起跳了每一首曲子，讓其他年輕人既羨慕又忌妒。

第二天早上，三家商店的老闆都發現遭竊的商品還回來了，汽艇也物歸原處。有人看見喬往伊黛父親的農場走去，後來才聽說，喬去求伊黛的父親雇用他當長工，伊黛的父親說：「做長工是很辛苦的，從日出工作到日落，星期天上午你可以上教堂，可是下午還要再勞動半天，沒有假日，一個月只有十五塊錢工資。我會在穀倉裡給你弄個房間，你可以跟我們全家一起吃飯。」喬接下了這份差事。

不到三個月，每個農夫都希望也能雇用一個像喬這麼勤快的長工，因為用鄉下的說法，喬是個「做到死的傻子」，他就是一直工作，做個不停。幫老闆做完一整天後，他還會去摔斷腿的鄰居家，幫忙做那一家的工作。喬變得十分受歡迎，所有農夫都巴不得有個像喬一樣勤快的長工。喬的話不多，人很和善。

一年後，地方上傳出閒話，有人看見喬在星期六晚上跟伊黛

駕著馬車出遊，那是追求女孩子的標準程序，也叫做「求愛」。

第二天早上又傳出另一閒話，因為喬帶著伊黛上教堂做禮拜，那只意味一件事。幾個月後，喬跟伊黛結婚了，喬搬出穀倉，遷入大宅，成了她父親終生的長工，人人都敬重他。喬和伊黛沒有小孩，喬開始關心起地方上的事。

當艾瑞克森家的小孩宣布要上高中時，地方上的人都很難過，因為艾瑞克森家這個孩子似乎可以做個好農夫，他們認為高中教育會毀了他。只有喬鼓勵我去上高中，他也鼓勵許多孩子上高中。當我宣布要上大學時，喬又鼓勵我，同時也鼓勵了別的孩子。

所以，有人開玩笑地把喬的名字放進學校的董事會投票名單上，人人都投給了喬，結果他得到最高票，自動成為學校的董事會會長，人人都去參加學校董事會的第一次會議，每位父母，事實上是每個公民，都來聽聽看喬會說些什麼。

喬說：「大家用最高票選我擔任學校董事會的會長，我對教育完全外行，只曉得你們希望孩子好好長大，守規矩，最好的辦法就是把他們送來上學。你們聘請最好的老師，為學校買最好的設備，而且不心疼納稅錢。」喬獲選連任，當了好幾屆的董事會會長。

後來，伊黛的父母過世，她繼承了農場，喬不得不另外找個幫手。他到少年感化院去，要求一份肯向善的出獄人的名單，有些人只做了一天就不幹，有的人撐了幾個星期、一個月，還有的人做了好一陣子，直到他們認為自己已經準備好

重新進入社會。

喬活了七十幾歲，伊黛晚他幾個月過世。左鄰右舍都對遺囑好奇不已。遺囑上說，大農場可以分成幾座小農場出售，多出來的土地可以賣給有興趣的人。所有的錢都給一家銀行信託管理，供感化院的院長用來幫助肯上進的出獄受刑人。

他所接受的心理治療只有一句話：「可以，只要你是個紳士的話。」

我接下州政府心理師的工作時，必須檢查所有懲治和服刑機構的受刑人。喬來向我道賀：「瓦克夏有份陳年的紀錄，你應該讀一讀，綠灣和（艾瑞克森說了另一所監獄的名字）也各有一份古老紀錄。」我曉得他是指**他的**紀錄，所以我讀了。那真是最黑暗的紀錄，他一生的前二十九個年頭，一直在惹事生非，後來一個漂亮的女孩子說：「只要你是個紳士，就可以帶我去參加舞會。」不是別人改變了喬，是他自己改變的。治療師改變不了病人，是病人自己改變了自己。

我有一個狀況類似的病人彼特，到了三十二歲時，他已經被監禁了二十年。彼特離開亞歷桑那州立監獄後，來到鳳凰城，他喝醉酒，釣到一個帶著兩個孩子的離婚婦女。他跟著她回家。

她有份工作，他就靠她養活了七個月。他在酒館當保鑣，換杯酒喝。他常常喝醉酒、跟人打架，因此被酒館開除，一家換過一家。七個月後，這個女孩受夠了他隔天早上的找碴和宿醉，她告訴他：「滾吧，滾遠一點。」

他回去每家酒館，求他們再賞他一碗飯吃，他們說：「不

行，你砸了太多東西。」他回頭去找女朋友，求她再給他一次機會，「免談」是她唯一的回答。所以，那年七月，在攝氏快四十三度的高溫下，他從女朋友家徒步走到我的辦公室來。

他以前來看過我兩回。出獄不久，幫助犯人重新就業的中途之家送他來找我做心理治療。他來看了我一個小時後說：「你曉得該把那個塞在哪兒。」就走出去了。他女朋友又把他送回來，他客氣地聆聽了一個小時，又客氣地說：「你曉得該把那個塞在哪兒。」又走了。

他的女友跑來找我做心理治療，我們談了一些事情，她說起自己等不及要看十一歲和十歲的女兒長大，上街去賺錢養活自己。我問她，她是不是要女兒變成妓女或流鶯。她說：「假如我能做，她們也能。」她明白我不同意她的看法，所以離開了。

被掃地出門後，彼特從她家走了將近十公里到我的辦公室，他說：「你以前想告訴我的是什麼？」我又跟他說了一個小時，他客氣地說：「你曉得該把那個塞在哪兒。」又走了。他回去找女朋友，求她讓他跟她住在一起，她說：「不行。」他又回頭去求每家酒館，還是：「不行。」所以彼特又走回我這兒來。攝氏四十三度高溫下走了快三十公里，彼特的宿醉糟透了。

彼特進來時說：「你以前想告訴我的是什麼？」我說：「真抱歉，彼特，可是我已經把它塞在某處了，現在我能跟你說的只有：我有個籬笆的大後院，外面有塊大床墊，你可以睡

在那兒，下雨時把它拖到屋簷下，不過我看這天氣是不會下雨的；晚上你要是會冷，我可以給你一條毯子，不過我看這天氣也是不會冷的。屋外有個水龍頭，你可以去那兒喝水。早晨，你來敲敲廚房的門，我太太會給你一罐豬肉烤豆子。」

我們走到側門，我說：「還有，彼特，假如你想要我沒收你的靴子，防止你逃走的話，你得求我才行。」他沒有求我，所以我也沒有沒收他的靴子。那天下午，我最小的女兒和外孫女從密西根開車來。女兒把車子停在車棚後來問我：「那個男人是誰？就是那個裸著上半身、看起來好像病了、坐在後院的人？」我說：「那是彼特，我的酗酒病人。他在那兒想事情。」她說：「他胸前有道長長的疤痕，我對醫學很感興趣，我想去外面跟他聊聊，看看他那道疤是怎麼來的。」我說：「沒關係，你們可以出去跟他說說話。」

彼特坐在草坪的椅子上，既自憐又寂寞，很高興跟我女兒和外孫女說說話，他告訴她們自己的經歷，這是我不知道的，他就這樣跟她們說了又說。

我女兒發現他在一次竊盜事件裡心臟曾經中彈，被送到急診室做了開心手術，血從他的心臟抽出來，心臟再縫合，自從那一次以後，他就在牢裡度過大半輩子。

她們母女一直跟他聊到傍晚，我女兒問：「彼特，今天晚上你想吃什麼？」彼特說：「我很想喝酒，可是我很確定這是不可能的。」我女兒大笑說：「是不可能，不過我來幫你做晚飯。」她是個美食家兼烹飪高手，她幫彼特做了他從來沒

吃過的晚餐，他很喜歡。

第二天早上，她又幫他做了一頓豐盛的早餐，母女又跟他聊了一整天，她們跟彼特混得很熟。

在我家後院待了四天四夜後，彼特要求我准許他去女友家，說他有輛舊車停在她家的車道上，他可以把車子修好，賣二十五塊錢。喔，我沒有法律上的權利把彼特留在我家後院，他想出去，是他的權利，所以我告訴他去吧，後來他口袋帶著二十五塊錢回來。

他說想要好好思考一些事情，又在我家後院過了一夜。第二天早上，他要求出門去找工作，回來時已經有兩份差事可以選擇，一份工錢不差，事情又輕鬆，可是工期長短不確定；另一份是苦差事，在工廠裡工作，酬勞不錯，工時長，但是穩定。

彼特說，他想考慮一下，應該接下哪份工作。他又在後院待了一夜，到了早上，他說要去工廠上班，身上的二十五塊錢可以租一間廉價的房間，買漢堡和熱狗吃，撐到第一次發薪日。

他出來後的第一個星期四，打電話給女朋友：「戴上帽子，我接你出去玩。」她說：「免談，你不用帶我上哪兒去。」彼特說：「就是得抱著你出門，我也做得到。」她說：「你到底想要帶我上哪兒去？」他說：「去匿名戒酒聚會，我們倆都去。」

他跟女友定期去參加聚會，過了兩個星期，彼特第一次發言時，他的自我介紹是這樣的：「任何酒鬼無論他是個多麼沒

有價值的無業遊民，都希望清醒，也可以保持清醒，他只需要後院的一塊發射臺。」（笑聲）

至於他的女友，她跟彼特去參加戒酒聚會一陣子後，也跑來找我做心理治療。她決定讓女兒上高中，再上商業學校學速記和打字，老老實實找個正經工作過日子，因為她們應該過得比她更好。

就我所知，彼特已經清醒辛勤工作四年多，朝第五年邁進了。我真正給他的所有心理治療，只是帶他入門。我說：「假如你想要我沒收你的靴子，防止你逃走的話，你得求我才行。」在州立監獄工作教我看到囚犯的自尊心，做法就是訴諸他的自尊心。

我想，治療師只是提供你一個機會，在有利的環境裡好好思考你的問題。完形治療、精神分析和交流分析所有的原則……許多理論家寫在書上，彷彿每個病人都是一個樣的。到目前為止，我五十年來的發現是，每個人都是不同的個體。我總是把每個人當作獨特的，強調他或她自己的獨特性。

在彼特身上，我訴諸了他的囚犯自尊心，藉此把他留在後院，讓他好好想清楚。彼特告訴過我，我女兒和我的外孫女不屬於這個星球。她們跟他所見過的任何女性都不同。她們不屬於這個星球。（艾瑞克森微笑）

幾年後我女兒從醫學院返家，她說：「我要檢查彼特的心臟。」我們打電話給彼特，他趕來我家。她為他的心臟和血壓做了最徹底的檢查，告訴他：「彼特，它很正常。」他

說：「我一開始就這麼告訴你了。」（艾瑞克森微笑）

我們無法改變過去，但是對過往的心得十分具有教育意義。病人活在今天，每一天都為你的人生帶來改變。

想想這個世紀的改變就好了。在十九世紀初，人們騎馬或搭火車去旅行，任何妄想上月球的人都會被當成瘋子關進州立醫院去。他們叫亨利‧福特（Henry Ford，譯註：美國汽車工程師和製造商，也是福特汽車的創辦人）去買匹馬，並告訴他：「那部喝汽油的四輪車永遠、永遠也無法取代馬。」這個國家的鐵路發展歷經許多暴動，我在波士頓的圖書館裡，讀過許多反對鐵路的文宣。可是，我們還是有了鐵路，還有了汽車，當灰狗巴士開始上路時，人們對巴士的偏見也還很盛行，如今巴士路線卻遍布全國。

1920 年代，大眾說戈達德博士（Goddard，譯註：美國的物理學家，火箭技術先驅）應該關進瘋人院，因為他談到要發射火箭到月球去。1930 年，我讀到一位物理學家寫的一篇論文，證明假如一架飛機的飛行速度比音速快，就會解體成分子，飛機駕駛也會面臨同樣的命運。如今，突破音速障礙的噴射客機，早就不是夢想，飛機駕駛活得好好的，飛機也飛得好好的，一點損傷也沒有。

最近，我才剛剛發現，隔壁修車廠要一、兩個星期才能把你的車子修好，可是假如你想在火星上修理一部非常精密的機器，只要一個週末就夠。（艾瑞克森微笑）

（席佛德一臉茫然）

艾瑞克森：在火星上，修理一部非常精密的機器，只要一個週末。

席佛德：是哪種機器？

艾瑞克森：降落在火星上的水手號太空船。

席佛德：我懂了。

艾瑞克森：可是在隔壁的修車廠，你要等上一個星期。

珍　　：你的意思是說，在處理病人時，你寧可不看他們的過去，只要從他們目前的處境著手就好。

艾瑞克森：是的，從他們目前的處境著手就好。那是他們今天要生活的所在。明天，他們將會活在明天裡……下週、下個月和明年。你還不如把過去忘掉算了，就像你忘了自己是如何學會站起來，如何學會走路、說話，這些你全都忘光了。

以前有一度你唸書還要看注音，如今卻可以一頁接著一頁大聲唸出來，從來不用刻意注意音節或發音。當她唸信時，（指珍）她用這個方式來表示引號。（艾瑞克森用手指頭比出引號的手勢）以前你花了好長的時間才搞對標點符號，現在你……（艾瑞克森再次比出引號的手勢）

珍　　：所以你認為一個人的情感發展，跟他們生理發展和語言發展都是如此？

艾瑞克森：喬有個糟糕的情感發展，長達二十九年，可是伊黛說：「只要你是個紳士就可以。」

珍　　：所以，他就這樣做了一個決定。

艾瑞克森：你們一生有幾次做出像這樣的決定？

席佛德：只有幾次。

艾瑞克森：幾次？那可真多。而且你不必曉得是如何學會站起來和走過馬路，你甚至不曉得自己是怎麼過馬路的。你不曉得自

己是走直線，還是走走停停，東瞧瞧西看看，你只是自動地走過去。

我的學生問起催眠自動書寫，這是你們都做過的事。我曉得，雖然你們對我來說都是陌生人，好比，我可以告訴你，你就做過某些自動書寫。（艾瑞克森瞧著珍）你知道我說得沒錯。

今年一月，你寫 1978 年。每年一月份，你們都自動寫下去年的年份，這是不自覺的。每年一月，我都收到許多寫錯年份的支票。

我常常一邊跟學生說話或者想著某個學生，在他的書上簽名，寫錯了年代，有的寫上「1953」，有的是「1967」。因為跟那個人說話時，我想起了 1953 年或 1967 年的什麼事。當我幫他簽名時，就寫下那個日期，因為我想起了那個人，而想起那個人時，我也想起對他來說重要的那一年。

我們不知不覺地做了許多這一類的事。

好啦，有的人一下子就學會了自動書寫，有的人覺得這是要學習的。所以我告訴他們，把筆放在紙上，看著你自己的手動起來。動作有上有下，也有彎曲的。不久手就輕輕浮起，你讓手飄浮起來。有些人，很多人，覺得他們必須像學普通寫字一樣，經過學習的過程才會自動書寫，所以他們露出他們的信念。

多數的精神官能疾病來自人們覺得自己不適當、沒有能力。他們真的珍惜自己的能力嗎？

我想，你們每個人都有第一次催眠的經驗，你們會納悶：

「我做對了嗎？他的反應對嗎？接下來我該怎麼做？」

好吧，找個我真的不認識的人。（艾瑞克森瞧著一個婦人，然後向席佛德說話）你跟她換位子看看。（艾瑞克森低著頭說）你有沒有被催眠過？

婦人：有，你幫我催眠過。（她拍拍艾瑞克森的手臂）

艾瑞克森：好吧，你挑一個還沒有被我催眠過的人。

婦人：你可以試試邦妮。（邦妮是從鳳凰城來的治療師）

艾瑞克森：（對著這個女人）你跟她換位子。（邦妮坐下來）好，首先，你們注意我並沒有請她坐在這張椅子上。（艾瑞克森指著椅子，邦妮點頭說「是」）我只是請**她**坐在**那張**椅子上。你坐在那邊，可是我並沒有請你過來，對不對？

邦妮：對。

艾瑞克森：你進入催眠了嗎？（邦妮微笑）有沒有？

邦妮：我覺得好像有一點。（點頭）我感到很鎮定很放鬆。（她再次點頭）

艾瑞克森：你會說你是在催眠中嗎？（邦妮點頭說是）她是個和藹可親的人。（艾瑞克森舉起她的右手，讓它就這樣舉著）今天是你頭一次見到我，對不對？

邦妮：嗯。

艾瑞克森：你習慣讓陌生男人把你的手舉在半空中嗎？

邦妮：才不呢。（微笑）

艾瑞克森：你沒辦法拿我來證明。（艾瑞克森發笑）看你能撐多久不閉上眼睛？

邦妮：（眨著眼睛）我看我現在就要閉上了。

艾瑞克森：閉吧，你也會進入催眠……感到很舒服，睡得深沉一點……（邦妮放下她的手）輕鬆一點。你覺得愈舒服，就會進入催眠愈深，你不會寂寞的，別人也會進入催眠的。

其他人可以瞧瞧四周，看看有幾個人捕捉到了清醒狀態的運動神經的機動性。你們全都顯示出心理活動減少了。你瞧瞧他們的眼睛，他們沒有平常正常的眼神，有一種不一樣的……眼神。

（艾瑞克森對著席佛德說）你發現自己的眼睛張不開了。（艾瑞克森緩緩地堅忍地點點頭）所以，你不妨**現在**閉上眼睛吧，要一直閉著。將來，你會發現突然的洞見、突然的了解，一種從來沒有過的想法。那只是你的無意識心靈在告訴你意識心靈你早就知道的事情，因為我們都用自己的方法學習。喬學到一點，只要瞧著伊黛就徹底改變了他的一生，彼特則是坐在後院裡發現這一點的，他甚至不曉得自己為何繼續在那兒坐下去。（邦妮張開眼睛）他並不曉得，**我**有多麼徹底地了解囚犯的自尊心，可是他已經深陷其中，樂此不疲了。是他自己改變了一輩子做個無用之人的命運。

現在，我要告訴你們一個故事，1930 年，大路薏絲是羅德島普羅維登斯地下酒吧的保鑣。大路薏絲身高將近兩公尺，全身都是肌肉、骨骼強壯。她在地下酒館當保鑣，有個小小的嗜好，喜歡晚上出去散步，假如巧遇落單的警察，她會把他揍個半死，送他進醫院躺著，那是她的小小嗜好。

普羅維登斯的警長受夠了大路薏絲老是把他的手下打進醫院，所以他上法庭去，用危害他人的罪名把她送進瘋人院。

路薏絲在州立醫院裡待了六個月，她曉得自己並沒有發瘋，自己的小嗜好也沒有什麼不對，她只打警察，所以每個月她在病房裡砸毀五百美金的設備出氣。院長對此十分頭痛，因為醫院沒有預算供大路薏絲繼續發火出氣。

有天早上他跟我說了大路薏絲的事，我說假如我治得了她，有沒有什麼限制。他說：「你愛拿她怎麼辦都行，只要別殺了她就好。」

我去病房看她，以前我只管男病人。我向大路薏絲自我介紹，告訴她，在她砸毀任何東西以前，我希望她可以坐在板凳上跟我說說話。她說：「你是說，你想要抓住我，好讓二十個管理員衝進來打倒我嗎？」我說：「不是的，路薏絲，我只想跟你說說話。十五分鐘以後，你可以做你想做的事，沒有人會干涉你。」

有一天，護士打電話給我說：「大路薏絲想見你。」她在床前來回踱步。我說：「坐下，路薏絲，跟我說話。」她說：「你是不是叫管理員準備好了要進來把我撲倒？」我說：「沒人會進來撲倒你，事實上，沒人會干涉你，坐下來跟我談談新英格蘭的冬天。」大路薏絲狐疑地坐下來。

十分鐘以後，我跟護士打暗號（艾瑞克森揮揮手），不過路薏絲並沒有看到。護士打了一通電話，大約一、二十個實習護士衝進病房來，有一個抓把椅子就開始砸東邊的窗戶，四個咯咯笑的實習護士衝到桌子前面，每個人抓起一隻桌腳，用力把桌子拆了，另外一個砸爛了牆上的電話，她們真的動手砸毀了一切。我徹底交代過她們該怎麼做，她們全都樂不

可支。

大路薏絲跳起來說：「女孩子們，不要。女孩子們，不要，請你們不要這樣。」女護士們還是繼續砸，路薏絲一直求她們住手，因為不喜歡看見**自己**的行為。那是路薏絲最後一次破壞任何東西。

兩個月後，大路薏絲打電話給我。她說：「艾瑞克森醫生，我受不了跟這些瘋子一起住在病房裡，你能不能幫我在醫院洗衣部找份工作？」喔，大路薏絲以前在洗衣部試做過，可是她在那兒砸毀了太多東西。我說：「可以，路薏絲，我可以幫你在洗衣部安排一個差事。」我們有了很好的默契。路薏絲在洗衣部表現得好極了，還升任成為負責人，她以病人的身分出院，受聘為正式員工。

好啦，醫院維修部門有個跟路薏絲差不多身高的木工來看她，覺得她長得很好看，所以他們結婚了。就我所知，路薏絲管理了洗衣部十五年，把事情做得有模有樣。木工也做得不錯。當然啦，每到週末，路薏絲和木工總是上演喝啤酒的小插曲以及一般的家庭爭吵，他們會在家裡小小打一架，可是從來不跟其他人吵架，他們是優良的員工。

我不曉得路薏絲的過去發生了什麼事，促使她長成那個樣子，我並沒有讓她看她過去的行為。她就像〈哥林多前書〉十三章十一節上面所建議的：「我做孩子的時候，話語像孩子，心思像孩子，意念像孩子，既成了人，就把孩子的事丟棄了。」話語像大人，作為也像大人。

我讓路薏絲好好瞧瞧她幼稚的行為，那就夠了，我讓她在本

來不會如此做的人身上瞧瞧自己幼稚的行為，她所需要的治療就只有這些。

關於治療的教科書都試著用一大堆概念來打動你們，這些概念應該從你們的病人身上獲取，不該來自教科書，因為書上只教你用某些方法做事情，好比 E 應該放在 I 後面，除非是在 C 後面等等。每條規則都有例外。我想真正的心理治療，（艾瑞克森瞧著邦妮）是曉得每個病人都是一個獨特的人，唯一而且與眾不同。

艾瑞克森：（對著邦妮說）你還喜歡你的催眠嗎？

邦妮：很好。

艾瑞克森：好，我沒有喚醒你，因為我想說明一個論點你想在催眠狀態裡待多久就待多久。除非有個目的，否則何必繼續催眠下去呢？我故意讓你毫無目的地留在催眠裡。

（艾瑞克森瞧著地面）有一回我在舊金山示範催眠，催眠了一個牙醫的助理，我叫她醒來，她也展現出清醒的模樣，人人都以為她已經醒來了，可是接下來兩個星期，她日夜都處在催眠狀態下。

後來我又去了一趟舊金山，再度遇見她，當時她已經醒過來。我說：「上次我叫醒你的時候，你並沒有醒過來，假如可以的話，我想知道你為何要留在催眠狀態下。」

她說：「我很樂意告訴你。過去一段時間以來，我跟老闆產生了感情，他的太太拒絕離婚，我想他既然想跟我在一起就應該離婚，要不然就忠於他的妻子。我留在催眠狀態下，因為我曉得只有在催眠狀態下，才可以告訴他我真正的感覺。」

可是，那時他太太已經決定不要這樁婚姻，主動提出離婚，按照她的條件。我老闆跑來告訴我這個消息，我曉得可以從催眠中出來了。現在我們結婚了，他的太太很開心，我很開心，牙醫也很開心。」

還有一回，我在洛杉磯催眠了兩個牙醫助理，我注意到他們也沒有在我叫他們清醒的時候脫離催眠，可是在其他人眼中看來，他們似乎已經清醒，我就曉得他們留在催眠中是有原因的。

兩週後，我又去同樣的地點演講，這兩個牙醫助理也在場，我私下問他們：「你們兩個為何在催眠中待了整整兩個星期？」他們說：「我們是在做實驗，想知道我們能不能在催眠狀態下工作，就像清醒的時候一樣，如果你認為兩個星期的時間已經足以證明，我們現在就清醒過來。」我告訴他們，任何被催眠的對象都可以像清醒時一樣工作，可能還會做得更好，因為分心的事情比較少。

假如要請司機載我穿過危險的交通，我會讓他進入深沉的催眠，我要司機專心注意交通問題，可不要在一個刮風的日子，讓他分心去注意被風捲起裙子的女孩子。我只要他看見交通問題，不要他分心注意車內的談話，我不要車外的任何事情讓他分心，不要開車以外的事情分散他的注意力。

我有個媳婦為了碩士論文考試苦惱了兩年，她覺得自己鐵定過不了關，她丈夫告訴她，她一定可以輕鬆過關，我告訴她：「耶，媳婦為何要相信她丈夫的話？他不是什麼事都懂。耶，我媳婦為何要相信她公公的話，他也不是凡事都

懂。」她才曉得自己碩士論文考試有多難。

不過，她的確來向我求救，我告訴她：「進入催眠狀態吧，忘了你的碩士考試，將來有一天，你將會走進亞歷桑那州立大學某間教室，你會看見一些複印出來的考試卷，和一些作答的答案卷，找張舒服的椅子，不要理會其他人，花點時間做個白日夢，想想你去新英格蘭的旅行，想想你去南卡羅萊納的度假之旅，還有其他的假期，不過你隨時可以注意到自己的手在寫字，不過你對那部分不是真的感興趣。」

她從學校回到家，完全不記得自己去過那兒。兩週後，她在瀏覽信件的時候告訴她丈夫：「有件事情搞錯了，註冊組寄信來說我已經通過碩士考試，可是我還沒去考試呀。」我兒子說：「再等幾天吧，或許他們就會把你的文憑寄來了。」

她說：「這怎麼可能我還沒有參加碩士論文考試呢。」她並不需要知道自己已經考過試了，需要知道的是註冊組。現在幾點了？

克莉絲汀：四點二十。

艾瑞克森：我們就在這裡打住吧。今天有些新來的人。（對著一個婦人）你相信阿拉丁神燈嗎？（哄堂大笑。轉向另一個人）你相信嗎？（艾瑞克森帶著新來的人進家裡去參觀他的收藏）

# 星期五

你的病人是活在今日的狀況，所以你的治療要定位在病人的今日與明日，並且希望能延伸到下週與明年，你可以讓他們用實際的方式為自己著想。


說明：來自紐約的精神科醫生席德羅森（Sid Rosen），以下簡稱席德，是艾瑞克森醫生的老同事，參加了今天的演說。他坐在綠椅子上。


艾瑞克森：我與我妻子今早談到一個問題，關於我們在小時候所接受到的定位（orientation）。我們談到城市兒童與鄉村兒童在定位上的不同。

鄉村兒童被定位日出即起，整個夏天都在工作，直到日落，工作時永遠放眼未來。種植作物，等待作物成長，然後收成。在農場上的一切都是定位於未來。

城市兒童被定位於**此時**的事物上。在藥物氾濫的社會中，「此時」的定位到處可見，非常狹隘。

當你見到父母時，先想「他們是什麼定位」：是放眼未來嗎？一個鄉村兒童會很自然地放眼未來。

我要舉個人的經驗為例。有一年夏天，我為十畝的土地清除樹叢。父親在秋天時翻土，翌年春天又翻了一次，種下燕麥。燕麥長得很好，我們預期有很好的收成。夏天一個週四晚上，我們去看燕麥的情況，想知道何時能收成。我父親檢

查了每一株後說：「哇，這不是每畝三十三株，而是至少一百株，下週一就可以收成了。」

回家時，我們很快樂地想著大約有一千株燕麥叢在財務上的意義。然後開始下雨了。週四整晚都在下雨，週五下了一整天一整晚，週六也是一整天一整晚。週日一整天。到了週一早上，雨停了。我們涉水回到田地，一片平坦，沒有直立的燕麥。父親說：「我希望有足夠的燕麥泡水成熟發芽，這樣秋天就有綠地讓牛來吃。明年又是新的一年。」

那就是放眼未來的定位，在農場上是非常非常需要的。

現在的城市兒童只有「此時」的定位，他們通常比鄉村兒童更早得到關於未來的定位。鄉村兒童的未來定位是一直持續進行的，必須一直種植燕麥，通常會比城市兒童稍晚種植。城市兒童**此時**就會去做，而鄉村兒童會等待。

在藥物文化中，似乎沒有任何關於未來的定位。有人死於嗑藥過度，但那只意味毒販給了太純的海洛因，於是他們會去找那個毒販，也讓自己爽一爽。

有些人服用天使塵（Angel's Dust）導致精神錯亂，但是他們會繼續使用，再一次精神錯亂，甚至第三次精神錯亂。要花很久時間，他們才會有未來的定位。

現在，有人請我概括描述出一個人在性生活上的成長與發展，至少部分的描述。[3]

性是一種生理現象。對於男性而言是局部的問題，他不會因

---

[3]　原註：在這段談話之前，我請艾瑞克森在今天演說中談這個主題。

此多長一根鬍鬚。性對他只是一個局部的經驗。

對女性而言，在生理上，性經驗意味著：受孕，懷胎九月，生產，哺乳嬰兒六個月到九個月，然後在我們的文化中，在接下來的十六到十八年間照顧這個兒童。

當女性開始活躍的性生活時，內分泌系統會先改變，骨骼鈣質會改變，髮際線會發生些微的改變，眉毛下的骨骼會稍稍突起，鼻子也許會增長幾分之一公釐，嘴唇變得更豐滿些，下巴的線條也會改變、變得比較沉重，胸部與臀部的脂肪層會增大，密度也可能會增加，身體的重心因此而改變。

結果，她的儀態也會改變：走路時擺動手臂的方式與身體的運動方式都不一樣。如果你懂得觀察，就會立刻發現這些變化。因為她的整個身體在生理上都發生改變。你會看到懷孕的發展，看到她的身體如何變大。整個懷孕過程，哺乳時都會不停改變。我有一個姊姊努力了十三年想要懷孕。她不認為我這個弟弟懂任何醫藥，在手足之間這是很常見的。所以，她嘗試當初生嬰兒的養母，照顧他們直到有人收養，她自己不想收養。最後，在當了十年的初生嬰兒養母，她前來徵求我的建議。

我很簡單地告訴她：「你一直嘗試想要懷孕，可是缺乏某種東西。如果你願意收養一個兒童，真正感覺到生理上的擁有，讓那個兒童在生理上給你一種特殊的生理意義……我不知道還能怎麼描述，只要你收養一個兒童，三個月內就會懷孕。」她在三月收養了一個男孩，六月就懷孕。後來她又懷孕了幾次。

本週稍早我曾提到，到伍斯特州立醫院任職時，A醫生帶我去巡視病房，然後請我到他的辦公室，「請坐，艾瑞克森。」他說：「艾瑞克森，如果你對精神醫學感興趣，其實很占優勢。你有條跛腳，我不知道怎麼造成的，我自己是在一次世界大戰受傷。跛腳對你從事精神治療有很大的價值，它能激起女性的母性本能，她們會很樂於對你坦白交心。至於男性病人，你不會讓他們感到恐懼、敵意或憤怒，因為你是個跛子。他們會覺得自己比較優越，不會對你產生競爭意識，更不會把你看成一個男人。你只是個跛子，對你坦白是很安全的。所以，不要有表情，閉上嘴巴，睜大眼睛與耳朵，等到有一些真正的證據支持你的推論和見解，再來做出你的判斷。」

談到性的成長與發展時，初生的嬰兒是非常無知的。他會有吸吮的反射動作，也會哭。但那是無意義的哭。我想那是對於新環境的不適。

接著，嬰兒會開始感覺到一股溫暖潮溼不時出現。那是很舒適的感覺。嬰兒要很久很久後才會發現，在溫暖潮溼的感覺之後，總是會有冰冷潮溼的不舒適感覺。最後，嬰兒懂得這兩者是有關係的。

抱起一個很餓的嬰兒，摸摸他的肚子，把他放回床上。如果他會思考，可能會這麼想：「那真是很不錯的一餐，很有感覺。」吃飽睡覺，直到下一次飢餓來襲，他會想：「那一頓並沒有維持很久。」第二次把他抱起，拍他的背，他又感覺很舒服，把他放回床上，他又開始睡覺，直到下一次飢餓來

裹。然後他哭著要吃東西，因為拍背也不是可以維持很久的食物。

過了一會兒，母親發現無意義的哭聲有了意義：「我餓了」、「我冷了」、「我好寂寞」、「我需要摸摸」、「我需要抱抱」、「我需要注意力」……每一個哭聲都不一樣，嬰兒開始了解不同的事情。

太多母親想訓練小孩用尿盆，但是如果太早開始訓練，很快就會失效，母親也無法理解原因。

通常小孩躺在地毯或在遊戲圍欄中，會突然坐起來環顧房間，（艾瑞克森示範那樣子）他看起來很好奇。母親以為強尼要尿尿了，衝過去抱起他，放在尿盆上。強尼發現了尿尿之前的第三個警告信號——下腹部的壓力。他不知道如何確定下腹部的壓力，只能環顧房間。所以當幼兒認出了腹部壓力，知道隨後會有溫暖潮溼的感覺，然後是冰冷潮溼的感覺，就會表示出來。

注意一件事，幼兒並不熟悉他的身體，不知道手是他的，不知道是他在操作雙手。他認不出他的膝蓋或腳，那些只是物件，所以他必須一再去感覺它們。學習辨識自己的身體是非常困難的一件事。

我知道有多困難。十七歲時，我曾經全身癱瘓，只能移動眼睛——聽覺或思考都沒有問題——護士會把一條毛巾放在我臉上，讓我看不見，然後碰觸我的手，要我說出是什麼部位，我必須猜是左腿、右腿、肚子、右手、左手，甚至我的臉。花了很久時間，做過大量的蒙眼練習，我才能知道我的

腳趾或腳在什麼地方，辨識出身體的個別部位。所以我很能夠感同身受嬰兒的體驗。

當嬰兒開始玩弄玩具時，並不是真的知道他的手在哪裡。他看到好玩的東西，想要拿起來。奇怪的是玩具不會跑掉。終於有一天，他去碰觸另一隻手，這時候他的表情會非常有趣……（艾瑞克森用左手去碰自己的右手）同時得到脊椎刺激與手掌感覺，兩者似乎有關聯。兒童學會用一隻手去觸摸另一隻手。（艾瑞克森再次示範）他會好奇地檢查每一根手指，發現每根手指都是這個的一部分和這個的部分……（艾瑞克森摸摸自己的右手腕、肘到手腕處和肘）連貫到手臂與肩膀。

我有八個小孩，我觀察他們每一個是如何發現自己的身體。他們都有共同的模式，有些人先發現手，然後才發現腳。

初生嬰兒的頭是身體的七分之一，當身體愈長愈大，剛開始時，手只能舉這麼高，（艾瑞克森摸頭示範）後來他可以高舉過頭。這對嬰兒而言是很奇怪的經驗。

父母會很驕傲地教導嬰兒：「這是你的頭髮、你的額頭、你的眼睛、你的鼻子、你的嘴、你的下巴、你的耳朵。」他們以為嬰兒真的知道什麼是他的頭髮、他的眼睛，而且習慣讓小孩用右手來學習這一切，於是小孩變成了右拐子。

強尼其實不知道耳朵在哪裡，父母只教他「在手的上面、下面或旁邊。」（艾瑞克森用左手碰臉的左半邊）側邊學習是很困難的一件事，（艾瑞克森用左手碰右耳）然後他必須用另一隻手做另一邊的側邊學習。（再用右手碰左耳）你看著

嬰兒把手舉起來摸耳朵，（艾瑞克森將左手舉過頭去碰自己的右耳）臉上的驚訝表情彷彿在對自己說：「原來這就是我的耳朵。」他必須用另一隻手認識另一隻耳朵。（艾瑞克森用手比劃著）看到嬰兒用側邊的方式來感覺頭頂與耳朵是很有趣的，他仍然不知道耳朵在哪裡，直到把手繞過後腦，碰到另一邊的耳朵，（艾瑞克森用手示範）突然發現：「我的耳朵在這裡。」他必須從前面、從下面、從上面、從後面來知道耳朵的位置。這時他才算是真正知道了。他還有許多其他事情要學習。嬰兒躺在搖籃中，父母站在他上方，所有的動作都在上方。（艾瑞克森示範著）

我兒子羅伯曾因車禍住院幾個月。他回家後把石膏拿掉，坐在沙發中，翻身看到地板，他說：「老爸，地板距離天花板好遠，我很怕站起來。」我說：「你知道天花板有多遠。現在你必須學習知道地板有多遠。」他花了幾天時間才了解這段距離。（艾瑞克森看上又看下，目測從地板到天花板的距離）

所以對初生嬰兒，他的頭有這麼高，身體愈長愈大，（艾瑞克森示範著）手也愈伸愈遠，（艾瑞克森的左手從頭開始下移到膝蓋）身體各部位的相對位置每天都不一樣，至少，每週都不一樣。

小強尼必須辨識身體的每一個部位。他很驚訝發現必須用陰莖來尿尿。之前那只是一種溫暖潮溼的感覺。

當他會走路時，他會想站著尿尿，像爸爸一樣，結果尿得整個廁所都是。於是他上了第一課：「使用小弟弟時要瞄準方

向。」他學習尿在尿盆中。這是學習的一部分。

然後他必須學習尿尿的時間。他發現從走廊到廁所很容易，從客廳到廁所比較困難，從廚房到廁所就更困難，從陽臺、院子到廁所更是。最後他學會了上廁所需要的時間。

然後他要學習第二堂重要的課程。他及時來到廁所，但是有大人在使用，所以他尿溼了褲子。（艾瑞克森笑了）母親以為他是生氣尿褲子。他會尿褲子是因為還不曉得尿尿對於一般人的重要性。（艾瑞克森又笑了）

這一切學習都是片段地發生。他學到了尿尿的社會層次。

完成了廁所訓練後，母親給強尼穿上新衣服，告訴他：「坐在椅子上，不要動，不要弄髒。我們要去教堂。」強尼又尿褲子了。為什麼？因為穿了新衣服，他的陰莖與這些衣服還沒有建立關係。母親應該帶他到廁所，幫他找出他陰莖與衣服的關係。但是母親認為強尼是在找麻煩，他明明會自己上廁所，但是母親忽略了他穿上新衣服，他的陰莖與這些新衣服還沒有建立關係。

給你們一個好例子來說明。一位將軍正在檢閱一群女兵：「收緊你們的小腹，不要在上衣口袋中塞手帕。」有人告訴他，那不是手帕。我們都會忘記成長中的許多事情。

強尼學會了及時去上廁所，學會了引導尿尿的方向，學會了尿尿的社會意義；尿尿不僅是在家中的廁所，也可以在其他地方。

我要說一個病例。有兩家人住得很近，就在小學對面，有自己的家族事業，各有一個男孩、一個女孩。兩個小孩小學畢

業後，父母們賣掉房子，到高中對面買了房子。男孩與女孩高中畢業後，沒有上大學，進入家族事業工作，彼此相戀，兩家人都很高興。一個晚上，父母為他們舉行了婚禮。

兩家人為小兩口租了公寓。晚上十點半，小兩口來到新家，脫掉衣服上床。沒想到生活大亂。廁所是個陌生的地方。他們都被訓練成只用家中的廁所，因為父母不希望他們使用學校廁所。他們這輩子從來沒用過陌生的廁所，只好穿上衣服，回家，使用家中的廁所。

他們共度了春宵，沒問題。但是第二天早上，還是必須回家上廁所。

他們來見我，學習「如何使用陌生的廁所」。我教他們隨時隨地都可以上廁所，只要顧到隱私，不需要是熟悉的廁所。

席德：你怎麼教他們？告訴他們相關的故事？

艾瑞克森：我帶他們到我的廁所，說有八個小孩與兩個父母使用，還有其他的病人也使用。我公開討論這件事。

我女兒與一位年輕人去參加宴會。那人的父親過來跟我說：「艾瑞克森醫生，我兒子帶你女兒去宴會。我不想侮辱你，但你要知道我們是屬於不同的社會階層。」我說：「我知道你們繼承了大筆的遺產，因此你們是不同社會階層。」他非常客氣地說：「好，現在我們都清楚了。我希望你讓你女兒知道，不要抱有任何期望。」

宴會之後，他過來道歉：「我兒子帶你女兒去宴會，我為在場所有成年人感到慚愧。座位上有半打的叉子與湯匙，所有人都斜眼看旁邊的人會用哪一個湯匙。你的女兒也是，她很

坦然地環顧四周,完全沒有想隱瞞她的無知。」

他說:「我妻子想知道你女兒到哪裡買到那麼美麗的晚禮服。」我把十二歲的女兒叫進來說:「這位先生想知道你到哪裡買的晚禮服。他向我道歉,因為我要花錢為你買那麼好的晚禮服。」我女兒說:「我自己買布料做的。」他又道歉了,他妻子想知道我女兒在哪裡買的,他難以想像有人可以自己做晚禮服。

陰莖的用法也不僅如此。(艾瑞克森和全部人都笑了)一個男生必須學會尿在貓、狗、花床與割草機上,尿到瓶瓶罐罐中,尿穿過欄杆的孔。他要爬上樹,看看是否能尿到地上。換言之,大家對於陰莖在外界的使用上都很無知。沒有人能教你怎麼用,你必須自己實驗。

我記得在密西根時,我們有個女管家是專業護士,她很生氣地發現我的兒子們偷偷尿到一些瓶罐裡。我無法告訴她原因,因為她太生氣了,聽不進事實。所有男孩都會經歷這種階段。

我有七個姊妹與四個女兒。她們都經歷過相同的過程。晚上,她們會跑到後院角落尿尿。野餐時也會實驗。她們必須學習到了外面也可以尿尿。實驗了才會知道。

嬰兒出生時可能就有勃起。這是膀胱膨脹的現象。男孩要了解陰莖有三種軟下來的情況:軟陰莖的皮膚有許多神經,簡單地說,有一組神經在陰莖軸心,另一組神經在陰莖頂端。男孩要了解陰莖鬆軟時的感覺,一半勃起時是另一種感覺,還有四分之三勃起是另一種感覺,完全勃起又是另一種感

覺。（艾瑞克森將左手舉到椅子扶手的一半高，再舉到四分之三高，作為示範）

我曾經碰過不知道如何勃起，或是對於陰莖插入陰道有極大恐懼的男性。他們沒有學到很多事情。男孩必須玩弄陰莖，大家稱之為自慰，我稱為「嬰兒對陰莖定位的哄勸」。男孩要用自慰來練習如何勃起，如何享受這種感覺，如何放鬆勃起，如何再度勃起。

這時他碰上另一個問題：與其他男性進行認同。之前，他與同輩男性一直是競爭的對手。「看我有多強壯，看我的肌肉多麼結實。讓我摸摸看你的肌肉。」（艾瑞克森用左手臂示範）「勃起時是不是像肌肉一樣硬？」他必須知道自己的陰莖是否像其他男孩一樣硬，所以有很多實驗很多感覺。有些人稱此為同性戀階段，我稱之為「團體定位階段」、「性定位階段」、「同性定位階段」。

然後他必須學習射精。簡單說，射精有三種分別：尿道成分、攝護腺成分與精液。第一次射精大多是尿道成分，或尿道與攝護腺的混合。

射精就像吃東西。嬰兒開始吃半固體食物時，先是吞食，等食物進入內臟，唾液腺開始為食物分泌唾液。兒童必須學習消化每一種食物，開始於口中，加上食道、胃與小腸等各種分泌。孩童在不同的年齡學習消化不同的食物。

男孩也必須自慰，直到能夠達成三種成分的射精，而且幾乎同時發生，不過要有正確次序。

有一個醫生告訴我：「我結婚了十三年，有個十一歲的兒

子。我與妻子都不喜歡做愛。那是很辛苦的工作。」我說：「你小時候常不常自慰？」他說：「我自慰過兩次，幸好兩次都被我父親抓到，沒有完成。」

我說：「好，拿一個用過的保險套到辦公室檢驗一下。」他總共拿了十一個保險套樣本到辦公室給病理學家分析：有些是攝護腺分泌與尿道分泌，有些是攝護腺分泌與精液。精液是分量最少的。

他回來說：「我也許上過醫學院，但什麼都沒學到。」我說：「你應該自慰到能夠以正確的次序產生三種分泌液。除非照正確的次序產生，否則你無法得到完整的生理滿足。」我想是在第二十八天時，他在浴室外碰到妻子。他抱起她，帶到臥室與她做愛。他們倆告訴我，那是他們首次享受性交。他學會了正確的射精。

有些男孩學得很快，有些也許要自慰一千次才能學會。就像其他學習一樣。

還有其他的學習。像是大自然不透過手而達成的自慰與射精。男孩會在夢中把情緒反應與射精連接在一起，於是做春夢。母親以為他自慰了，真應該感到慚愧，他畢竟已經是個大男孩了。事實上，這種生理反應能讓男性區分自慰與性活動。然後他會開始注意起女孩子。

我要說個關於我一個兒子的故事。

他上高中時說：「爸，我要到伊娃家做功課。她的數學與歷史很好。」

然後他與伊娃去溜冰。起先是分開溜，很快就牽手一起溜，

開始從事有韻律的身體活動。溜完冰後，得到黏液橫隔膜的刺激，他們會一起去吃速食。這成為溜冰很重要的一部分。到了夏天，他帶她去游泳。第一次與伊娃游泳後，他說：「爸，你知道女孩子有多少皮膚嗎？」我說：「與男孩子一樣多。」

小孩喜歡看我早上刮鬍子，因為我用的是理髮廳的剃刀。我總是說：「小女孩長大時不會長鬍鬚，而是胸部鼓起來，男孩子長大時才會有鬍鬚。這就是男生與女生的差別。」

我兒子詢問伊娃身上鼓起來的東西時，我說：「你有多注意？」他說：「男生都喜歡不經意碰撞女生的胸部。」我說：「沒錯，還有呢？」他說：「還有她們的屁股也比男生大，男生喜歡去碰女生的屁股。」我說：「沒錯，那就是成長的一部分。」

最後，我兒子把伊娃稱為「他的女孩」。他帶她游泳、跳舞。當然，他們總是去吃漢堡與熱狗，加上所有的配料，還有各種口味的冰淇淋。

冬天，一個週五早上，氣溫零下十度，我的大兒子說：「童子軍要在週末晚上露營。你願意載我們去嗎？」我說：「當然可以。」我準備在他們放學回家後載他們去。我兒子說：「我們要到十點半才出發。這次露營從午夜開始。」我已經答應要載他們。我這樣一個成人在零下十度去雪中露營，似乎不是很聰明的一件事。

上車後，我兒子又說：「我答應其他男孩你會去接他們。」其他男孩都在集合地點等待。把行李都裝上車廂，他們爬上

了車。

開往露營地點時，一個男孩問我的二兒子：「藍斯，你今晚做了什麼？」藍斯說：「我參加學校的餐盒義賣會。」他們都取笑他花了很多錢去買女生的餐盒。另一個男孩問：「你買了誰的餐盒？」他說：「凱倫的。」所有的取笑都變成了仰慕：「哇，真希望我也能想到。」「你真酷！」「你真厲害！」大家都說出了佩服的讚美。

我心想，買了凱倫的餐盒，為什麼這麼了不起？可是我保持沉默。

在露營地，他們爬上了三公尺高的雪堆，開始架帳篷，睡進睡袋中。他們在週六早上吃了早餐，在營火邊吃了午夜點心。我在週日傍晚接他們回來。

送男孩回家後，我問藍斯：「藍斯，你告訴其他男生你去餐盒義賣會，他們都取笑你，說你是笨蛋、傻瓜、呆頭。他們真的很不客氣。但有人問你買了誰的餐盒，你說『凱倫的』，他們就都希望也像你一樣。我要問你幾個問題，你要好好回答我。「凱倫漂亮嗎？」「不漂亮。長得很普通。」「她運動很行嗎？打球嗎？」「不會，她是全校最拙的女孩。」「她的個性很好嗎？」「不，沒人喜歡她。」「她很聰明嗎？」「不聰明，全校最笨的女孩。」我問光了凱倫餐盒可能吸引人的問題，可是，「現在告訴我，為什麼你買凱倫的餐盒？」「她是全校最胖的女孩。她有四個柳丁、四根香蕉、四塊蛋糕、四塊派、八個花生醬果醬三明治。我吃得比她還要快。」（艾瑞克森和大家都笑了）

這是很好的證明，通往男人的心，要先經過他的胃。

柏特（艾瑞克森的老大）在十七歲時加入了海軍陸戰隊。他服完了役後回家。

一天，他說：「爸，你覺得琳達怎麼樣？」我說：「我沒有意見。」他說：「爸，你知道我的意思，你覺得琳達怎麼樣？」我說：「我覺得她是個很漂亮、很聰明的女孩。」他很不高興地說：「聽著，爸，你知道我的意思，為什麼不回答我的問題？」我說：「既然你知道你的問題，為什麼不直接問我，讓我知道你的意思。」

他說：「爸，琳達結婚後，會不會很快就生一堆小孩？會不會整天都戴著髮捲？會不會穿著浴袍與拖鞋到處走？丈夫回家後，她會不會抱怨說無法管小孩或無法修理洗衣機？」我說：「伯特，你認識她母親，我也認識她母親。我想琳達有很好的老師，她會把她這輩子學到的東西都實際應用。」

兩年後，柏特碰到了當童子軍時的朋友。他說：「對了，柏特，我娶了你的高中女友琳達。你何不來與我們共進晚餐？」柏特說：「我很樂意，鮑伯，但你不認為我們應該先打電話給琳達嗎？」柏特說：「不用，我們來給她一個驚奇。」

當天晚上他們走進他家。琳達說：「嗨，柏特，鮑伯，孩子們整天都有點病厭厭的，冰箱沒有東西可以吃。」鮑伯說：「沒關係，我帶柏特去吃漢堡。」他已經很習慣了。

一天，我帶兩個孩子去游泳。他們在臥室換泳褲，脫掉褲子時，藍斯看到柏特，他說：「老天，柏特，你變老了。」柏

特很謙虛地承認。他有兩根陰毛，這就是變老的跡象。

柏特結了婚。當他覺得已經夠大，可以結婚時，他買了一輛舊卡車，有個生鏽的車頂，開始到處與女孩子約會。他們坐著卡車時，鐵鏽會從車頂掉到女孩頭髮裡。他會說她看起來真美。女孩接下來都不會再跟他約會。她們希望能有比生鏽的卡車更好的東西。

一天他在買下的屋子對面看到一個女孩。他告訴自己：「我很年輕強壯，可以做兩份工作，買下這個房子。如果我的新娘喜歡，我們就全額付清。如果她不喜歡，我們就去買她喜歡的房子。」

一天他看到對街有一個金髮女孩在照顧弟妹。他仔細觀察那位女孩。他喜歡她照顧弟妹的方式。他仰慕她，她真的很會帶小孩。

於是他租了一匹馬，犁了前院，做成一個花園，鬆土，讓小蘿蔔發芽，讓豆子在藤上繃裂，讓番茄成熟地爛掉。

一天，那位女孩羞怯地過來說：「艾瑞克森先生，我知道你有兩份工作。你的花園很不錯，但是所有的作物都要浪費掉了。你介不介意分給我一些？」柏特說：「不介意，那樣很好。」所以，她開始把花園中的作物都做成罐頭。他的花園很大。

然後他開始忽略鬆土。一天，那女孩說：「艾瑞克森先生，我知道你很忙，你介不介意我來幫你鬆土？」柏特說她真是好心。柏特知道他想要一位懂得如何在農場過活的妻子，她會喜歡在菜園工作，知道如何把蔬菜水果做成罐頭。

現在他們住在阿肯色州西邊的農場，有六個農場幫手與一個廚房幫手。莉莉安看起來仍然像年輕時一樣美麗。

當她生下第一個男孩時，她很高興。當第二個、第三個、第四個、第五個都是男孩時，她很失望。醫生告訴她第六個會是女孩，她哭著說：「你為什麼要騙我？我生不出女孩。」醫生證明她錯了。

這個唯一的女兒之後，他們又生了個兒子。現在最大的男孩已經大學畢業。柏特說他不想上大學，因為他在教室中看到其他學生都在犯錯。他可以在家裡自己進修。他對種植作物感興趣，整排的書櫃上都是有關農業的書。

他在陸戰隊時，仔細地考慮未來，很了解經濟蕭條的日子，鞋匠有接不完的工作，所以他在休假時學習修鞋子，每晚都有工作。他也學習如何治療植物，大多是在陸戰隊的閒暇時學的。

當他從陸戰隊退伍，他說：「我必須到底特律找工作。」我說：「你知道目前的失業情況，退役的軍人都要找工作。」柏特說：「我知道，我會找到工作的。」

他來到市區。暴風雨剛走，許多樹都被吹斷了。市政府的園藝人員在修剪斷裂的枝幹。

柏特打電話給其中的一位工頭：「你介不介意我為樹幹打樁？」工頭說：「沒關係，反正你不會讓情況更糟。」柏特在打樁上表現得非常專業。工頭說：「你似乎很有天分。穿上這些裝備，我帶你爬上一棵樹，看看你知不知道如何修剪斷枝。」他帶柏特爬上樹，指著一根很容易鋸掉的樹枝。柏

特做得非常專業。

工頭說：「你真的很有天分，試試另一根。」柏特看到一根很困難的樹枝。他仔細測量，然後很專業地完成。工頭說：「我正缺少有經驗的樹木修剪工人。你很有天分，來接替我的工作，我會去另一組修剪工人那裡當工頭。」於是柏特找到了一份工作。

席德：我有點不耐煩，現在我知道為什麼了。我覺得你是在侮辱城市人。你在剛開始時區分了兩種人，鄉村兒童與城市兒童。今天說的故事大多是鄉村兒童比較能夠計畫與得到計畫的利益。我不知道這些故事是否也能幫助城市的病人？

艾瑞克森：對城市人不要太強調這種區分。

席德：我知道有一個故事是一個人在餐館力爭上游。那個故事比較適合想要找工作的人。

艾瑞克森：我還沒說過那個故事。有一個墨西哥男孩只有小學畢業，他來找我：「身為墨西哥裔，我只有小學教育，沒辦法找到任何工作，沒有人願意雇用墨西哥人。」

我說：「璜，你真的想工作嗎？」他說：「當然。」我說：「我告訴你怎麼找工作，你要完全照我的話去做。我知道鳳凰城有一家餐廳。你去那裡說要免費幫他們工作，想學習如何打掃廚房。不要接受任何酬勞、任何食物。回家吃你母親為你準備的食物。」

我說：「現在你每天兩次仔細把廚房打掃乾淨。他們會開始占你的便宜，要你削馬鈴薯、切蔬菜，不會給你酬勞。但他們會操勞你、開始依賴你。一年之內，你就會得到一份工

作。但是你必須努力去掙得。」

璜很有自尊地進行任務。很快他們就發現讓他打雜實在是浪費。在餐館忙碌時刻，他們讓他擔任送菜的侍者。廚師很喜歡璜，因為璜很會幫忙整理蔬菜、幫助烹調。

市中心要舉辦一場商業大會，開會的人大多會來餐廳用餐，我告訴璜：「下週一有商業大會。你告訴餐廳經理，你想你可能會在另一個城市找到一份有薪水的工作，希望他不會介意你過去工作。」

我不知道當時的薪水，只是告訴璜，那份新工作的薪水比一般行情少很多。經理說：「我可以提供你更好的待遇。」每週多出一塊錢。於是璜得到了全時的工作。

一年後，廚房非常倚重璜。廚師教導璜烹調，他學得很好。然後又有一次商業大會。我告訴璜：「告訴經理，你可以在另一個城市找到薪資更好的工作。」經理說：「我可以出更高的價錢，你可以永久在這裡工作。」

璜後來成為鳳凰城薪資最高的廚師之一。現在他擁有自己的餐館，可以容納兩百七十名客人。他正在建造第二家餐館，至少可以容納三百人。

席德：我喜歡這個故事，比較平衡。你是否覺得城市人也可以從園藝的故事得到啟發，雖然他們對於花草樹木並沒有太多的經驗？

艾瑞克森：我時常叫沮喪的病人去為某人挖土種花。我送一個人去他的小姨子家，他們沒有小孩，我知道她想要一個花園。我對那個沮喪的病人說：「你的小姨子想要一個花園。你去弄

些工具，為她做一個很棒、很大的花園。」

等到他完工時，我又找到了另外一對夫妻。病人開始對這項工作產生興趣，回家後，清理了自己的後院，為妻子在新家做了一些櫥架——當初就是因為買新家才讓他沮喪。現在他每次來到鳳凰城，都會想去看看他蓋的那些花園。

席德：我想要在紐約找出與攀登女人峰類似的活動，例如要幾個病人去爬布魯克林大橋，那樣有幫助，（艾瑞克森點頭）還有幾個人則是慢跑。我給了他們特別的指示，要他們如何開始慢跑。那是很棒的抗憂鬱療法。

艾瑞克森：華盛頓大橋。

席德：華盛頓大橋很好啊。

艾瑞克森：荷蘭隧道（Holland Tunnel）。

席德：荷蘭隧道和帝國大廈。

（艾瑞克森點頭）

席德：不過我不會要任何人去走荷蘭隧道，不窒息才怪。

艾瑞克森：我就走過啊。

席德：徒步？

艾瑞克森：開車，很慢的。我想徒步還會更快點。

席德：（笑）那倒不假。

艾瑞克森：對於沮喪的年輕人，如果他們有藝術天分，我會要他們去畫帝國大廈，畫紐約市摩天大樓的天際線。（席德點頭）畫一幅哈德遜河，上面要有帆船。

席德：中央公園的池塘。

艾瑞克森：（點頭）找一棵樹……

席德：他們都很喜歡有這些功課……

艾瑞克森：在中央公園找一棵很好的歪樹，上面要有松鼠。

席德：麵包樹？

艾瑞克森：麵包樹。

席德：這裡沒有麵包樹。

艾瑞克森：在六〇年代的性革命；男人與女人開始同居，享受性愛自由。我只能說我同意瑪格麗特・米德博士，不管是狹義或廣義，家庭制度已經存在了約三百萬年。我不認為六〇年代的革命會影響三百萬年的制度。你覺得呢，席德？

席德：我同意。我喜歡你強調人們總是會重複的模式或事情……兒童與一代一代的人們。讓人聽起來覺得很自在，也很有啟發性。

艾瑞克森：現在，從另一個觀點來談。如果我搭火車從舊金山到紐約，覺得很孤單，想找人談話，周圍都是陌生人，我會不會與那個閱讀電影雜誌的美麗女孩談話？不會。我會不會與那個讀小說的女孩談話？不會。我會不會與那個打毛線的老婦人談話？不會。我會不會與那個讀法律書籍的男人談話？不會。我會不會與那個帶著聽診器的男人談話？不會。因為我們只會談行業的話。

我會立刻去攀談的人，不管男女，不管年齡，是任何只要配戴著威斯康辛大學領章的人。他們會知道野餐的地方、科學廳、州立大街、籃球以及天文臺山丘。他們能使用我年輕時的語言、我的情感語言、我的回憶語言。我們會有共同的語言。

當然，如果我看到有人在雕刻，也會停下來與他交談。如果我看到一位女士在縫毯子，我會想到我母親，因為她曾經為我們，還有她的孫子女、曾孫子女縫了很多毯子。那是我的語言之一。

所以當你看到病人、傾聽病人時，找出他是什麼定位，讓他知道如何去定位他自己。（註：此時，艾瑞克森本來想重複那個有關一位智力發展遲緩的女孩做了隻紫色填充布牛的故事。）

此外，還要考慮到性的發展：女孩也經歷類似的階段，但是在很多方面不一樣。看到四位高中女孩手挽著手走路，占據整個人行道。我覺得讓路給她們是很愉快的一件事。女孩要學習什麼？身體四周的壓力。

在入伍訓練時，已婚的男人與帶著女友的男人一起宣誓從軍。我聽見妻子說：「吻我吻到嘴唇流血，因為你可能再也吻不到我的。抱我抱到肋骨斷掉。我要記住這個擁抱。」但如果那世上最輕柔的親吻來自一個強暴犯，就會如火焰般灼傷，永遠也無法忘卻，女人的一生因此毀滅。這是有情緒的背景。如果病人有無法讓人理解的恐懼症，你要有同理心，設法讓病人擊垮這種恐懼。

有一次我到曼菲斯演講，請我演講的男女主人在結束後說：「演講滿長的，我們去吃飯吧。有家很棒的法國餐館，我們每週去那裡用餐兩次，有二十五年了。」

我把這段話當成是一種病態的顯示。每週在同一家餐館吃兩次，吃了二十五年……我同意了。

我心裡已經有譜，點蝸牛。他們看著我吃。（艾瑞克森做了個鬼臉）當我吃到最後一隻時，我說服男主人也嚐嚐看。他嚐了之後說：「很好吃。」我也說服他妻子嚐嚐看，她也覺得很好吃。於是我又點了一份蝸牛。他們也點了一份，吃得很愉快。

六個月後，我再去演講，還是他們招待我。演講到很晚，女主人說：「我們不要在家吃飯，去餐館。我知道一家很好的德國餐館，還是你喜歡其他的？有一家鯰魚餐廳很不錯。」她又說了幾家。我與他們去了德國餐廳。吃到一半時，我問男主人：「對了，你們最後一次去那家法國餐廳是什麼時候？」他說他忘了，六週還是兩個月之前。「親愛的，我們上次去那家法國餐廳是什麼時候？」她說：「我想是兩個月前吧。」

經過了二十五年，每週兩次……（艾瑞克森笑）真是病態。

席德：他們是不是也都點同樣的食物？

艾瑞克森：我沒有問，但我知道他們會避開什麼食物。一旦嚐過蝸牛後，他們就敢去所有其他的餐廳了。

在旅館游泳池旁看人下水，有人會先用一個腳趾碰水，再用另一個腳趾，最後才把全身弄溼。

剛成為醫生時，年輕的湯姆與瑪莎這對夫婦，都是初級精神科醫生，對我很友善，邀請我到醫院農莊旁的湖游泳。我穿上游泳褲與浴袍，上了他們的車。瑪莎在車上很沉默，前往湖邊的路上沒有說話。湯姆很殷勤健談。我不知道為什麼。我們來到湖邊，瑪莎跳下車，把浴袍丟在車後，來到湖邊，

跳入水中游水。沒有對我們說一個字。

湯姆高興地下車,把浴袍放在後座。我也是。我們走到水邊,湯姆的腳趾一碰到溼溼的沙子就說:「我想我還是明天再游。」

於是我下水與瑪莎一起游。回醫院的路上,我問瑪莎:「湯姆洗澡時會放多少水?」她說,「不到三公分的水。」

湯姆在那一週獲得資深醫生的升遷機會。他告訴上司:「我想我還沒準備好。」上司說:「我如果不認為你已經準備好了,就不會給你這個機會。你如果不接受,就準備另謀高就了。」

湯姆與瑪莎走了。我知道瑪莎很愛湯姆,湯姆也很愛她。瑪莎渴望有很好的家與子女。

二十五年後,我來到賓州演講,一個灰髮老人與老婦人走向我說:「你記得我們嗎?」我說:「不記得,但你好像覺得我應該記得。」他說:「我是湯姆。」她說:「我是瑪莎。」我說:「你什麼時候要去游泳,湯姆?」他說:「明天。」我轉身問瑪莎:「湯姆在浴缸中放多少水?」她說:「很糟糕的,還是只有不到三公分。」我說:「你現在做什麼工作,湯姆?」他說:「我退休了。」「什麼職位退休的?」「初級精神科醫生。」如果我有時間,我會設法把湯姆推入湖中的。

席德:瑪莎呢?

艾瑞克森:這樣瑪莎就可能有小孩。

只要你一旦突破了限制、恐懼的模式,就會冒險進入其他領

域。病人通常都會限制自己，使自己錯過許多事情。

昨晚加州一位朋友打電話來：「我剛發現了治療青少年愚蠢的良藥。把他們放進冷凍庫，等到二十一歲時再解凍。」（艾瑞克森笑）

我兒子藍斯對我很有意見，因為他很討厭我缺乏智慧，很坦白地說我很愚蠢。他上了密西根大學，後來告訴我：「爸，我只花了兩年就明白你其實是很有智慧的。」不久之前他打電話給我：「爸，你報仇了。我的大兒子才剛剛發現我還有點腦筋，有三個兒子還不知道。」

男性聽眾：我父親也常告訴我這類故事。（艾瑞克森點頭）

艾瑞克森：現在我要說一個病例。相當複雜，也相當單純。

羅伯・狄恩從海軍官校畢業，成為一個中尉。那時候還有戰爭，他獲得一個月的假期，復假後要到一艘驅逐艦報到。

他找到海軍精神科醫生主任，說明自己的問題。醫生主任了解他的問題，告訴他：「中尉，我沒辦法幫助你。我無法改變你的派令，讓你留在陸地上工作。你奉命要上一艘驅逐艦。我只能為你舉行一次軍法審判，軍法審判會送你去醫院，你的情況會惡化，終其一生成為一個精神錯亂的人。但是你也可以利用這個月的假期，去霍普金斯醫院，看看是否能找到私人的協助。」

羅伯去了。他們詢問他一會兒，告訴他：「我們無法幫助你。密西根有一個人叫艾瑞克森，他也許能幫助你。」

於是羅伯打電話給在紐約的父親，他父親打電話給我，問我願不願意見他兒子。我說我會到費城。他可以來費城說明他

兒子的情況，我會考慮。

父親來到我住宿的旅館，過程十分有趣。他進來自我介紹：「我只有一百五十二公分，花了一番工夫才加入軍隊，去打一次世界大戰。結果陸軍一直讓我當二等兵，直到大戰結束。我退役時發誓，如果結婚生子，就要他成為軍官，最好是海軍軍官。因為美國陸軍覺得我沒用。」

我說：「很好，羅伯有什麼問題？」他說：「他有個所謂的害羞膀胱。有人在場時，他就尿不出來。他是個傻瓜。他說他從小就有害羞的膀胱，在軍校過得很辛苦。對了，我覺得你們精神醫生收費都很高。你為什麼住這麼便宜的房間？你很吝嗇嗎？」我說：「你還能告訴我羅伯的什麼事嗎？」他說：「他在軍隊中有些問題。你為什麼不買些好衣服？你買不起更好的西裝嗎？」我說：「請說說羅伯。」「嗯，當羅伯回家度假時，加油站的廁所，對他而言還不夠好。他必須租旅館房間，進去鎖了門，才能上廁所。他從高中就會這樣……你連一條好領帶都買不起嗎？」我說：「請說說羅伯。」

他說：「現在快要中午了，你能不能把你那身老骨頭拖到旅館的餐廳？」我說可以。

走去餐廳時，他問我跛著腳，會不會讓我很難堪：「你在街上會撞倒多少老婦人？壓到多少小孩？」我說：「我走得很好。」

我們來到餐廳，他說：「旅館餐廳的食物很爛。我知道下條街有一家好餐廳。你能拖你那身老骨頭過去，不撞倒什麼老

婦人，還是要我叫一輛計程車？」我說我可以拖我的老骨頭過去。

到了下條街，他抱歉說搞錯了，還要過一條街。然後他數落我走路的樣子、我的外表。任何能想到的事情，他都拿來數落我。

他說他是個房地產仲介人，賣房地產，會用盡辦法榨乾客戶身上的每一毛錢。

最後，走過十二條街口後，我們來到餐廳。他說：「我們可以在一樓用餐，但我比較喜歡樓上。你能把你的老骨頭拖上去嗎？」我說：「我想可以。」於是他在樓上挑了一個桌子。

女侍過來之前，他告訴我：「這家餐廳的廚師很棒，很懂得料理牛肉。但是他們的魚總是半生不熟，馬鈴薯泥很稀，冰茶是用河水泡的，還用冰塊來掩飾味道，很糟糕。」

女侍來了。我點了烤牛小排、烤馬鈴薯與熱咖啡。當她把菜單給他時，他說：「取消他點的東西。給他魚、馬鈴薯泥與冰茶。」然後他點我點過的食物：烤牛小排、烤馬鈴薯、熱咖啡。女侍一直看著我，但我面無表情，心裡覺得非常有趣。

女侍帶了兩份食物過來時，看起來很不自在。我說：「把魚與馬鈴薯泥給點這些東西的先生。給我牛小排。」她照做了，急忙離開。他看著我說：「從來沒有人這樣對待我。」我說：「凡事都有第一次。」

他吃了魚與馬鈴薯泥，喝了冰茶。我享受了牛小排。吃完

後，他說：「好了，我帶你來這家好餐廳，你付帳如何？」
我說：「是你邀請我來的。我是你的客人，你來付帳。」他
說：「你付小費如何？」我說：「那也是主人該做的事。」
他拿出一個大皮夾，裝滿了鈔票，有千元、五百元、百元大
鈔，還有五十元、二十元、十元和五元。

他拿出滿滿的皮夾，掏出鈔票，伸手到口袋掏零錢，留下兩
毛五的小費。我趁他不注意時，留下一筆滿不錯的小費，為
了女侍不得不處在那個令人焦慮的情境裡。（笑聲）他問我
是否能拖我的老骨頭到樓下。我說就算是摔下去，也不需要
他的幫助。我們來到門口，他說：「你能不能拖你的老骨頭
回旅館，還是要我叫計程車？」我說：「我想我可以回到旅
館。」他說：「小心點，不要撞倒老婦人或小孩，也不要在
街上跌倒。」他在回旅館的路上仍舊不停地數落我。

回到旅館，我說：「我還需要知道有關你兒子的一些事
情。」於是他上來，我們走進我的房間。他問我是否能買個
更好行李箱。我在寫筆記，寫下他說的話。他說：「你到底
是怎麼回事？你是不是連自己的筆都沒有？你一定要用旅館
的筆與紙嗎？」我說：「我想知道更多關於羅伯的事。」他
又說了一些羅伯的事，問我是否願意治療羅伯。我說：「叫
羅伯晚上六點來我在密西根的辦公室。」

羅伯來了，海軍中尉，穿著制服。他從走廊看到辦公室，
說：「你就是那個要治療我的厲害人物嗎？」我說：「我是
將與你合作的精神科醫生。」

羅伯走進辦公室，看到一位一百九十八公分高、穿制服的醫

學院學生——他也徵召入伍，不過獲准就讀醫學院，要在軍中服務同樣時間。羅伯說：「那個廢物在這裡做什麼？」我說：「傑瑞是我的學生。」他說：「你算什麼精神醫生，需要學生來協助你？」我說：「很能幹的醫生。」

然後他在房間中看到一位密西根大學的藝術教授，說：「那個臉沒擦乾淨的老兄在這裡做什麼？」我說：「他是藝術教授，也會協助你的治療。」

羅伯說：「我還以為看診是私人的事。」我說：「沒錯。我需要很多協助，才能保持私密。請過來坐下。」

他坐下來。傑瑞關上門。然後我說：「傑瑞，請進入很深的催眠狀態。」傑瑞照做了，我示範了我所知道的所有催眠手法。傑瑞是個很好的對象。

傑瑞還在催眠狀態時，我轉身對藝術教授說：「現在你進入催眠狀態。傑瑞進入時知道你是清醒的，你在催眠狀態中要好像是清醒的。你會與羅伯跟我交談，但是無法聽見或看見傑瑞。」於是藝術教授也進入了催眠狀態。

然後我喚醒傑瑞，開始聊天。我對藝術教授說了幾句話，他回答了。他對羅伯說了幾句話，傑瑞轉身對藝術教授說話。

藝術教授說：「喂，羅伯。」然後問了我一個問題。傑瑞奇怪地看著這種很沒禮貌的行為。他又問了教授另一個問題。

教授對羅伯說話，沒理會傑瑞。傑瑞睜大眼睛，微笑對我說：「原來你趁我被催眠時，同時也催眠了他。」我說：「沒錯。」

然後我把傑瑞再次催眠，喚醒教授。我讓傑瑞對第二次催眠

沒有記憶。傑瑞仍然以為教授是被催眠的。當教授對他說話時，他大吃一驚。

羅伯看起來很困惑，我與傑瑞、教授玩了各種催眠技巧。羅伯非常感興趣，不再對我有敵意了。

最後我說：「晚安，羅伯，明晚六點見。」我告訴教授不用再來了，他已經達成任務。我告訴傑瑞：「你每天晚上都要過來。」

第二天晚上羅伯來了。我說：「羅伯，昨晚我示範催眠給你看。今晚，我要讓你進入很淺的催眠。也許很淺，也許是中度的，也可以很深。我只要你在催眠中去做傑瑞與教授示範過的事情。」羅伯說：「我願意盡力試試看。」

於是羅伯進入催眠狀態。我向他說明，他見過傑瑞示範過自動繪畫與自動書寫，表演過很多種的催眠後暗示。我告訴他：「你醒來後，右手會自動來到書桌上，拿起一枝鉛筆，畫一幅圖畫。你不會知道自己這麼做，因為你會專心與傑瑞談話。」

於是羅伯醒來，開始與傑瑞談話。他與傑瑞談得很好，右手拿起鉛筆，在一本筆記本上畫了一個男人：頭是一個圓圈，脖子是一條線，身體是一條線，手臂是兩條線，腿也是兩條線，手是兩個圓圈，腳是兩個圓圈；他在下面寫「父親」。我很驚訝地看見，他心不在焉地把紙撕下來，摺了又摺，變成一小塊紙，然後放入口袋中。傑瑞與我看著他的動作，同時繼續跟他聊天。

第二天晚上，羅伯紅著臉走進辦公室。傑瑞與我注意到他紅

著臉。我問：「你昨晚睡得好嗎？」羅伯說：「我睡得很好。」我說：「昨晚有沒有什麼不尋常的事情？」羅伯說：「沒有。」臉又紅了。我說：「羅伯，我覺得你沒有說實話。昨晚發生了什麼事？」他說：「我上床時，發現口袋有一張紙。我不知道怎麼跑進去的，因為我沒有放進去，但是它在那裡沒錯。我把它丟掉了。」他臉又紅了。我說：「羅伯，你又在騙我了。你把那張紙怎麼樣了？」他說：「我打開來了。」我說：「你看到了什麼？」他說：「一個很幼稚的男人圖畫，下面寫了『父親』。」我問：「你怎麼處理那張紙？」「我丟進字紙簍了。」他的臉又紅了。我說：「羅伯，我要你說實話，你怎麼處理那張紙？」「好吧，我告訴你，我把它丟到馬桶，對它小便，然後沖掉了。」我說：「謝謝你告訴我實話，羅伯。」然後傑瑞與羅伯進行了很好的談話。我讓他回家，告訴傑瑞要準備什麼。

傑瑞是個很聰明的醫學院學生。當羅伯翌日進來時，兩人互相問候。他們什麼都談，就是不談他的問題。

第一晚見到羅伯時，他對我說了他的問題。從他記憶以來，總是必須找個隱密的地方才能小便。他不記得是什麼時候開始的。他說軍校生活就像地獄一樣，他必須違反宿舍規定，因為無法使用宿舍的廁所，他害怕有人在他使用時走進來。他記錄了學校所有廁所的使用時間，哪些廁所在哪些時段是沒有人的。他必須溜出宿舍，使用學校的廁所。他做得很成功，沒有被抓到過。

然後他說：「軍校生活另一件難過的事是，為了做公關，軍

校生必須接受邀請到私人家庭度週末。他們在週五晚上來接我們，女主人會問我要不要喝咖啡、茶、牛奶、蘇打水或酒。女主人一心只想給我們東西喝。我基於禮貌接受。早餐喝一杯牛奶或其他飲料，整個星期天都在喝喝喝。我必須保持禮貌，等週一回到軍校，才能去找一個無人用的廁所。我從週五晚上、週六到週日都要忍受腫脹的膀胱。真像地獄！

「每當我聽到廁所外面有腳步聲，就像是雷聲在腦中響起，我會**全身**僵硬。有時候要花一個小時，身體才能不再僵硬。

「軍校生活真的很辛苦，可是我沒有選擇。父親要我成為一個海軍軍官，我必須忍受下去。每次放假時，我父親都會取笑我必須使用旅館的廁所。我上高中時他就對我很不滿意，因為我都要上旅館小便。「我不喜歡我父親。他每天喝酒，週六與週日更是喝得大醉。他說我母親是個愛哭的女人，因為她會上教堂。我不喜歡這樣子，童年不能算是快樂。我父親喜歡從客人身上壓榨出任何可以壓榨的。他喝啤酒，我無法忍受啤酒。因為維護母親，父親會找我的碴。」

我們繼續聊天。羅伯突然望向窗戶：「下雨了嗎？有一滴水流下窗戶。」天上沒有一朵雲，窗戶上也沒有水。我記下這段象徵性的話，知道有很重要的含意，但只能這樣推論：雨是落下的水；尿是落下的水。羅伯是用象徵性的方式來表示這件事。

然後我對傑瑞說：「週末有什麼特別的計畫嗎，傑瑞？」傑瑞說：「如果你讓我離開，這個週末我會去密西根北邊，那裡有一條很不錯的河，我以前去那裡泛過舟，很刺激。」

我轉身對羅伯說：「傑瑞週末不會待在這裡。你呢，週末想要做什麼？」他說：「我想回家看看我母親。」我說：「你會在家裡做什麼？」他說：「如果沒下雨，我會割草。」

對於一個即將上戰場的人，如果不下雨就去割草，我覺得聽起來很有象徵性。

我說：「好吧，週一晚上六點見。」我提醒他不要錯過了回家的火車。

我打電話給羅伯的父親狄恩先生，要他搭火車來底特律見我。我指定他要搭的火車班次。他發了牢騷。我不要他碰到羅伯。

羅伯父親在第二天晚上六點來到我的辦公室，看著我的祕書說：「這個灰髮的老太婆在這裡做什麼？」我說：「她是我的祕書，為了你的兒子來加班，她正在速記你所說的一切、我所說的一切、其他人所說的一切。」他說：「能不能叫這個老太婆離開？」我說：「不能，我需要她記下辦公室中的一切對話。」

看見傑瑞時，他說：「那個廢物在這裡做什麼？」我說：「他是醫學院的學生，協助我治療你兒子。」他說：「你算什麼精神醫生，需要學生協助？」我說：「很能幹的醫生。」

然後他注意到藝術教授：「那個老兄在這裡做什麼？」「他是個藝術教授，也是來協助治療你兒子。」

他說：「老天！還以為看診是私人的事。」我說：「我們都會保密，希望你也會。」

他又說：「你能不能叫那個灰髮老太婆離開？」我說：「她不老，只是少年白，而且她是在加班，要一直工作到有人付錢為止。」他說：「她是你的祕書，我才不付她錢。」「她加班是為了治療你兒子，所以你要付錢。」他說：「她是你的祕書。」我說：「她是在為你兒子工作，付她錢。」「我真的得付嗎？」我說：「你當然得付。」

我在餐廳見過他的皮夾。他拿出來說：「一塊錢如何？」我說：「別開玩笑了。」他說：「你是說我要付這個老太婆五塊？」我說：「當然不是。我說過別開玩笑。」他說：「十塊？」我說：「還差得遠了。」「不是十五塊？」我說：「沒錯。不是十五塊，而是三十塊。」他說：「你瘋了嗎？」我說：「不，我只是希望她得到適當的酬勞。」他抽出三十塊給她。她寫了收據，謝謝他，然後說晚安道別。

狄恩先生看看四周說：「這些傢伙在這裡做什麼？你也要我付錢給他們嗎？」我說：「當然。」「三十塊？」我說：「別開玩笑了。每個人七十五塊。」他說：「我想我可以學學你如何剝削客戶。」我說：「好了，付錢。」他們都拿了七十五塊，寫了收據，向他道晚安。

然後狄恩先生說：「我想你也要我付錢，我猜是一百塊。」「別開玩笑。」他說：「你不會要我付五百塊吧？」我說：「當然不是，我要收你一千五百塊現金。」他說：「我還真能向你學習如何剝削客戶的最後一毛錢。」於是他抽出三張五百塊鈔票，交給我，我寫了收據。

「好了，你還有什麼要求？」我說：「對了。你喜歡喝啤

酒，你妻子喜歡上教堂。她不希望你在週末喝醉，不喜歡你每天身上都是啤酒味。現在我要限制你每天只能喝四杯啤酒。」他說：「見鬼了，沒關係。」我說：「不是你想的那樣子，是兩百多西西的杯子──不是你想的那種大杯子。現在寫一張一千塊錢的支票給我。只要你喝醉了，我就有權利兌現這張支票。你每天只能喝四杯兩百多西西的啤酒，不能再多了。」

他寫了支票說：「我就知道我可以向你學習剝削客戶。」我說：「好了，羅伯現在回家探望母親。我不要你去見羅伯，所以你不能搭以下這些班次的火車回家。」我給了他火車班次。

羅伯在週一上午回來，進來時臉紅著。我說：「你週末過得如何，羅伯？」他說：「很好。」我問：「你做了什麼？」「我割了草。沒有下雨。」說的時候臉更紅了。

我事先要傑瑞教我軍隊中的用語。羅伯站在我前面。我說：「立正，排隊，向後轉，齊步走。向左轉。齊步走。立定。在飲水機好好喝一口水，前進到廁所小個便。向後轉，齊步走。走到飲水機，喝一大口水，站直。齊步走，向後轉。走進辦公室，立正站好。」我說「立正」時，傑瑞跳起來，與羅伯排好隊。他們照我的話做了。

接著我說：「稍息，羅伯。上週你問有沒有下雨，窗戶有沒有水流下來？那些話都有象徵性，我的推論是雨水是流下的水，尿也是流下的水。你回家割草，你說沒有下雨。現在，羅伯，我要知道實情。」

羅伯說：「有點難為情。我割了草，也不知道為什麼。我把割草機放回車庫，車庫的門往上開。對面鄰居可以看到車庫裡面。我把割草機放回車庫後，對割草機小便。然後我就明白了！

「小時候，我曾經在車庫中看到一部嶄新的割草機，我對著它小便，沒聽見母親進來，她捂住我的耳朵，用手遮住我的嘴，把我拖進屋中，好好罵了我一頓。真是漫長又可怕的教訓。

「後來，我就無法在屋子裡尿尿了，除非她在廚房忙，或我父親在工作。後來去露營或上學時，我必須跑去找沒有人的地方尿尿。有人接近，我就會聽見雷聲。我不知道那其實是我耳朵在響。」

我說：「原來那就是你的問題，羅伯。立正。排隊，向後轉，向後轉，齊步走。向後轉，立定。好好喝一口。齊步走。小個便。向後轉。齊步走。走到飲水機。好好喝一口，走回辦公室。稍息，各位。羅伯，現在你還會有問題嗎？」

羅伯笑著說：「不會了。」

雨是落下的水。對小男孩而言，新的割草機需要經過洗禮才行。

那時是七月。到了新年前夕，我在紐約接到狄恩先生的電話。他說：「我醉得像貓頭鷹一樣，去兌現那張支票吧。」

我說：「狄恩先生，你給我那張一千塊支票時，我說我有權利在你喝醉時兌現它。可是現在我不想兌現。」他戒了酒，開始與妻子一起上教堂了。

二十五年後，我被風雪困在紐約，從旅館打電話給狄恩先生，說我是誰。他說：「你能不能來看看我們？」我說：「不能，我的班機明早四點起飛，這樣對你不太方便。」他說：「我妻子會很失望，如果沒有看到你。」我說：「請她從教堂回來後打電話給我。」他說：「我會的。」我們聊得很開心。羅伯後來上了驅逐艦，度過世界大戰。日本投降時他也在船上，看到了整個儀式。戰後他加入海軍航空隊，1949 年死於飛機失事。

自從那個「我醉得像貓頭鷹一樣」的紐約新年後，我每年都會收到狄恩先生的耶誕卡。狄恩先生說：「我後來都沒有再喝酒了，也會定期上教堂。」狄恩太太晚上從教堂回來後，打電話到旅館問我：「那一千塊的支票後來怎麼樣了？」我說：「我給了羅伯，告訴他事情原委。羅伯說他會注意他父親是否保持清醒，然後燒掉支票。所以，如果你沒有從他的遺物中找到支票，他八成是燒了它。」

現在狄恩先生與狄恩太太都過世了，羅伯也過世了。羅伯花了二十八年想克服羞怯的膀胱。我花了約一個多星期。我是見機行事，但不是完全暗中摸索。我看得出一個霸道的父親，我制伏了他，使他成為一個很好的人。（艾瑞克森看著席德，等他有所回應）

席德：很美的故事。

艾瑞克森：我希望羅伯還活著。傑瑞、藝術教授與那個「灰髮老太婆」都還活著。

我覺得我們要接受病人的現狀。他只能活在今天，明天，下

週，下個月，明年。他的狀況就是現在的狀況。

洞悉過去也許有教育性，但是並無法改變過去。如果你曾經嫉妒你的母親，這個事實是不會改變的。如果你曾經迷戀你的母親，這個事實也不會改變。你可以洞悉，但無法改變事實。你的病人是活在今日的狀況，所以你的治療要定位在病人的今日與明日，並且希望能延伸到下週與明年。

你很希望我能多活幾年，（跟席德說）對不對？

席德：當然，你說你父親活到九十七歲。

艾瑞克森：嗯。我在公共電視上看到一個很悲哀又噁心的故事，一個老女人住在養老院。她述說住在養老院的痛苦。她靠著福利金過了四十年，現在已經九十歲了，仍然靠福利金住在養老院。她說：「我過去六年沒有一天好日子，因為都在害怕我第二天就會死。過去六年我一直擔心死亡，結果沒有一刻快樂的時光。」我心想：「你為什麼不去編織一條毯子，然後希望能在死前完成？」（艾瑞克森微笑）因為我們從出生後就開始死亡。有些人比其他人更快。為什麼不享受生命？你可能一睡不醒，自己都不會知道。直到死亡降臨時，好好享受生命吧。

你知道長壽的祕方嗎？（跟席德說）

席德：不知道，告訴我們吧。

艾瑞克森：總是要能夠一覺醒來，（笑聲）所以要在睡前喝很多水。（笑聲）

席德：早上會醒來得太早。

艾瑞克森：保證會讓你醒來。現在幾點了？

席德：差十分三點。

艾瑞克森：我要再說一個病例，所以必須先說一些背景資料。在醫學院，我有位同學很害羞退卻，他是個好學生，但非常羞怯。我喜歡他。

一天在上生理課時，我們被分為四組。每組都有一隻兔子，我們必須採取一些步驟。教授米德博士說：「如果你們的兔子死了，各位，你們就得零分。所以要小心。」

不幸的是，我們這一組的兔子死了。米德說：「抱歉，孩子們，你們得零分。」我說：「抱歉，米德博士，但是我們還沒有驗屍。」他說：「好吧，你還算聰明，知道要進行驗屍，我給你們五十分。」我們進行了驗屍，要他過來看。他看到兔子是死於心包炎：「這兔子送來實驗室時就沒有活命的機會了，你們可以得 A。」

一個夏日，這位同學來到我辦公室說：「我一直記得你的兔子驗屍。我很不喜歡得零分。永遠記得你是如何從米德博士那裡得到五十分，然後又得到 A。

「我當醫生二十年了，現在被迫退休，因為太神經質了。你知道，我還小時，父親很有錢，我母親也是。我們有很大的房子、很大的草地。

「每年春天，我都去挖蒲公英，他們會為我挖的每一籃蒲公英給我兩毛五。當我挖了一籃的蒲公英時，就叫我父親出來，他會出來把蒲公英踩扁，籃子就只有半滿。每次我採了一籃，我爸或我媽就會出來踩扁籃子。要花很久時間才能裝滿一籃，然後他們給我兩毛五。

「在醫學院時，我遇見一個女孩，有跟我同樣的父母。我們相愛，偷偷結婚。她不敢告訴她父母，我也不敢告訴我父母。她父母後來過世了，我父親過世了，留給我很多財產，也留給我母親很多財產。我妻子也很有錢，但是都沒有幫助。

「當完了實習醫生，我母親告訴我，要我到某個地方開業。她租了辦公室，雇了一個很能幹的護士來管辦公室。我只需要做身體檢查，寫寫病歷，開開處方。護士會拿走處方，向病人說明，再約定看診時間。我只是檢查，她管理辦公室，也管理我。

「我每天都會尿溼褲子好幾次，必須在辦公室準備好幾條褲子。但是，我喜歡當醫生。

「我妻子很愛社交，喜歡請客。我正好相反，如果回家看到一屋子的客人，我會直接走進房間或地下室。我的嗜好是種蘭花。我會待在下面，直到最後一個客人離開。

「我在家裡吃早餐，有時候在餐廳。我對這個很神經質，無法在餐廳待很久，無法忍受有女侍的餐廳，必須要有男侍者。為了不在餐廳待很久，我會在一家餐廳點馬鈴薯泥，很快吃完，然後去另一家餐廳點豬排，儘快吃完，再去另一家餐廳點蔬菜、麵包與牛奶，吃完離開。如果要吃點心，再去另一家有男侍者的餐廳。

「我們從來不過感恩節或耶誕節。為了避開耶誕節，我帶家人到愛達荷州的太陽峽谷。我妻子與女兒喜歡去很多人的地方滑雪。我一早就出發，到沒有人的地方滑雪。我天黑才回

家。有些地方只有男侍者，我可以用餐。

「我母親在湖邊有一間木屋，也為我與我家人買了一間木屋。她總是打電話到辦公室告訴我，什麼時候去度假。她也會在同時間去度假。

「度假期間的每天早上，我母親會過來告訴我妻子做什麼早餐、中餐與晚餐。她告訴我哪一天可以去游泳，哪一天可以去划船，哪一天可以去泛舟，哪一天可以去釣魚。我沒有勇氣反抗我母親，我妻子也沒有，因為她父母也是如此對待她。但是他們死了。現在，她過著她比較喜歡的生活，除了我的神經質問題。

「我喜歡拉大提琴，也拉得很好。但是只能在臥室拉，而且要鎖上門。我妻子與女兒在門外聆聽。

「我母親每天都打電話來，花一個小時與我談當天的事情。我每週必須寫一封十頁的信給她。她管理我，我無法再忍受她了。

「我來到鳳凰城，買了房子。我告訴妻子，我要從醫療業退休，我們要住在鳳凰城。她覺得很不好受，因為我沒有讓她來選擇屋子。我不敢事先告訴她。我一輩子都在擔心害怕。」

我說：「勞夫，在我接受你為病人之前，必須先與你妻子、女兒談談。你女兒多大？」他說：「二十一歲。」我說：「好，請你妻子明天過來，女兒後天過來。」

我訪問了她們，妻子證實了丈夫所說的一切。她補充說他總是帶女兒去一家餐廳過感恩節，因為無法忍受感恩節的社交

壓力。她也證實他們從來沒過耶誕節，沒買過耶誕樹或耶誕禮物。

女兒說：「我愛我爸，他非常溫和體貼。但是他從來沒有親我或抱我，或說過愛我。他從來沒給過我生日或耶誕禮物、情人節或復活節卡片。他只是一個溫柔體貼的好人，似乎恐懼一切事物，除了他父母。他的父母喜歡他。他也是個好醫生。我希望我能有一個爸爸。」

我見了勞夫：「你妻子與女兒都證實了你的故事，也說了一些細節。我要用我對待米德博士的方式來對待你。我說他不能給我們零分，因為還沒有驗屍。幸運的是，他在驗屍後給了我們 A。我也要如此對待你，勞夫。

「首先，我要停止你再尿溼褲子。現在是初夏。我看過你的屋子，草坪上有許多蒲公英。我要你妻子準備一個小鏟子與籃子。你換上衣服舊褲子。你要在八點出來，到草坪上開始挖蒲公英，從早上八點工作到晚上六點。你妻子會為你準備兩加崙的檸檬汁與鹽片。你知道該吃多少鹽片，還要喝掉全部的檸檬汁。當你想要小便時，就坐在草地上小便。附近的居民很友善（至少在那個時代），他們會想跟你聊天，看你挖蒲公英。你要在那裡喝檸檬汁與小便，坐在那裡一整天。」

勞夫照我的話去做。他戴了一頂大草帽遮陽，挖了蒲公英，他妻子為他把籃子倒掉。晚上他洗了一個澡，上床睡覺。第二天早上穿上舊褲子，到鄰居家去挖他們的蒲公英，挖了一整天，要上廁所時就回家。

所以，他經歷了那一次懲罰性的活動後，就沒有再尿溼褲子了。他已經尿溼夠了褲子。他學會了如何生活、穿溼褲子，以及與陌生人交談。他知道自己可以**活下去**了。

勞夫定期來看我，討論事情。一天我告訴勞夫：「你買東西的方式很奇怪。你會買自己的襯衫、外套與鞋子，走到店裡指著一件襯衫說你要它，眼睛卻看其他地方（艾瑞克森指向一個地方，臉卻轉開不看那裡），然後要店裡用貨到付款的方式寄給你。回家後再試合不合身。如果不合身，你把襯衫再寄回去然後你再去店裡重複同樣步驟，（指向一個地方卻看那裡）直到買到合身的襯衫。你買外套、買鞋子也是這樣。」

我說：「你真是不知道如何買東西。我帶你去。來我辦公室。」

勞夫過來後說：「你真的要這麼做？」我說：「是的。我們要花很多時間，有很多機會可以買東西。」

勞夫看到我帶他去的商店，倒抽了一口氣。我們走進店裡，一位美麗的店員迎接我們：「早安，艾瑞克森醫生，你一定是史蒂芬森醫生。我猜你要為你妻子買一些內衣。」她自願當內褲、胸罩、絲襪和內衣的模特兒，並開始推銷起來。

勞夫不確定要為他妻子與女兒買什麼褲襪。她說：「醫生，黑蕾絲內褲很美麗。女人都喜歡穿，我就是。」她拉起洋裝。勞夫看別的地方，看到我正充滿興趣地看那件黑蕾絲內褲，於是也轉頭看了。

她也拉開罩衫，展露她的胸罩、內衣、絲襪，讓他看看她的

絲襪有多合身。可憐的勞夫知道，他如果想要離開那裡，能好好地看她展示，好好選擇。勞夫沒有考慮到尺寸就買好了東西。在 1950 年，價值兩百塊的的內衣是很大一堆內衣。他總是把所有東西都包裝成禮物，要店裡運送回家。他妻子與女兒打開了禮物，發現幾乎沒有一件合身，於是送給慈善機構，自己到城裡買了合身的內衣。

我告訴勞夫：「你還必須做一件事。我想你從來沒有帶你妻子看過日出。」勞夫承認沒有。我說：「星期天，我要帶你與你妻子去看日出。」我在半夜三點開車過去，找到一個看日出的地方。他妻子很喜歡，我們都設法讓勞夫對日出的美麗色彩做一些評論。第二天晚上，勞夫帶他妻子去看日出了。他不讓我再這樣做了。

又有一天我告訴他：「勞夫，你上餐館的奇怪方式，很讓人受不了。你都不帶家人上餐館。不幸的是，下週二你與你妻子將帶我和我妻子去享受牛排大餐。我向你保證，勞夫，貝蒂與我會很喜歡當你的客人。」

在前往餐廳的路上，我說：「有兩種方式進入餐廳，勞夫走前門或走後門。你要選擇哪一種？」我猜得沒錯，勞夫選擇了後門。

我們從後門走進餐廳，一位很漂亮的女侍說：「晚安，艾瑞克森醫生。你一定是史蒂芬森醫生。」幫他脫下大衣與帽子，帶他到桌子。她想知道勞夫是否覺得椅子舒服，是否要換一張。她是個極為周到的女侍，一切都很有禮貌、很有品味，非常非常殷勤。勞夫的眼睛根本不知道該往哪裡看。

女侍離開後，勞夫發現牆上有個鐘可以讓他看。我們等了又等。半個小時後，女侍推了四盤沙拉出現。妻子與我毫無困難地選擇了沙拉。女侍很關心，因為勞夫選擇沙拉時眼睛望著別的地方。

她說：「你根本沒有看。」她用夾子把沙拉的每一樣佐料都夾起來說明。勞夫說：「我點這一個。」（艾瑞克森又示範一次：看著一點，手卻指向不同的地方）她說：「但你還沒看到其他三種沙拉。」她要他好好地檢視兩次後，才讓他選擇。

然後她說：「有四種沙拉醬。」很仔細地向勞夫說明每一種，每一種都問了兩次。然後她送上沙拉，非常美味。

又過了一小時，勞夫一直望著鐘，最後她才送上菜單。我們三個都毫無困難地選擇了餐點。那位女侍要確保勞夫了解菜單上的每一道菜，討論每一道菜的優點，最後讓他選擇了烤牛小排。勞夫鬆了一氣，女侍又問：「你要烤得怎麼樣？很熟、差不多熟、非常熟，半生、差不多生、很生？你要很多脂肪還是一點點？」

可憐的勞夫，選擇烤牛小排也是漫長的煎熬。然後她問到馬鈴薯。我不記得她說了多少種的馬鈴薯。最後他選烤馬鈴薯。勞夫也了解奶油、酸乳酪與香蔥。他改變了幾次主意。其他菜色也是如此。晚餐送上來了。我們三個都享受了美好的一頓晚餐。女侍站在勞夫旁邊，不停問他是否喜歡這個、喜歡那個：「當你回答時，請看著我。」她也會說笑話，是個老朋友了。可憐的勞夫。最後，她告訴他：「你沒吃完你

的晚餐。」她要他吃得乾乾淨淨的。當他吃完了之後,她說:「你很喜歡你的晚餐嗎,史蒂芬森醫生?」「是的。」她說:「好,說出來。」他說:「我非常喜歡我的晚餐。」「非常、非常喜歡嗎?」勞夫看到我在看,他知道他沒辦法,只能說他非常、非常喜歡。然後她說:「是非常、非常、非常喜歡嗎?」勞夫說他非常、非常、非常喜歡。

她鬆了一口氣說:「我很高興你非常、非常、非常喜歡。本餐廳有一個規矩,如果有客人非常、非常、非常喜歡他的晚餐,他必須親吻廚師。她很胖。要進廚房有兩個方式:你可以走前門,也有一個小通道,我們稱之為走後門。你要走前門還是後門?如果要走後門,就不需要到廚房。」

勞夫望著我,又望向其他地方:「我要走後門。」她說:「謝謝你,史蒂芬森醫生。你願意走後門已經是很看得起我們了。我幫你戴上帽子,穿上大衣,請再度光臨。」

第二天晚上,勞夫帶妻子與女兒去同一家餐館。同一個女侍招待他們,這次是很專業的態度。我很成功地指導那位女侍。之後,勞夫就能帶家人上餐館,而且很自在。

有天我說:「勞夫,你知不知道你妻子與女兒覺得住在鳳凰城很無聊?這麼熱,又無事可做。你妻子喜歡跳舞。」勞夫說:「我不會跳舞。」我說:「我就是擔心這個,勞夫。我請來一些漂亮的女孩來教你跳舞。當然你妻子自願教你,但我覺得你會喜歡漂亮的年輕女孩。」他說:「我要讓我妻子教我。」

後來勞夫來找我:「你知道嗎,我一直想要當方塊舞的司

儀。你覺得我可以嗎？」我說：「勞夫，這是很好的願望。我想你會喜歡的。但是為了讓你的家人也能享受樂趣，你要為你的妻子與女兒拉大提琴，這樣她們就不需要被鎖在臥室門外聽你拉琴了。」勞夫同意為他妻子女兒舉行一場公開演奏會，也當了許多場的方塊舞司儀，甚至參加了方塊舞俱樂部的表演。

勞夫發現自己喜歡跳方塊舞，與妻子每晚都去跳。他參加了鳳凰城所有的方塊舞俱樂部。他甚至寄給我一張旅遊明信片。那是非常需要他鼓起勇氣去做的一件事。

我告訴勞夫：「你還需要克服一項障礙才能痊癒。到目前為止都做得很好。現在，當你住在鳳凰城時，你母親每週打電話給你兩次，你每次都要花一個小時對她說明你做的一切。除了電話之外，每週你還必須回她的信，至少要寫十頁。

「現在，我們要改變這種情況。我要為你切斷臍帶。你去買張野餐桌，放在前院。找一個空威士忌酒瓶，與一個半滿的酒瓶，上面要有彩色的標籤。去買一頂草帽，坐在前院，光著腳蹺在桌上，一個酒瓶平放著，另一個半滿的酒瓶站立著。你的帽子要戴歪的，你要躺在椅子中，眯著眼睛。你妻子要用腮紅把你的鼻子與兩頰塗紅。我們會好好拍一張照片，然後寄給你母親。」後來他再也沒有接到他母親的電話或信了。

一個夏天，勞夫寫信給母親：「蘿拉，卡蘿與我要在某月某日到湖邊小屋度假。」他們去了，他母親沒有出現。他們過了個很愉快的假期。

一天他女兒來找我說：「耶誕節快到了，我爸從來沒送我耶誕禮物、生日禮物，或親吻一下。我很希望能看到家裡有耶誕樹。」

我告訴他妻子：「我太忙了，無法為勞夫買耶誕樹，你去買一棵耶誕樹，也為你、你女兒與勞夫買禮物。如果勞夫看到耶誕樹或禮物，他不會說什麼，因為他知道是我的主意。」

在耶誕夜，我妻子、大兒子與我去他家。我說：「勞夫，有些人有在耶誕夜打開禮物的傳統，我們家是在耶誕節才打開禮物。所以讓我們先來過你們家的耶誕節。勞夫，在耶誕節送禮只有一個方式：從樹下拿起禮物，（艾瑞克森用手勢表示）交給接受的人。你要說出他的名字，祝他耶誕快樂，給他一個吻。」

勞夫不情願地走過去。我把禮物安排好了。他拿起一個，走到女兒面前，望著地板說：「耶誕快樂，卡蘿。」在她臉頰上吻了一下。

我說：「卡蘿，這樣對不對？」她說：「不對，只是碰了我臉頰一下，而且幾乎聽不見他說耶誕快樂。」我說：「你要怎麼辦？」卡蘿說：「我們來示範一下。」我說：「我就擔心你會這樣做，因此我把我兒子帶來，他與你差不多大，也還算英俊，你可以在我與我兒子之中選擇一個。」她說：「我選擇你，艾瑞克森醫生。」

我從樹下拿起禮物，走過去說：「耶誕快樂，卡蘿。」她伸手擁抱我，給了我十分鐘的親吻，然後說：「爸，你沒有看，我必須再做一次了。」這次勞夫看了。

他拿起第二份禮物。我為他妻子安排的。他望著他妻子，他妻子望著我兒子與我。勞夫走過去對她說：「耶誕快樂，蘿拉。」他親吻她的嘴。其他的禮物都很適當地送出去。（艾瑞克森笑）

後來卡蘿來找我：「我要結婚了。我爸都會去病人的婚禮，每一場婚禮，他都會哭，哭得很大聲，整個教堂都聽得到。我要在教堂結婚，可是我不要他大聲號哭，會打擾其他人。你能阻止他嗎？」

「可以。讓你母親坐在靠走道的座位上，勞夫坐在她左邊，我坐在你父親左邊。」

我跑去參加婚禮讓勞夫吃了一驚。我用手夾住他手指，那很痛的。（艾瑞克森緊緊地夾住食指前兩指幅的指關節來示範）婚禮進行時，每當勞夫好像快要哭了，我就緊緊夾住他的手指，他的哭臉立刻就變成怒顏。婚禮很平靜地進行。

我說：「卡蘿要在院子中舉行儀式，勞夫，你可以跟我手牽著手，或者你覺得自己可以撐過去？」勞夫說：「我可以自己撐過去。」他做到了。

勞夫為他妻子蓋了一棟新房子，由她選擇地點。屋子的規格都照他妻子的意思。

在屋子完工之前，勞夫來見我：「過去兩個月我的膀胱都會痛。」我說：「勞夫，以你的年齡，如果膀胱痛了兩個月，你早就該來看我了。」他說：「是的，我知道應該來，你會叫我去看醫生。我不想要看醫生。」我說：「描述一下。」勞夫很完整地描述。我說，「我希望那是良性的腫瘤。我想

是攝護腺出了問題，去看泌尿科醫生。」勞夫說：「我不要看泌尿科醫生。你不能強迫我。」我說：「我會告訴你妻子與女兒。」他說，「沒關係。我不要看泌尿科醫生。」

他妻子與女兒懇求了幾週，他同意去看泌尿科醫生：「但不要在鳳凰城。」我說：「你願意去哪裡看？」他說：「也許去梅約（Mayo，編按：美國十分有名的醫院）。」我問：「怎麼去？」「我不喜歡坐飛機。」我說：「那就得坐火車或巴士。巴士停靠太多站，你可能會半途改變主意，所以我建議你搭火車，勞夫。我是不是應該派一些漂亮的護士陪你去，這樣才能確定你會去，還是你願意向我保證你會自己去？」勞夫嘆口氣說：「我保證會去。」

後來他從芝加哥搭飛機，到了梅約之後打電話告訴我。我打電話到梅約看看他是不是真的在那裡。他在。

醫生看了他，為他動手術：「如果你早來兩個月，我們可以救你一命。現在只能估計你還能活兩年——所以好好地活，快樂地活。」

勞夫回來告訴我：「我應該早點告訴你，我知道你會逼我去看醫生。我還剩下兩年壽命。你有什麼建議嗎？」我說：「趕快去蓋那棟屋子，至少你能看到它完工；盡可能享受生活、去用餐、去跳舞。」勞夫在生命最後幾個月病得很重，只能待在床上。我在他臨終前去看他。一位女看護在照顧他。我走進房間，她轉身對我說：「喔，是你，艾瑞克森醫生。我不要跟你一起待在這個房間。」轉身走出去。

勞夫問：「她為什麼這樣對待你？」我說：「她有很好的理

由。別擔心，我會處理的。」我們談了一會兒，互相道別。他謝謝我給了他很好的一段歲月，他真的很享受生命，不過他也誠實地說：「我不喜歡你做事的一些方式。」

至於那位女看護，大約兩個月之後，她打電話給我：「艾瑞克森醫生，我是照顧史蒂芬森醫生的看護。那天我看見你走進房間，說我不願意與你待在一個房間。你記得為什麼嗎？」我說：「是的。很久以前，我曾經說，你丈夫是個很好的機械師。你在學校當老師，夏天來當看護。你賺的錢都用來交所得稅、生活開銷，當時你有一個三歲的兒子。

「你說你丈夫買了一輛車，很不滿意。他是個機械師，想要製造一輛未來的超級好車。他把所有閒暇的時間與所有收入，都用來建造那輛超級車，買了新的零件又換掉，買了更多還是不滿意；他每年都為那輛車買牌照，引擎狀況好的時候，他可以出去繞一繞。他買了新車身、新車架、新引擎蓋、新引擎……什麼都是新的。

「我在多年前告訴你，你的兒子在這種家庭中長大：母親努力工作養家，容許丈夫花所有錢來建造超級車，花所有閒暇時間在那輛車上面……你那個三歲大的孩子將來長大後，在十五歲之前，就會因為汽車案件被逮捕。」

她說：「就是這樣。當時我非常生氣，拒絕付你費用。我這些年來滿懷憤怒。我兒子下個月就滿十五歲了，因為無照駕車被逮捕過，現在在保釋期間。但是他又偷了一輛車，違反保釋。下個月他才滿十五歲。我要開一張支票寄給你，因為我欠你。」

我說：「別擔心。你已經付出很大的代價。我想給你更多建議。你丈夫什麼時候要更新駕照？」「這個月。」「我想也是。我在你的病歷上有註明。這次你要讓他開著他的超級車去更新駕照，不要把你的車子借給他用。」

她丈夫去更新駕照，通過了筆試。考試官帶他到外面路考。看到他的車子，考試官說：「你開那玩意來這裡？」他繞著車子檢查，打開引擎蓋，徹底檢查了那輛車子，找來另一位考試官。他們好好檢查了那輛超級未來車。

他們開了一個會，然後對他說：「如果我們看見你開那輛車來這裡，你會收到罰單。但是我們沒有看到，你也不能再開那輛車上街了。我們要通知警察，你現在只能打電話給拖車公司。我們建議你請他們拖到垃圾場，或當廢鐵賣掉。」她丈夫說服了拖車公司買下那輛車當廢鐵。

她接她丈夫回家時，他說：「對不起。從現在開始我要把薪水都交給你，我會讓你幫我買一輛車，讓我可以上下班。我要放棄我的野心了。」

她很難過地說：「你除了放棄你的超級車，也放棄了我們的兒子。我會為你買一輛車，每週收下你的薪水支票。」

（艾瑞克森跟大家說）這是不是一個可怕的故事？

席德：那輛超級車為什麼那麼可怕？

艾瑞克森：底盤與車架根本不合，引擎太大，化油器也不對。考試官氣壞了，說那是公共危險物品。他們問他開了多少公里數。沒有很多，才三公里。他們說那輛車大概可以維持到垃圾場的距離。

席德：你看過那輛車嗎？還是你猜他們是那樣想？

艾瑞克森：考試官這樣告訴他，他告訴他妻子，她再告訴我。

席德：但是你告訴她妻子讓他開那輛車去考駕照。

艾瑞克森：是的。

席德：你知道會出事。

艾瑞克森：因為她說他買了很多個擋泥板，總是裝不上引擎蓋，只好又買了新引擎蓋，也無法搭配；再買了底盤，與擋泥板或引擎蓋都不合。一個新車門，也裝不上車身。

席德：我懂了。

艾瑞克森：我後來再也沒有見到她，只有談過一次，得知考試官的說法及他們的建議，以及後續的情況。

有些人你無法幫助。你只能試試看。

我對她採用震撼療法是錯誤的。我說出了她行為的後果。她知道她丈夫賺的錢比她多，他應該繳自己的稅。我覺得這個情況需要震撼療法。她顯然看不出來幫他繳稅是不對的。

席德：你覺得更好的療法是什麼？

艾瑞克森：我知道無法找她丈夫，他沉迷於那輛超級未來車，很自豪於自己的機械能力。這是無法剝奪的，而她又無法接受赤裸的事實。他應該養她才對，不應該又幫他繳稅，又幫他付汽車牌照稅，這麼多年來還借車子給他讓他去考駕照。一個女人怎麼會如此盲目？女人可能會非常、非常盲目。

席德：男人也會。換句話說，你不管怎麼做都無法讓她睜開眼。

艾瑞克森：我找不出方法。我試了——首先是很溫和地告訴她事實。我想她會打電話給我，就是因為我剛開始對她很溫和。

後來我看到溫和無效，就告訴她赤裸的事實，她也無法接受。

對了，兩年後我又接到了她的電話：「我這個夏天不工作，要去度假。」

現在我要說另一個故事。

勞夫告訴我：「我母親的妹妹住在密爾瓦基，五十二歲，沒有結過婚，經濟上很寬裕。我阿姨只有一項樂趣：有機會就上教堂，可是她在那裡沒有朋友，因為她從來不跟任何人交談，講道快結束時，她會很小心地溜走。她喜歡我，我也喜歡她。最近九個月來，她非常沮喪。管家與女僕每天早上進來，一整天都在做家事，她請工人照顧草坪、冬天鏟雪。管家會管理一切。

「我阿姨讀聖經上教堂、沒有朋友。她與我母親吵架，兩人不肯交談。我沒辦法常常去看她。你下次去密爾瓦基演講時，能不能打電話給她，看看能為她做什麼？」

我在一天晚上打了電話。管家與女僕那天不在。我很小心地表明身分。她很消極，我說希望參觀她的屋子。她消極地答應我的請求，帶領我參觀了每一間房間。

我仔細地觀察周圍。在溫室中，我看到三盆長大盛開的非洲紫羅蘭，都有不同的顏色，還有一盆土壤，她正在準備栽種另一盆非洲紫羅蘭。

非洲紫羅蘭是很纖細的植物。只要稍微疏忽就會枯死。

當我看到這三盆色彩不一的非洲紫羅蘭時，我說：「我要給你一些醫療上的指示，我要你照著去做。你同意會照著去做

嗎？」她消極地同意了。我說：「明天你叫管家去花店，買下所有不同顏色的非洲紫羅蘭。」我想當時有十八種不同色調的非洲紫羅蘭，「那些紫羅蘭將是**你的**紫羅蘭，你要好好照顧它們。這是醫療上的命令。

「然後你叫管家去買兩百個禮品花盆與五十個花盆、土壤。我要你從每一盆紫羅蘭摘一片葉子，種在花盆中，培養出更多的非洲紫羅蘭。」非洲紫羅蘭是用葉子來繁殖的。

我說：「當你有足夠的非洲紫羅蘭時，我要你送一盆給教堂中每一個有初生嬰兒的家庭，給每一個受洗的寶寶，給教堂中每一個生病的人。有女孩宣布訂婚時，我要你送她一盆，當他們結婚時，我也要你送非洲紫羅蘭。有人過世時，你送一張慰問卡與一盆非洲紫羅蘭。教堂義賣時，送出十幾盆非洲紫羅蘭來賣。」後來，她有段時間要照顧兩百盆非洲紫羅蘭。

任何需要照顧兩百盆非洲紫羅蘭的人，都不會有時間沮喪的。（大家都笑了）她在七十幾歲過世時，被稱為「密爾瓦基非洲紫羅蘭之后」。我只見過她一次。（艾瑞克森笑）

席德：她一定也有很多朋友。

艾瑞克森：她當然有各種年齡的朋友。當一個小孩生病時，收到一盆美麗的花朵，她就成為那個小孩的朋友。父母也會很高興，會要那個小孩來謝謝她。於是她活躍了二十年。我覺得這是很重要的，不是去洞悉她的過去，而是洞悉了她的孤獨狀態。

席德：要行動。

艾瑞克森：行動，而且是去做社交的行動，她只是不知道有哪些社交活動，被困住了。勞夫後來也為此非常感激。

一位牧場工人帶他妻子來找我：「她已經沮喪、想自殺有九個月了。她有關節炎。我們結婚還不久，她便發作了，很嚴重，找了外科醫生來治療，帶她去接受心理治療，他們都建議使用電療，或到五十歲時接受胰島素治療。

「她想要一個小孩，外科醫生告訴她：『懷孕會讓你的關節炎更嚴重，我不建議你懷孕。』她去找婦產科醫生，得到的回答也是：『我不建議你懷孕。你已經行動不便，關節炎會更嚴重，生產時可能會很困難。』」

她丈夫抱著她來見我。我聽她自己說。她說懷孕比她的生命還重要。丈夫說：「我必須防範她拿到任何刀子。」儘管有人照顧，有自殺傾向的病人還是很容易得手。

我說：「太太，你說懷孕要比你的生命還重要。婦產科醫生反對，外科醫生反對，你的心理醫生也反對。我的建議是：快點去懷孕。如果你的關節炎惡化，就躺在床上享受你的懷孕。生產的時候，你可以剖腹生產。這是很合理的。」

她很快就懷孕了，關節炎開始好轉，也不再沮喪。那是很快樂的九個月懷孕。她毫無困難地產下嬰兒，她非常愛欣西亞——那是她為寶寶取的名字。

她的丈夫也非常高興。

不幸的是，欣西亞在六個月大時死於嬰兒猝死症。過了幾個月，她丈夫帶她過來：「她現在更糟糕了。」我問她，她說：「我只想死。我沒有理由活下去了。」我很嚴厲但冷靜

地說：「女人，你怎麼會這麼笨？你度過這輩子最快樂的九個月時光。你想要自殺來摧毀這段回憶？這是錯誤的。你有六個月快樂時光與欣西亞在一起。你也要摧毀這段回憶嗎？我覺得這是罪惡。

「你丈夫會帶你回家，為你買一棵桉樹苗。你來告訴他種在哪裡，桉樹在亞歷桑那州長得很快。我要你為那棵桉樹取名為『欣西亞』。我要你照顧欣西亞。我要你期待著坐在欣西亞樹蔭下的一天。」

一年後我去看她。桉樹長得非常快（我家後院就有一棵將近二十公尺高的桉樹，只種了六年）。她熱誠地歡迎我，沒有躺在床上，可以四處走動，關節炎好了很多。她的花園比屋子都還要大。她帶我參觀花床，給我看各種花朵，也給我一包甜豆帶回家。

病人通常不會為自己著想。你可以讓他們用實際的方式為自己著想。她種的每一朵花都讓她想起欣西亞，還有我要她種的那棵桉樹。

我在許多病例上都使用這個方法。有一個人在鋁工廠工作，得了很嚴重的背痛。我讓他談論他的痛苦、他的家庭生活、工作的辛苦，以及他是多麼渴望能有自己的家及夢想的屋子。他照著夢想藍圖建造一棟房屋來取悅妻子，但是那棟屋子花了他的所有積蓄，貸款又非常沉重。他說最讓他難過的是，他從小就夢想能有一棟屋子，四周有白色的籬笆。他說：「我現在沒有錢再買任何木材，背痛太劇烈，無法建造任何籬笆。我希望能漆成白色。我對那棟夢想房屋並不滿

意，班回家後只能坐在搖椅上。如果坐在其他椅子上，我的背就會痛。」

我說：「我改天再來看你，首先我要你去看我的一位朋友，一位風溼病專家。他欠我很多錢，我會叫他不要收你費用。我會從他的欠款中抵銷。」

風溼病醫生是個很能幹的人，很仔細地檢查之後，他說：「沒有真正的生理病痛。我覺得他是因為負擔太重才背痛。」他叫那個人回來找我。

我說：「你買不起木材來做籬笆，圍繞房子與大院子。你夢想了許多年。我想你可以去一家大家具店。他們有許多用木箱運來的家具，拆開木箱後就會把許多用過的木板丟在後院。城裡有很多這種家具店。你可以在那裡找到製作籬笆的木材。石灰水很便宜。你可以製作白籬笆，圍繞整個院子。我想你會喜歡那些籬笆，也會喜歡用石灰水粉刷。石灰水很便宜。當然你要常常粉刷，但你可以慢慢工作存錢。這樣你就可以為夢想屋子裝上白籬笆。」他找到很多用過的木材，得到了他的籬笆。有何不可？我兒子伯特住在亞歷桑那州時，說想賺點錢來幫農場買些機具。他去工作的一家公司有許多裝貨的大木棍。他跟老闆說，他可以利用那些木材。他老闆說「送去垃圾場還比較省錢。」伯特說：「我會設法利用那些木材。」他用那些木棍蓋了一間屋子，也蓋了一個露營屋，裝在卡車上，帶家人前往落磯山脈旅遊。我相信人生來就應該工作。

還有一個例子：有人打廣告說有一萬兩千棵枯死橘樹，已經

枯死好幾年了。有房地產商人要買下他的土地。他願意讓任何人來砍下那些橘樹。電視新聞報導這則消息，但是沒有人前去。

如果那些枯死的橘樹沒有裂掉，就是保存過的木材。橘木對於家具業是很有價值的。對於任何想賺錢的人，一萬兩千棵橘木是一大筆財富。過程很辛苦，但是只要拿一把鏈鋸，一天可以砍倒一千棵，或五百棵。砍掉枝幹，齊根砍倒，然後堆在一起，就有一批好的木材可以賣給家具業。儘管廣告了六個月，他最後竟然必須放火燒了那些枯死的橘木。如果我兒子當時有空，我就會要他租一輛卡車帶把鏈鋸過去。

當經濟不景氣確定之後，很多人就會到大街小巷回收瓶瓶罐罐與丟棄的木棍。有些人一週能賺到數百元，先前他們都是領救濟金的。

席德：你有沒有辦法讓人不依賴保險金？我有一位背痛的病人就像你提到的那一位。我使用催眠來找出他背痛的原因。他最後終於說出來：「油漆的氣味。」然後他開始對先前的上司火冒三丈，因為被剝削了好幾年，受傷住院後又被解雇：「保險公司對我非常好。那是一家非常好的保險公司。」看起來他準備餘生都要依賴保險金了。

艾瑞克森：我知道，我有很多這種病人。

席德：有沒有辦法讓他們不依賴？

艾瑞克森：你很小心地詢問他童年時的夢想，童年時的期望，他們真正想做什麼。對於那個背痛的男人，那是過去負擔的背痛。他想要一間夢想房屋與白籬笆。

席德：好的。

艾瑞克森：我有個朋友叫唐恩。一次旅行演講時，我在他家住了幾
天。他是整型醫生，有使用催眠的天賦。一天晚上他很緊急
地打電話給我，有個開快車的傢伙從車上摔出來，臉部在路
面摩擦滑行了六公尺遠。一團糟，被送到醫院時非常痛苦。
唐恩說：「給你麻醉藥之前，我必須先洗你的臉，有沒有聽
過小提琴的故事？」病人說：「我痛死了，不要聽小提琴的
故事。」
唐恩說：「製作小提琴的過程是這樣：你開車去找一棵死掉
的老樹、一段樹根或一些被丟棄的木頭。你仔細地檢查，拿
出砂紙與刨子，坐下來磨光木頭，然後染色，就可以去製作
小提琴。」唐恩很詳細地繼續說下去。
病人一直說：「我不要聽小提琴的故事，你為什麼不開始治
療我的臉？」唐恩愉快地繼續說，說他是如何贏得鄉村小提
琴演奏的全國冠軍，又如何參加全美國的小提琴演奏比賽，
贏得各種冠軍。他談起桃木、其他的木材、木材質地及如何
承受壓力。
病人說：「你什麼時候才要開始治療我的臉？」唐恩說：
「首先我必須洗你的臉，拿掉一些砂石。你知道這段音樂
嗎？」他繼續纏著病人，使他的疼痛感覺無聊。最後唐恩對
護士說：「你覺得我做得怎麼樣？」病人說：「你把我的臉
都縫好了。」

席德：使疼痛感覺無聊。真是精采。

艾瑞克森：他說：「那個病人非常驚訝。」病人說：「我要如何回

報你？」唐恩說：「你可以記住我。」

席德：什麼？

艾瑞克森：「你可以記住我。」不久之後，我朋友找到一塊木頭，他用這塊木頭製作了一些大提琴與小提琴。當醫生似乎在做蠢事時，就會讓病人忘記他的疼痛。唐恩做得很好。（對著大家）現在幾點了？

席德：四點二十二分。

艾瑞克森：你真壞，又讓我說過頭。我的演說愈來愈難懂。但是，錄音機不會注意到我的演說缺點。錄音機重播時總是很好，不會錄下缺點。我在錄音機上的聲音聽起來很不錯。

席德：好極了。

女性聽眾：謝謝你。

席佛德：明天沒有演說，明天是星期六。

艾瑞克森：那是我休息的日子。我要花兩天時間才能恢復過來。

　　　　（大家都笑了）對了，席德。

席德：什麼？

艾瑞克森：當我看聽眾時，我希望你很注意，因為當你對一群學生演說時，可以看到無意識的對話。

席德：對，我看到了很多對話，在我自己身上也感覺到一些。你是說實際的無意識對話，而不只是活動？

艾瑞克森：無意識對話與活動。

席德：是的，我比較能覺察到活動。

艾瑞克森：我很驚訝很多女生都是膽小鬼。

席德：膽小鬼？怎麼說？

艾瑞克森：只要你常觀察學生，就會看到特定的臉部表情。我的經驗讓我知道那些表情是什麼含意。女生大多太膽怯，不敢說出她們的意思，或付諸行動。

席德：嗯。

艾瑞克森（對一位女性）：我可以讀懂你的表情。

女性聽眾：真的？（大笑）

　　聽眾向艾瑞克森醫生道謝，請他為書本簽名，然後離開。

# 針對莎莉和羅莎的催眠引導的評論

對催眠有興趣的人而言,研究在文本中出現的催眠引導這一部分,並以此
推論艾瑞克森實際上在催眠引導時所做的,是非常有價值的練習。

這個附錄包含我與艾瑞克森之間對催眠引導的討論,艾瑞克森
在星期二與莎莉、羅莎也做過這樣的討論。我們一起看錄影帶中的
催眠引導,當討論艾瑞克森工作各個方面時,就將錄影帶暫停。

這則討論是在 1980 年 1 月 30 日與 2 月 3 日,真正的引導是在
六個月前發生。

對催眠有興趣的人而言,研究在文本中出現的催眠引導這一部
分,並以此推論艾瑞克森實際上在催眠引導時所做的,是非常有價
值的練習。讀者也可以將下述出現的討論與自己的推論互為比較。
就如同在引導中提到的,從艾瑞克森用來影響莎莉與羅莎的微妙溝
通中,一位機伶的觀察者的收穫絕對超過 50%。

## 第一天的討論(1/30/1980)

薩德(以下稱薩):今天是星期二,工作坊的第二天,莎莉第一天
　　沒出現。大約在那堂課的十五分鐘後,她進入辦公室裡,你正
　　在講關於一個尿床者給你一隻用毛線做成的紫色章魚當禮物的
　　故事。莎莉比較晚進來,你馬上以她為主題。那是一個很好的

引導，非常非常好。

莎莉（以下稱莎）：我在找個恰當時機打斷。我看能不能找到位子。

艾：我能隨時重拾話題，進來找個位子吧。

莎：那後面有位子嗎？

艾：（跟坐在綠椅子中的羅莎說）那張椅子能移開些嗎？你能放張椅子在這兒，（指著一個就在他左邊的空位給她一張椅子。（一個人在艾瑞克森左邊擺了張摺疊椅。莎莉靠近艾瑞克森坐下，蹺起的腿向著他）

艾：你不需要蹺腿。

莎：（笑）我猜你會這麼說。好吧。（她把腿放下）

艾：我們的外國訪客可能不知道「一個圓，一塊錢，一個十點鐘的學員」（a dillar, a dollar, a ten o'clock scholar），但是你知道這個押韻詞，不是嗎？

莎：我不知道。


艾：你知道「一個圓，一塊錢，一個十點鐘的學員」的重要性嗎？

薩：我知道，那很棒，「一個圓，一塊錢，一個十點鐘的學員。什麼讓你這麼早來？以往早點到，現在正午來」。

艾：嗯，它引發童年回憶。

薩：是的，很可愛。你馬上就決定要以她為主題。

艾：嗯。

薩：那是針對遲到的處罰嗎？

艾：不是，我已經讓她有點難堪了。

薩：看得出來。

艾：當她在我身邊坐下時，我給她一個快樂回憶。

薩：是的，你把她安排在那。

艾：嗯，就像小孩子上學時從來就不想坐在老師旁邊。

（艾瑞克森笑了起來）

薩：她有四項很明顯的人格特質，你每樣都用得很好。第一，她表達很多矛盾，例如，希望被注意，卻遲到。第二個是，她的人格特質是比較「相對強勢」（one-up）的那一邊的。第三個特色是，她總是要求非常精確、毫無閃失，可是又表現得不願進入，她不進入的方式非常特別，你馬上就會知道。第四個特質是她很固執。

她走進來後便躲在後面，你讓她坐到前面來。她蹺起腿時，你說：「你不需要蹺腿。」她笑笑地放下腳並說：「我猜你會這麼說。」這是另一種表達矛盾的方式，因為就算只是口頭上，她也不容許自己扮演「相對弱勢」的角色，但她的肢體語言及行為卻很配合。

艾：她說「我猜你會這麼說」，那是她內心真正的想法。

薩：我沒聽懂。

艾：「你放下蹺著的腳」那是外在的解釋。當你放下蹺著的腳，而且評論這行為，就是你的內在，評論你內在的行為。

薩：所以她開始導向內在，並且評論她自己內在的行為。我懂了。

艾：她正在表達個人的願望。

薩：（笑）所以你會針對她的蹺腿發揮。

艾：嗯。

艾：（表示不相信）你從沒聽過「一個圓，一塊錢，一個十點鐘的
　　學員」？

莎：我不知道其他部分。

艾：老實說我也不知道。（莎莉笑）


薩：那不是真的。你真的知道其他的意思？

艾：嗯。

薩：所以你對她的遲到所代表的無意識仍有間接的評論嗎？

艾：我很快就同意她了。

薩：因此建立一個團體。

艾：嗯。


艾：你覺得比較舒服了嗎？

莎：不，老實說我在進行到一半時進來，而且我……喔……

艾：我不曾見過你。

莎：嗯……我去年夏天見過你一次。那時我和一群人一起來。

艾：你進入催眠狀態了嗎？

莎：我想是的，是啊。（點頭）

艾：你不知道？

莎：我相信是的。（點頭）

艾：只是一個信念？

莎：嗯。

艾：一個信念而不是一個現實？

莎：它們差不多是一樣的。

艾：（表示不相信）一個信念是一個現實？

莎：有時候。

艾：有時候。你進入催眠狀態的信念是一個現實還是信念？（莎莉
　　笑，清清喉嚨。她看來好像有點尷尬、不自然）


艾：那是她內在的掙扎。

薩：你問她以前是否進入催眠狀態。在語言層次上，她說她「相信
　　是的」，而在非語言層次上，她點頭來表示同意。

艾：那是內在的反應，給你一個比較明顯的例子。我在精神科病房
　　工作時，聽聞有兩個嚴重病人要進來，但還沒看到他們。當我
　　的學生來時，我說：「有兩個新的病人在病房 C 和 D，我們
　　一起去看他們。」我把手杖放在看不見的地方，穿著白袍。我
　　將門打開一點點，病人抬頭看我說：「我看到你有白袍。白宮
　　在華盛頓。墨西哥市是墨西哥的首都。」你知我知，每個阿貓
　　阿狗都知道，那是外在的事情。

　　另一個病人說：「你已經穿上白袍。跛溪鎮位在科羅拉多。」
　　（她沒辦法看到我的手杖）「我昨天看到一隻蛇在路上。」那
　　些是內在的。我必須找到一本書，去到她兄弟說的那條蛇曾出
　　現的地方。光這工作就花了我十六個小時。

　　前些日子，那個病人已經可以閱讀《科羅拉多的跛溪鎮》
　　（*Cripple Creek in Colorado*）這本書。書裡提到礦工，強調他們
　　無法發財，老是把錢賭光；中國洗衣工賣命地工作，百般被奴
　　役，最後發大財。

　　第二天我穿上白袍，這是一個有關於洗衣的問題，一個內在的

評價。

現在，蛇在路上走的路線有什麼意思？我找到這本書來讀，到跛溪鎮的路就像蛇的路徑，全是內在的。

我始終在這主題上使用外在與內在。

薩：你是指，先把焦點放在外在，再轉移到內在，換成外在然後再內在？

艾：不是依序交換的，我視需要改變。

薩：那會打斷他們的意識模式。

艾：是的，也會開啟新的模式。

薩：讓我們從開始的那一刻開始。你問她以前有沒有進入過催眠狀態。當你問她這個問題時，她必須產生一個內在的連結，想想處在這狀況的過去。她說：「是的，我相信。」同時點頭。然後你感受到她不進入的方式，在語言的層次，她說「是的，我相信」，再次點頭。接著，你跟她玩起「信念」與「現實」的文字遊戲。

她不願在任何語言層次讓自己進入。在語言層次，她不允許自己處於學生的位子，不允許自己在口頭上處於「相對弱勢」的地位，但她在非語言上的表達，倒很清楚。

艾：是的，這就是她。你看。（艾瑞克森從桌子上頭拿一個托架，把它放在胸前一會兒，然後放在桌緣）我以為你會說我把它放在那。

薩：我是這麼想的。（笑）

艾：你知道的，我不是在進入，我是已經進入。

薩：我懂。

艾：這就是她所做的。

薩：是的。她必須對「信念」與「現實」這兩個字的意義產生一些內在的連結。

艾：她以退縮來讓你認為她已經視兩者為相同。

薩：是啊。你會看到她非常堅持著不進入。

艾：嗯。


莎：重要嗎？（團體笑聲）

艾：那是另外一個問題。我的問題是：你的信念是一個信念還是現實？

莎：我想，或許兩者都是。

艾：好，一個信念或許是一個非現實，也可能是一個現實，而你的信念既是一個現實，也是非現實？

莎：不對，它是一個信念，也是一個現實（她搖頭又抱住頭）。

艾：你是說它是一個信念，也可能是個現實，或一個非現實？然而它也是一個現實？到底是哪一個？（莎莉笑）

莎：我現在真的不知道。

艾：好吧，那你為什麼要花這麼久才告訴我這個？（莎莉笑）


薩：那是她做的第一個明確宣示。當她做了那個明確宣示，你緩解了一些壓力。

艾：她把頭垂下。

薩：是，她把頭垂下，所以你用疑惑造成她的不舒服。

艾：所以她才會逃避它。

薩：她唯一可以逃避的方式是變得明確。你創造一個情境，讓她在語言層次上全然進入。

艾：是的，以一種緩和的方式。

薩：所以她會反抗。

艾：嗯。


莎：我也不知道。

艾：你覺得舒坦多了嗎？

莎：喔，我覺得好些了，對。（她說得好小聲）我希望我的加入沒干擾其他的人。

艾：你現在不覺得不自然？

莎：嗯……我坐在後面會好些，但是……

艾：看不見？

莎：看不見？這個嘛，或許是。


薩：她在這時候說「我希望我的加入沒干擾其他的人」，那是她第二次表達出——希望自己的遲到不會造成他人的困擾。然而，第二天，也就是星期三，她還是遲到了。她非常固執。

艾：她視它為理所當然。

薩：我懂。她藉著第二天遲到表達第一天遲到的理所當然。

艾：嗯。

薩：在這來回交替之間，她再次談到希望人們不會被她的遲到所干擾，可是她又把人們會被她的遲到打斷視為理所當然。那是另一個矛盾。

此外，還有其他矛盾。這時候，莎莉輕聲地說，她希望注意力不要放在她身上；另一方面，她卻用遲到來引起注意。那樣的矛盾，也可從她的穿著看出來，寬鬆的外衫裡面是件非常性感又大膽的緊身衣。

還有一個矛盾，我想要澄清並聽聽你的意見。有沒有在想當女人與想當小女孩間互相矛盾的可能性？

艾：「一個圓，一塊錢」讓她變成小女孩。

薩：你要她跟當女人建立起內在的連結，對吧。

艾：小孩子會覺得坐哪裡比較好？在房間的後面。

薩：強調小女孩的特質嗎？

艾：她是在強調它。


艾：不然是什麼？

莎：不顯眼。

艾：所以你不喜歡引人注意。

莎：喔，天。（笑，再一次顯得不自然。當她清喉嚨時用左手蓋住嘴）不……不要……不……喔……嗯。


艾：不顯眼是什麼意思？

薩：不被察覺到。

艾：還有別的嗎？

薩：我不知道。

艾：有一些顯眼的東西在我桌上。

薩：是的，很明顯。

艾：說出來。

薩：喔，我正在找木雕的小鳥及木雕的蘋果。（艾瑞克的桌上有個他刻意塗成紫色、用來搭配桌子的雕飾蘋果）

艾：那枝鉛筆也非常不明顯。就在前面。（他指出桌上幾枝鉛筆中的一枝）

艾：很小。

薩：很小就是不明顯。

艾：大就是明顯。你提到「一個圓，一塊錢」後，她是個小女孩，所以遲到造成困擾。這是第二次提到干擾。

薩：正確。

艾：所以「一個圓，一塊錢」讓她回到學校扮演起小孩的角色。第二天回來時，她再次回到「小時候」的角色。


艾：你不喜歡現在我對你做的？

莎：嗯……不。這個嘛，我的感覺混雜在一起了。備受矚目讓我覺得受寵若驚，同時又對你說的東西覺得好奇。

艾：（兩人重疊說話）你真**他媽的**希望我能停止。（哄堂大笑）

莎：嗯，混淆的感覺。（點頭稱是）如果我跟你說話、之前也沒有打斷你那是一回事，但是……


艾：當你對小孩說話的同時加入類似「他媽的」這樣的語彙，是在強調你長大了，她仍然很小。

薩：我懂了。這方法真好！你迅速地做了個正式的引導引發連結，繼續發展歲月退行的意圖。你藉著目前是小女孩和想做大女孩

這個念頭來發展引導，一切因而十分流暢。

艾：所以你在乎這一群人？

莎：這個，是的，我……

艾：嗯，嗯。

莎：……他們在這裡的時間……我在他們的時間走進來。

薩：這是她第三次提到干擾人們。你用「嗯」回答她，表明你並不
　　真的相信她在意這些人。

艾：嗯。

艾：（看著前面的地板）現在讓我們來看另外一個堅定的信念。在
　　做心理治療時，你應該讓病患覺得自在、舒服。

薩：此時，你藉由看著地上第一次打斷對她的注意力。你提到「休
　　息」和「舒服」，為的是讓她對休息和舒服這兩個意念有所連
　　結。

艾：嗯。用這種方式來說是為了避免任何質疑。

薩：完全沒有討價還價的空間。

艾：我盡可能讓她不適地處在舒服、自在和尷尬的狀態，而（向團
　　體）這很難開始一個好的治療關係，不是嗎？（艾瑞克森看著
　　莎莉，從手腕處握住她的右手，慢慢將之抬高）閉上你的眼
　　睛。（她看著他，笑，然後看著自己的右手，閉上眼睛）

薩：你將焦點從她身上移開，她失去了注意力，在你不再直接對她
　　說話後睡著，所以她往內在進行。

艾：休息和舒服。

薩：是的，你提到休息和舒服。

艾：因為休息和舒服（情境）是內在的，當她跟著它們走，干擾就
　　出現了。我可以讓自己與她分開，想想她會如何處理「休息和
　　舒服」？當然是繼續休息和舒服下去。

艾：眼睛繼續閉著，（艾瑞克森的手離開她的手腕，任她的右手僵
　　硬地懸著）進到很深的催眠狀態。（艾瑞克森用手指圈住她的
　　手腕，她的手臂慢慢垂落，再慢慢地把她的手放下。艾瑞克森
　　說得很慢、很有條理）

薩：現在她將手維持高舉。這看起來好像是你讓她的手要掉下來
　　了。所以你開始掌控，你將她的手放下，再次強調你的掌控。

艾：是的。當我將她的手放下時，是用同樣的方式將她的手舉起。
　　（艾瑞克森舉起薩德的手臂示範）我的碰觸是有些不確定性。

薩：所以她必須再一次往內在走，並把注意力放在猜測⋯⋯

艾：內在的部分。

艾：覺得非常舒服，非常自在。你真正享受，覺得好舒服⋯⋯這麼
　　舒服⋯⋯除了這麼美好的舒服感覺，你忘了所有一切。

艾：除了這麼美好的舒服感覺，你忘了所有一切。

薩：她走進來，你讓她感覺很不舒服，並施予壓力，然後你開始播撒舒服的觀念，為了可以更直接地用舒服的觀念來抒解壓力。然後，你開始做另一件事，在身體層面，你逐漸離開她，可是，不過一眨眼的時間，又開始靠近她，甚至近到讓人不舒服。你明白自己有多接近她，此時的她，則持續被催眠得感覺很舒服。你真的靠很近，而她必須去感覺自己真的很舒服。

艾：不用說，那還是內在的反應。

薩：是的。當你靠近的時候應產生一股張力，但當她進入催眠態，身體反而感覺舒適。你這麼做，是不要讓她感受到不舒適所應該有的內在反應嗎？

艾：不。我在那時改變聲音的音調，傾身靠近她，藉此吸引她注意我的聲音。

薩：因為她的內在反應？

艾：是的。所以不管我當時在哪，她都可以進入得更深，離我更遠、更遠，即使她的身體仍然和我靠得很近。

薩：你的意思是說，當你靠近的時候，她可以離得很遠很遠地，擺脫那種不舒服的感覺嗎？

艾：不是。她可以很深沉地進入催眠狀態，然後遠離我這個外在現實（external reality）。所以我可以讓自己和她的身體靠得很近，而她可以離開現實，只是看起來和我靠得很近。

薩：我了解了。我想你之前做的，就是在處理一些當她和人靠近時所產生的舒服感。你用一種令人不舒服的方式靠近，再暗示有一種舒服的感覺在她身裡，讓她實際上是處在和人很接近的位置，可是身體卻是很放鬆自在的。

艾：我要她離其他人更遠。

薩：我了解，可是又要靠近你。


艾：過一會兒，你會感覺好像你的心靈離開你的身體飄浮在空中——回到時間中。（停頓）


艾：我移去了現實，讓她及時回來。

薩：是的。


艾：現在不再是 1979 或 1978 年，1975 年屬於未來，（艾瑞克森傾向莎莉）然後是 1970 年，時間倒流。


艾：「然後是 1970 年」。

薩：你用聲音強調，然後如你所說的向她靠近。

艾：是。

薩：再一次強調她和你的關系，不管她在哪一個時空。

艾：然後她對我的聲音產生聯想。

薩：首先，你用童謠種下她是一個小女孩的想法。然後回過頭來，藉著各種催眠溝通形式，讓她重新體驗自己是個小女孩。現在根基於之前所建立的，開始進行催眠引導。所以你是循序漸進地慢慢讓她重新當一個小女孩。


艾：很快地，到了 1960 年，再到 1955 年……你知道那是 1953 年……你知道你只是個小女孩。

艾：你正回到那些時光裡，1960 年、1955 年、1953 年。（當艾瑞克森說到這些年份時，他作勢慢慢低下頭來）

薩：提及那些年份時，你慢慢低下頭。

艾：現在，發聲的位置改變了。

薩：她有一些其他的聯想，並且針對你改變聲音的小小線索做出回應。

艾：你會很直覺地將未來定位在哪裡？往前，再往前。

薩：是，而過去是回到更後面和更後面。

艾：這是很一般的學習，沒有覺察的學習。往前上達未來，往後下抵過去。


艾：做個小女孩真好。


薩：還有一件事，你跟她說「你會知道你是個小女孩，成為一個小女孩很好」，其實是在表明她可以在兩個層次上解釋分析。一個層次是她可以從內在思考：「嗯，我曾經像世上其他人一樣，是個一般小女孩的模樣嗎？」另一個層次是她會有的聯想，如你所說的，隨著催眠進行的過程，而成為一個小女孩。

艾：當我說有關時間的事，她並沒有時間思考，諸如「我在這個世界上是什麼模樣」的問題，而我是繼續如此地引導她。


艾：或許你正期待著生日舞會或正要去某個地方——拜訪外婆……或上學去。

艾：「要去」（going）是一個很有力量的字眼。目的地並不重要，重要的是感覺——前往的感覺，它讓目的地變得真實。

薩：還有，在這裡，你開始使用「或許」這個字。「或許你正期待著生日」，莎莉向來是相對強勢，所以你只是讓她看到她的各種可能性。

艾：然後由她來主導。

薩：在你催眠的架構裡。

艾：是的，她被給了一個架構，可是她自己是不能分析那個架構的。

薩：實在好快呀。


艾：或許就在**此刻**，你正坐在學校，看著你的老師。


艾：「或許就在此刻—刻—刻—刻（now-now-w-w-w）……你正坐在學校」，「此刻」是現在，我把它拉了出來，一個長長的現在，「而此刻—刻—刻—刻……」這個「此刻」容許許多時間去做很多的思考，但光是「此刻」就很有限。

薩：所以，她回到過去，過去就變成了「此刻」。

艾：是的，一個延長的此刻，一個連續性的此刻。你今天是「此刻」，那是指一整天，不會認為今天的任何一部分是過去。所以我以說「此刻—刻—刻—刻……」來讓此刻變得連續。

薩：從時間裡把它拉出來。這非常好玩，當我在介紹你、介紹你的催眠引導時，我跟人們說明，如果他們真的是好的觀眾和聽眾，大概只會錯過所有的 50%，所以現在的我，只是錯過了

另外的 50%。

艾：或許你正在操場上玩，或許那是個假期。（艾瑞克森坐回去）
　　你有個美好時光。

薩：那是一定的，「你有個美好時光」。
艾：「有個美好時光」代表什麼？
薩：她那時候覺得很快樂，對她而言，那代表著「此刻」。
艾：「你有個美好時光」不見得就定義了時間。不管是玩撲克牌，
　　或是跳繩、玩翹翹板，那是「此刻—刻—刻—刻……」的快
　　樂。
薩：那是她必須定義的。
艾：她必須定義它，而且必須以「此刻」這個字眼來定義它。
薩：那就是催眠。
艾：是的，還有在學校裡的時光。

艾：我要你享受當個盼望將來終要長大的小女孩。（艾瑞克森傾向
　　莎莉）或許你想知道長大後會是什麼樣子，或許你想知道長成
　　大女孩後要做什麼。我想知道你是否喜歡高中，你可能也想知
　　道同樣的事。

艾：「長成大女孩」。（艾瑞克森以活潑輕快的聲音說）
薩：所以你用你的聲音，在她「往下」及想要「往上」到達未來
　　時，製造更多的壓力。你用帶有旋律的聲音來和小女孩說話，

再用語調提供了更多的暗示。

艾：是的。

薩：此外還創造一些關聯（relatedness），「我想知道你是否喜歡高中，你可能也想知道同樣的事」。

艾：我的聲音將隨你到各處，化成你的父母、你的老師、你的玩伴的聲音，也化成風和雨的聲音。

薩：好美，「你的父母、你的老師、你的玩伴，以及風雨的」，讓人非常自在，而且涵括了每件事，許多可能性：成人、大人、超我、玩伴、自我、人們、對一個小女孩很重要的人們，然後還有風和雨，就像是本我、原始的情緒。

艾：鉅細靡遺。有件關於我的事你還不知道，傑夫。我父親以前很窮，我很快地就學會閱讀，而且讀完本完整版的字典。我花了好多小時不斷地閱讀，小學接受智力測驗時，老師們很驚訝我的字彙能力。

有天晚上在蒙太拿，我走到一個醫生家，拿起一個東西，很好奇地看著。他問：「你知道那是什麼嗎？」我回答：「知道，角鯨（narwhal）的長牙。」他說：「你怎麼知道的？從我的祖父擁有它以來，我還沒碰過人知道它的。」

那時候的我正看著字典裡角鯨的照片，注視著牠的長牙。念完三年級前，我就把這本字典從頭到尾看完了，因此我對於字的意義，有了非常可觀的知識。

薩：現在在對她最後一個說明中，你用心理分析的字眼說到「超

我」的功能——父母親和老師們，然後說到自我——玩伴們，然後是本我——風和雨。你按照次序、從上到下，意圖創造一種無所不包的（all-inclusiveness），但它其實更甚於無所不包的。我在某個場合聽過你說你的聲音可以改變，但從沒聽過你今天這樣的說法，以及風和雨的想法。

艾：我常這樣做。當你小時候，對你來說，風聽起來像什麼？

薩：喔，我不知道。哨子吧。

艾：（艾瑞克森慢慢地敲了桌子，然後重複很多次）
你認為這是在製造聲音。風製造了聲音，可是你無法在每個地方都看到聲音的來源。風的聲音是很奇妙的事。

薩：它在某處，但又不在某處。

艾：它就在那裡，卻不知來自何處，但它就在那裡。

薩：所以她會對你的聲音產生相同的聯想。

艾：是的，然後是雨滴。你聽到雨滴在樹葉上，那棵你就站在下面的樹。你聽到樹葉的聲音，聽到它在屋頂上，它們在每個地方。而你習慣要辨認出聲音的來源，因為那在童年時期是非常重要的。

薩：不知來自何處，也不是到處都是。

艾：所有童年時期的驚奇。你看一個兩歲大的小孩聽風時——絕對的驚奇寫在他的臉上。他在意識上學習到有一個物體製造了聲音。現在，有聲音卻見不到那物體。

薩：可以說說有關從父母、老師、玩伴們到風和雨這樣的次序嗎？

艾：你使它無所不包，你利用對於父母、老師們情感上的聯想，那都是關於一直往下的探索。

薩：對於更多原始或根本的情緒。

艾：是的，你的個案會利用這些基本的情緒。

薩：你打破了約束，當你暗示著諸如「或許那是個假期」等各種可能性時，她可以選擇身為一個小女孩的內在聯想，然後你瞬間轉換，並暗示你的聲音可以伴隨她到各處，接著，你回到小女孩的那些聯想裡，那是她可以做決定的地方。因此這句「我的聲音將隨你到各處」相當的突顯。

艾：嗯……

艾：或許你正在花園摘花。有天，當你是個大女孩時，你會遇見很多人，告訴他們當你還是個小女孩時的快樂事情。你愈覺得舒服，愈覺得像個小女孩，因為你是個小女孩。

艾：當我強調「你是個小女孩」時，依舊低著頭。

薩：再一次，你透過改變發音的位置，來強調這個暗示。

艾：（活潑輕快的聲音）「有天，你會遇見很多人」。

薩：當你是個大女孩時，你正在暗示……

艾：她會長大，等到那時她就可以做到。

薩：你改變語尾音調去暗示。還有，當你說「有天」時，突然坐直起來，那是與意識醒覺狀態有關，再一次的，你用改變發音的位置來強調這個暗示。

艾：嗯……

艾：我不知道你住哪裡，不過你可能喜歡打赤腳，或是坐在游泳池

邊，兩條腿在水中晃盪，多希望你會游泳。（莎莉輕笑）你現在想吃最喜歡的糖果嗎？（莎莉笑，慢慢點頭）這兒！你覺得就在嘴巴中，你享受這糖果的滋味。（艾瑞克森碰她的手。很長的停頓。艾瑞克森坐回去）

薩：很奇妙。你給了她一些選擇，那是她可以拒絕的，「你可能喜歡打赤腳，或是坐在游泳池邊，兩條腿在水中晃盪，多希望你會游泳」，然後你回到「你現在想吃最喜歡的糖果嗎」這個想法。

關於糖果，什麼是每個小女孩學到的？每個小女孩都學到可以拿陌生人給的糖果。在這裡，你卻問她要不要糖果，她說「是的」，於是你不再是陌生人了。

艾：嗯……

薩：在你的心裡，給她糖果的時候，有那樣的象徵意義嗎？

艾：是的，還有一件事。小女孩喜歡糖果，我想要確定對我的移情（transference）。在池子裡晃盪雙腳或打赤腳，那是被允許的。我得到兩個被允許的事件，引導她到某件也許不被允許、卻是美好的事物。所以我加重了這個回應。

薩：所以，再一次地，你串聯了這些想法，就像一個「是的」套組（「yes」set）。一個被允許的想法，接著另一個被允許的想法，然後她準備好接受第三個稍微可被允許一些的想法。太棒了。

然後，是關於信任。你如何在催眠狀態中建立信任？你給了她一顆糖果，她拿了。當她決定拿糖果時，就涉及了是否信任的

議題。

艾：嗯，佛洛伊德說，要花三個月去建立移情。

薩：很好，你以語尾音調的變化，去強調她感覺到糖在她嘴裡。

艾：還有另一件事，在池子裡晃盪雙腳是可以發生在何年紀的，打赤腳則是一定年紀才會做的事，這兩者都會發生在童年時期。成年人也會在池中晃盪雙腳，所以晃盪雙腳就會被她詮釋為她是一個成人，然而打赤腳也是她一部分的詮釋，所以她在內在上，晃盪雙腳是童年時代，因為她也提及了打赤腳。然後是糖果……

薩：讓它更內在，更是個小孩。

艾：嗯。我不能一直非常確定我在哪裡，但是我知道如何扮演它。字有很多種含意，「往前及往上」是未來，「往回」是過去，能學到這點，對你而言是一個很好的學習。你知道這個多久了？

艾：當你是個大女孩，你會告訴很多陌生人當你還小時最喜歡吃的糖果。

艾：你拿那張照片，有蘿西（艾瑞克森的女兒）和我抱著蘿莉（蘿西的小女嬰，她強而有力的哭泣，為她換來「尖叫」的綽號）及叫聲粗厲的貓頭鷹的照片。（艾瑞克森正抓著一隻硬木製的小貓頭鷹，是他給蘿莉的禮物）現在，如果我已死去，她看著那張照片時，那會有多真實？叫聲粗厲的貓頭鷹為這張照片增加了很多意義，給你一種非常驚人的幽默感、仁慈及體貼。

這是一件很簡單的事，相對而言，它是一隻小貓頭鷹，但是一個大女孩。貓頭鷹在下方，而她在上面。（艾瑞克森作勢表示他用左手臂撐著蘿莉，左手抓著硬木貓頭鷹，所以貓頭鷹看來就在蘿莉的下方）

艾：等她十六歲時，看著那照片，她會看見這隻貓頭鷹的小，以及這個小嬰孩的大，那會再次連結到她在高中時所有大的感覺，以及身為小嬰孩及小貓頭鷹的溫暖回憶。就這樣，你看到所有回憶是如何不經意地被放在一起。

薩：那是非常好的象徵意義。所以，當她回想到糖果⋯⋯

艾：她會想起那個東西，想到那個糖果，而當我在她視線所及範圍內，她會想到那個糖果和我。

薩：那是關於信任和自在的議題，而不是一個陌生人。

艾：一個長久的延續。那張照片是一個長久的延續⋯⋯貓頭鷹和蘿莉。

薩：你對莎莉也非常仁慈，特別地體貼。

艾：你知道藍斯（艾瑞克森的兒子）的太太如何反應，當他們要訂婚時，她告訴他想要一張他的照片，結果藍斯給了她一張他裸體躺在地上的照片，我拍的。

薩：當他還是個嬰兒時？

艾：當他還是個嬰兒時。而她對藍斯的愛就從小嬰兒開始。

薩：在這裡，你對莎莉所做的下一個象徵，也非常好。


艾：有好多事要學，一大堆事要學，我現在就要告訴你一些。我要握著你的手，（艾瑞克森抬起她的左手）我要把它抬起來，我

要把它放在你的肩膀上。（艾瑞克森慢慢從手腕處抬起的手，然後放在她的右臂上）就在這兒。我要你的手臂麻痺，所以你無法移動手臂。直到我告訴你可以移動之前，你無法移動手臂。

艾：我做了什麼？

薩：我對那個的聯想是這樣，你沒有把她的手放在她肩膀的頂端，那個會用重量把她壓下的地方，而是在她手臂的旁邊。令人感到舒服自在，因為那是個較舒服的位置。她還是抓緊自己毫不渙散。此刻，你要從頭部以上開始叫醒她，而她將停留在這個位置。

艾：我在癱瘓她的身體。在她的詞彙裡，癱瘓是不好的。可是她必須一直癱瘓到我說了其他的指示。無論什麼是不好的，我都可以移除，我是個醫生。

薩：所以這個象徵進入更深的層次，一個舒服的象徵，同時也有一個不舒服的聯想出現──對於癱瘓的負面感覺，只有當你移除它時，它才會消失。我了解。

艾：我正在移除的一些壞事。

薩：如果你移除一件壞事……

艾：如果我按了打字機上的一個鍵，我會按第二個。

薩：還有，「癱瘓」是一個比較成人的字眼，不是小孩子用的字。

艾：不。

今天，我在電視上聽某個人說話，我說：「那是密西根口音。」你看，就算不曾上過口音的課程，還自然會有那些口

音。你不知道你學會那些口音，你的確是在學習，而且學著如何辨認。我們都在學習，像是癱瘓、它在散播，從密西根到威斯康辛、到紐約。關於口音的知識可以怎麼使用？

薩：口音的知識在散播，她的癱瘓也是。

艾：（重複）你有沒有注意過，到了國外，你對於口音的辨識進步了多少？

薩：哦，是的，聽到德國口音是很有趣的。

艾：是的，去聽它，意識地知道你正在聽它。

薩：是的。

艾：而且你不知道自己是何時開始學的……

薩：聽口音。是的，所以當你把莎莉的手臂舉起，她那隻手臂就癱瘓了，還擴散到她的身體。

艾：是的，我們都希望身體被使用時是好的，是很有自信的。自信（confidence）牽涉的主題太廣義，可以涉及整個身體。癱瘓是不好的，是會被否認的。

薩：但舒服是教人想停留的。


艾：首先我要你從脖子以上醒過來，但你的身體進入很熟的睡眠……你會從脖子以上醒來。


艾：從脖子以上。（艾瑞克森抬起頭）

薩：你在說「以上」時改變了音調，用聲調來加強語言的暗示力。


艾：這很難，但是你做得到。（停頓）讓你的身體深深入睡，這是

很美好的感覺，你的手臂是麻痺的。（莎莉笑，眼皮顫動）從脖子以上醒來。你幾歲呀？（停頓，莎莉笑）你幾歲呀？……你幾歲了？（艾瑞克森傾身靠近莎莉）

莎：嗯，三十四歲。

艾：（點頭）好，（坐回椅子）你三十五歲，為什麼閉著你的眼睛？

艾：她不想說她三十五歲，那是她微笑的原因。她慢慢地又回復一貫不願進入的模式。

薩：她回答時頓了一下，回復一貫不願進入的模式。頭部以上清醒後，她又回復成人的自我。

艾：嗯哼。

薩：同時她遲疑了一會兒，說「三十四歲」。你說她三十五歲，然後呢？

艾：她又慢慢地回復到不願直接進入。

薩：因為你迫使她明確地陳述她的年齡。為什麼在她回答三十四歲後，你要說她三十五歲？

艾：我想我當時誤解了。我不知道當時誤解有什麼用意。

薩：稍後你又回到她的年齡，似乎想讓她有機會來更正你的錯誤。她回答得很小聲，很可能你當時沒聽對。但是稍後又提到年齡時，她有機會用明確的陳述來更正你，即使你誤聽了。這是很好的事。

艾：犯錯時，你仍要好好利用它。還有，注意另一件事：我當時說得很慢。

薩：你當時說話速度很慢，可是說些無關緊要的事時，速度明顯不同。試圖引導催眠時，你說話的方式會更精確。

艾：因為在催眠狀態中的反應是自發性的，而且速度很快，快得無法以言語表達。

薩：你是指人們頭腦裡的聯想，還是指他們將聯想說出來的時候？

艾：人們想的速度比說的速度要快得多，無意識的速度如同閃電那麼快。作為一個治療者，你小心地用緩慢來改變時間的速度。小時候你被教導：「對我說話時，眼睛要看著我。當我對你說話時，你的眼睛也要看著我。當我問你，你要馬上回答。」但是治療者不只是要對方回答最後的部分，而是完整的回答。因此，首先你要引導，讓時間變得有彈性，對方才能自在地、完整地說出來。當我問到她的年齡時，她要想的可多著呢。

薩：是的。

艾：她的思考回復到不願進入的習性。

薩：她是在無意識的層次，阻抗明確的回答嗎？

艾：不是的。她醒來時回答得很快，一樣不願進入。當我問到她的年齡時，她卻回答得很慢。

薩：對。

艾：她慢慢回答，明確又直接。因為頭腦已經醒過來了，要從一個模式跳脫到另一個模式要花上點時間。

薩：所以，克服阻抗進來的方法是：慢慢來。

艾：得慢慢來。


莎：這樣很好。

艾：我**想**你的眼睛要睜開了。（莎莉笑，仍然閉著眼睛。停頓）

艾：當時我讓她有時間去懷疑。

艾：眼睛要張開了，不是嗎？（莎莉清了清喉嚨）

艾：現在她要開始了解，當我說她即將張開眼睛時，眼睛就會張
　　開。她慢慢地知道眼睛將要張開，所以開始眨眼。那就是她接
　　受事實的過程。

薩：她要經歷這個過程，並且懷疑。

艾：不是的。她要經歷一個新的行為模式，不同於以往意識的行
　　為。這就是反應式行為（responsive behavior）。在平常清醒、
　　不願進入的狀態下，她會說：「是呀，我要張開眼睛了……
　　哦，不，眼睛張不開。」不同的是，現在我讓她從容地回答
　　「是的」，而且內心沒有任何衝突。

艾：你會張開眼睛，並且一直張開著。（莎莉微笑，用舌頭潤了潤
　　下唇，張開眼睛，眨了眨眼）

艾：你可以看到她有所掙扎。

薩：是的。

艾：她微笑地張開眼睛。之前她已經練習微笑好多次了。

薩：在真正張開眼睛之前。

艾：是的。她在張開眼睛前微笑了好幾次。當她張開眼睛時，還是

微笑著。她之前就微笑了，這表示她一定會張開眼睛的。

薩：我有點迷糊了。她的微笑是表示她會張開眼睛嗎？

艾：是的，加上微笑。

薩：一種愉快的感覺。

艾：張開眼睛前一種愉快的感覺。所以，用醫學術語來說，看到醫生帶著藥丸而來時，病人覺得高興。當醫生、護士或醫療技術人員帶著針筒而來時，病人覺得高興。

薩：因為他們知道即將得到治療。

艾：嗯哼。我要她表現出即將張開眼睛。我主導了她的眼睛，而她為此加上一種愉快的感覺。

薩：就是她的微笑。

艾：嗯哼。

薩：然後她真的張開了眼睛。

艾：順應著我，她張開眼睛，這是愉快的過程，而非一種責任。

薩：也讓她有更多直接進入，因為並非迫於責任。

艾：沒錯。迫於責任不得不然時，你不會感覺愉快的。

薩：尤其是莎莉，她不願進入的習性。

艾：嗯哼。


艾：*我說對了，（莎莉看著前面）你在哪兒？*

莎：*我想我在這兒。*

艾：*你在這兒嗎？*

莎：*嗯。*

艾：*當你是個小女孩時有什麼記憶？一些你能告訴陌生人的記憶。*

（靠向莎莉）

莎：嗯，這個嘛……

艾：大聲點。

莎：（清喉嚨）我，嗯……我記得，嗯……一棵樹和一個後院和，
　　嗯……

艾：你會爬那些樹嗎？

莎：（說得很小聲）不，它們只是小小的植物。嗯，和一條小徑。

艾：在哪兒？

莎：在房子間的小過道。所有小孩都在後院和後面小徑上玩。玩，
　　嗯……

艾：那些小孩是什麼人？

莎：他們的名字嗎？你是說他們的名字嗎？

艾：嗯。

莎：喔，這個，嗯……（莎莉只是一直看著她的右邊、看著艾瑞克
　　森。艾瑞克森靠向她。她的手還在肩膀上，沒和房間中的人保
　　持接觸）這個嘛，我記得瑪麗亞、艾琳、大衛和基斯比。

艾：貝琪？

莎：（說得大聲點）基斯比。

艾：當你是個小女孩時，你想長成大女孩後會做什麼？

莎：我想，嗯，天文學家或作家。（她扮了個鬼臉）

艾：你認為會成真嗎？

莎：我想其中之一會。（停頓）


艾：你覺得那個人在做什麼？（指其中一位參加者）

薩：往前靠，注視著？

艾：往前靠，並注視著。

薩：哦，他用左耳在聽。（他的頭斜向一側，用左耳對著艾瑞克森）

艾：我曾告訴他：「你的聽力一側較好，一側較差。」他很訝異我知道。

回到莎莉，她正面對兒時在巷子裡的無意識記憶，這也呈現出從意識層面進入到無意識層面所花費的時間。她回答速度很慢，因為從「當下」回到遙遠的過去，需要一些時間；從遙遠的過去回到現在，也要時間。

薩：當你問她她覺得長大會做什麼，她說想成為天文學家或作家。當她說「作家」的時候皺了皺眉頭。

艾：你是如何學會寫的？

薩：我想，是透過練習吧。

艾：你是這樣學會寫的。（艾瑞克森示範：皺眉而身體扭曲）

薩：是的，皺著眉頭。

艾：而且透過身體。

薩：是的，扭著身子和腳，用整個身體來學。

艾：嗯哼。當她咬著唇說「寫」這個字時，正想起寫的痛苦經驗。我記得，學會寫「t」是多麼困難的事，要提起筆尖再劃下橫槓。學會寫「i」也很難，要提起筆尖再點上那一點。

薩：她仍未知覺到這些。

艾：嗯哼。「寫」這個字眼讓她退到兒時。「天文學家」則是成人的語彙，她的頭腦是處於清醒狀態。

薩：我懂了。這個字眼與身體的記憶無關。

艾：嗯哼。


莎：我……我的左手不能動。（笑）我真的很驚訝。（笑）

艾：你對你的左手有一些驚訝嗎？


艾：你有注意到我先動了動我的左手嗎？

薩：我沒注意到。

艾：倒帶看一下。

薩：所以她用眼角餘光看到了嗎？那就是將她的注意力引到左手的
　　緣故嗎？

艾：你自己看。（帶子倒轉。事實上，在莎莉說她的左手不能動之
　　前，艾瑞克森的確動了動左手）
　　我左手的動作引導了她的思考，通常沒有人會了解這一點。

薩：這個嘛，如果不是你指出來，的確沒有人會注意到。在語言的
　　層次，也有些有趣的事。她說：「我的左手不能動。我真的很
　　驚訝。」這有點誇大。這誇大的陳述，有違她一貫的風格。你
　　接著說：「你有點驚訝。」你稍微修正了她的誇大，試探另一
　　層面的陳述。

艾：嗯哼。

薩：讓她有機會更明確一點。

艾：你不希望你的病人說：「哦，不，我的手不能動。」你說：
　　「你可以這麼想：你的手不能動。」這樣你就說明了「不能」
　　的意思。

薩：讓她有機會更肯定、明確些。

艾：是的。

薩：因此，在她誇大的陳述之後，你反轉了它，修正她的誇大。

艾：我不希望她停在誇大的一端，我希望她回到真正的自我。


莎：我記得你說過它不能移動，而且……

艾：你相信我嗎？

莎：我猜我是。（笑）

艾：你只是猜。（莎莉笑）


薩：你捉弄她先前不願進入的態度，用「信念」和「現實」這兩個
　　字眼。這裡你又說「用猜的」，她笑了。她明白你的意思。她
　　沒有明說，但身體表明了她了解你的意思。

艾：嗯哼。


莎：我，嗯……看來它不能挪向我。

艾：這麼說比猜還多一些嗎？（莎莉笑）

莎：嗯……是的，（很小聲）我……你能從脖子以上醒來，脖子以
　　下卻不能，這可真教人驚奇。

艾：你對什麼驚奇？

莎：你能，嗯……從脖子以下，你的身體能睡覺，而你照樣能說
　　話——你知道……而且是清醒的——你的身體能感受麻木。
　　（笑）

艾：換句話說，你不能走路。

莎：這個嘛，在此刻不全然如此。（搖頭）

艾：不是現在。

莎：（嘆氣）嗯，嗯，不是現在。


艾：她搖頭，立即承認她不能走，她立即就承認了。

薩：對她而言，負面的承認要比正面的承認容易地多。然而，負面
　　承認也是往正面承認走了一步。

艾：嗯哼。

薩：同時，在那當下，她只注意到你，沒瞧周遭。

艾：我們兩人獨處。


艾：現在，團體中每位產科醫師都知道如何製造麻醉……身體上
　　的。（艾瑞克森期待地看著莎莉）（莎莉點頭稱是又搖頭表示
　　不對。她依舊茫然地看著她的右邊，清了清喉嚨）三十五歲而
　　不能走路，是什麼感覺？

莎：（糾正艾瑞克森）三十四。

艾：三十四。（艾瑞克森微笑）


薩：她更正了你，而你親切地回應。你沒有失去平衡。

艾：這個嗎，為何我要這麼做？

薩：同時，她採取相對強勢，勉強反駁你，試著回復之前的相對強
　　勢。

艾：而我讓她表現相對強勢。

薩：是的，她更正你說錯了她的年齡。要這麼做，她得表現得非常

明確。

艾：要能明確承認，同時又保持相對強勢的姿態。

莎：嗯……覺得……嗯……現在覺得開心。

艾：非常開心。

莎：嗯。

薩：接著你用正向情緒來誇大陳述。她說「愉快」，你說「非常愉快」。

艾：當你剛走進來時，你喜歡我開你玩笑的態度嗎？

莎：可能是吧。

薩：你先強調了愉快的感覺，然後回到之前開玩笑的感覺。然而，那並非開玩笑而已，事實上你讓她覺得非常不舒服。所以，將這兩個想法在時間上連結起來後，她對當時不快的感覺變得比較正面。

艾：是的。

艾：可能是吧？（莎莉笑）還是你可能不喜歡？

莎：嗯，可能吧。

薩：她再度用阻抗進入的方式回答，而你用聲調來強調「可能是吧」。

艾：提高聲調說「是」這個字：「可能是吧。」

薩：用聲調來強調肯定。

艾：嗯哼。


艾：（笑）是說實話的時候了。

莎：喔？（笑）

艾：說實話的時候。

莎：好吧，我的感覺混淆了。（笑）


薩：她還是不願進入，她在言語上沒有接受「說實話的時候」，所
　　以接下來你會誇大它。


艾：你說有混淆的感覺——非常混淆的感覺？

莎：這個，是呀，我喜歡也不喜歡。

艾：非常非常混淆的感覺？

莎：喔，我不知道能不能區別。


薩：所以你從另一端來捉弄她，誇大她不願進入的態度，以致她無
　　法不願再進入——要區分這兩者變得很荒謬：「非常混淆的感
　　覺」和「非常、非常混淆的感覺」。

艾：用這樣來試探。

薩：以子之矛，攻子之盾。

艾：以子之矛，攻子之盾，是的。因此她得面對自己的矛盾，而非
　　針對你。

薩：你讓她有機會看到自己不願進入的結果——「非常混淆的感覺」和「非常、非常混淆的感覺」。你捉弄她，而她得自己來去除這種行為。


艾：你在心裡暗罵希望自己根本沒來嗎？

莎：喔，不，我很高興我來了。（咬下唇）

艾：來到此，你學到怎樣不會走路。

莎：（笑）是的，脖子以下不能動。（點頭）

艾：那糖果嚼起來滋味如何？

莎：（小聲）喔，真好吃，但是……喔……我有……有七種不同的口味。

艾：（笑）你一直在吃糖果。

莎：嗯。（笑）

艾：誰給你的？

莎：你呀！

艾：（點頭稱是）慷慨的我，不是嗎？


艾：她的態度很不願進入，強調說糖果味道很好，至少字面上如此。

薩：是的。

艾：而那倒是直接又明確地承認。我讓她有機會既不願進入，又不得不進入。

薩：又是朝向正面的一步。

莎：是的，真好吃。（笑）

艾：你喜歡那糖果的滋味嗎？

莎：嗯，是的。


薩：她明確直接地進入了。

艾：她學會了一種新模式。


艾：所有的哲學家都說，現實是頭腦中的一切。（笑）那些人是誰？（莎莉環顧四周。艾瑞克森傾身靠向她）

莎：我不知道。


艾：她說不知道「那些人是誰」，其實她是知道的。我說：「那些人是誰？」讓她做出負面回應。

薩：此時，你強迫她與其他人接觸。

艾：是的。

薩：到什麼程度？

艾：她的手臂仍然是麻痺的。

薩：是的，但她身體感到舒服。

艾：有些人喜歡生病，不想好起來，所以你得逼他們坦白。接著她坦白了，她能自我控制了。

薩：雖然你知道她立即的態度會是不願進入，但她還是得以更明確的方式進入。

艾：是的。給她一個安全的情境，讓她能直接明白地進入。你看，在不願進入的情形下，如果你能強迫她直接明確地進入，就

算是很籠統也好。然後你再強迫她更明確地進入。從籠統到明確，明確就會消除手臂的麻痺。

薩：你記得後來她是如何使手臂不再麻痺嗎？

艾：不記得了。

薩：那是很棒的結果，我想你會很高興它是如何發生的。


艾：現在告訴我你對他們的想法，坦白的。

莎：這個嘛，他們看來都不一樣。

艾：他們看來都不一樣。

莎：是啊，他們看來都不一樣。（她清清喉嚨）他們看起來都很善良。他們彼此……看來都不一樣。

艾：所有的人都是不同於彼此的。（莎莉害羞地笑，清清喉嚨，嘆氣）


薩：剛才你強迫她與人接觸，那可能帶來負面感受。你要她與人接觸，又要她直接給意見，那是非常困難的。她不願進入，又得接受你的指示，所以你只會得到部分進入。

接著，她的聯想可能是對人們的一些負面感受。她必須對人有負面感受，因為自己來遲了，並且中斷了別人正在進行的事。因此。你可以推論她對人的一些負面感受。但是現在她坐在那兒被催眠，手臂在前方交錯著，你卻說「告訴我你對他們的想法，坦白地」。假如她想到任何負面的事也不能說，她被催眠、舒服的姿勢與那些負面的感受隔離開來了。

艾：嗯。

薩：你藉著強迫她與人接觸，把她的焦點從自己身上轉移。為什麼？

艾：因為那一定會發生。當醫生會把病人留在等待室或休息室，在那裡，焦點便會轉回病人自己。所以你得把它變成真實狀況（reality situation）。

薩：這也是讓她融入團體的有趣方式。她會左顧右盼，因為不得不接觸別人。

艾：而且必須直接思考。所以我允許她加入。

薩：負面思考？

艾：當然，如果我給了你什麼，就代表我也可以從你身上取回，不是嗎？

薩：是的。

艾：所以我給她許可。


艾：艾琳現在在哪兒？

莎：喔，我不知道，嗯……

艾：你想到艾琳有多久了？

莎：喔，這個，嗯……一段很長的時間了。嗯，她，喔，瑪麗亞是她姊姊。她和我的年齡比較近，而且，嗯，她比我小，喔，我想起她們——你知道的，她們是在我年輕時記得的人，不過我很少想到她們。

艾：你家在哪兒？

莎：喔，嗯，在費城。

艾：你在後院嗎？

莎：嗯。

艾：在費城。

莎：嗯。

艾：你怎麼到這裡的？

莎：喔，可能我只是，嗯，想到在這兒。

艾：注意，他正在移動他的腿，他正在移動他的腳和腳趾頭，她正在移動她的。（指著團體中的人）你幹嘛坐得這麼直？

薩：這在嘗試讓她更放心地交出自己嗎？

艾：而且逼迫她辨識周遭事物的細節。

薩：進一步接受催眠。

艾：我們獨自在費城的房子後院。「你怎麼到這裡的」，「這裡」是非常明確的，不像費城的後院那麼無法具體說明。想想費城共有多少個後院？

薩：是啊，而且有多少時間和日子。

艾：「這裡」是非常明確的。你看，我將籠統的想法與明確的想法全混在一起了。

薩：這個想法讓她有機會提供更明確的資訊。

艾：是的。

莎：這個，我回想你說的一些事……嗯……

艾：你總是依照我說的去做嗎？

莎：（搖頭表示不會）要我聽從指示是很不尋常的。

艾：（打斷）你說你是個不尋常的女孩？

莎：不是，要我聽從指示是很不尋常的。

薩：你重新賦予「不尋常」一個意義。當她說不尋常時是帶著負面
　　感受的——「要我聽從指示是很不尋常的」，然後你說「你是
　　個不尋常的女孩」，帶著正面感受。她口頭上拒絕了：「要我
　　聽從指示是很不尋常的。」

艾：但「你是個不尋常的女孩」這句話會被記得。

薩：我知道，會在無意識裡被記得。

艾：沒錯，而且得到情緒上的滿足。


艾：你從不這麼做嗎？

莎：我不能說從來都不——很少。（笑）

艾：你確定你從不聽從指示？

莎：是的，我想我剛剛就是了。（笑，清喉嚨）

艾：你會遵循滑稽的暗示嗎？

莎：（笑）嗯……這個嘛，我或許可以動了。


艾：「聽從指示」——注意她的回應。

薩：她開始想到手臂，對她而言，那是非常明確的內在想法。你只
　　是盡量地籠統（general），她就可能對你之前的任何暗示做出
　　回應。

艾：她中計了，被迫面對內在的想法，特別是與肢體癱瘓相關的部
　　分。

薩：你的籠統促成了她的明確。

莎：我好像可以動了。

艾：嗯？

莎：如果我決定要動的話，或許就可以動了。

艾：她說「我好像可以動了」。

艾：看看每一個人，你想誰會是下一個進入催眠狀態的人。看看每
一位。

薩：有趣。為什麼你要讓她與房間裡的每一個人接觸，要她決定下
一位進入催眠狀態的人？

艾：她必須去想到「X、Y 與 W」，她自己只是字母中的一個。

薩：這麼做讓她置身於團體中，並且成為其中一份子。

莎：（環視房間）嗯，或許就在這裡，戴著戒指的這位女士。（指
著安娜）

艾：哪一位？

莎：（小聲）嗯……左手戴著戒指、面對我們的那位女士。她把眼
鏡戴在頭上。（艾瑞克森傾向她）

艾：還有誰？

莎：什麼？我想她就是下一個進入催眠狀態的人。

艾：你確定沒忽略一些人？

莎：我感覺有一些人可能會是——坐她旁邊的那位先生。

艾：「我感覺」是比較願意進入的反應。

艾：還有誰？

莎：喔……對，其他人。

艾：嗯？

莎：其他人。（笑）

艾：坐在你左邊的那位女孩呢？（指著羅莎）

莎：是啊！

薩：這個部分很棒。注意羅莎。她正傾身遠離、手臂交錯、蹺著
　　腿。你暗示莎莉選擇羅莎，即使她的肢體語言表現出阻抗。

艾：你想她多久才會放下蹺著的腿進入催眠狀態？（羅莎雙手環
　　抱，蹺著腿，坐在艾瑞克森那一邊的綠色椅子中）

莎：嗯，不用很久。

艾：好，看著她。（羅莎沒有放下蹺著的腿她往後看艾瑞克森，再
　　往下看，接下來又往上看，微笑，然後看看四周）

羅莎：我不覺得要放下蹺著的腿。（羅莎聳聳肩）

艾：她相信「不要很久」，但羅莎謹慎且從頭到尾都在阻抗。莎莉
　　深信「不要很久」。

薩：她正在經歷失誤？

艾：是的。有些人不能忍受自己發生錯誤。雖然她造成了錯誤，但
　　她鼓起勇氣並保持信心。

薩：是的，她犯了錯，因為她說「不要很久」，因此她得經歷這個失誤。

艾：沒錯，那是非常有教育性的。

艾：我沒說你看來不舒服。沒人說你不舒服。（羅莎點頭）我只是問這女孩，要讓你放下蹺著的腿、閉上眼睛進入催眠狀態要多久。（羅莎點頭稱是。停頓。艾瑞克森期待地看著羅莎）

薩：所以你把注意力從莎莉轉到羅莎。於是莎莉脫離焦點。你已經給了莎莉很多注意力，現在正逐漸收回。當你開始與羅莎工作，她便無法再獲得你的注意。

艾：對啦。她交出自己，犯了一個錯誤，必須經歷這個錯誤。

艾：（對著就在他左邊的莎莉說）看著她。（停頓）（羅莎閉上又睜開眼睛）她閉上眼睛，然後又睜開。你要多久才會閉上眼睛然後就一直閉著？（停頓。艾瑞克森看著羅莎）

薩：這不合語法的部分真的很棒。「你要多久才會閉上眼睛然後就一直閉著？」（How long will it be before You closes〔sic〕them and keep them closed）（編按：〔sic〕是拉丁文縮寫，指有錯依然照抄）應該說是「她閉上眼」或「你閉上眼」（you close them），而你說「你閉上眼」（you closes them），造成了一些混淆，有助於她把注意力放在「閉上」這個字上。

艾：是啊，但是她已經有點出來了。我嘗試拉她回來。

薩：羅莎？

艾：不，莎莉，她已經有點出來了。

薩：沒錯，所以莎莉必須看著羅莎，才能讓她回到當下的場景。

艾：莎莉原來相信的是「羅莎不要太久就會閉上眼睛」，所以我拉她回來。

薩：這邊處理得很好，如此一來她就會了解時間因素，了解自己的失誤，進而學習去經歷它。她原來無法交出自己是為了避免犯錯。要與像莎莉這樣性格的人一起工作，基本上要增加她的彈性，允許她交出自己，允許她失誤而且覺得沒關係。

艾：在醫學院時，我曾做過一件冒犯人的事。我們被要求輪流為一位臨終病人做身體檢查，接著這位病人要被解剖以確定診斷。所有的同學都祈禱能做出正確診斷，他們很不高興我總是希望自己做出錯誤的診斷。

薩：我不懂。

艾：我希望可以做出錯誤的診斷，因為如果錯了，那表示我還有許多要學的。如果我已做出正確診斷，就不需要再學習了，我的同學們並不了解這一點。因此我讓她交出自己並學習更多，然後把她帶回到情境中。

薩：喔，還有一些問題。你對羅莎施壓，最後她閉上眼睛。這花了許多時間，因為羅莎打從一開始就表明了她會阻抗。你一開始就知道她會阻抗，所以你從容不迫。

艾：我慢慢引導，好讓她們兩方對立。

薩：是啊。

艾：莎莉明顯會有所學習，而羅莎也會學到「不要嘗試阻抗」。

# 第二天的討論（2/3/1980）

薩：先前你做到讓莎莉脫離催眠，並對羅莎引導催眠。你解釋說你
讓莎莉度過一次失誤，她可以犯錯，而後仍然活著。莎莉曾說
羅莎會是下一位進入催眠的人，預言她會很輕易地被催眠，事
實上羅莎非常阻抗。讓我們再簡單回顧最後一次療程。

羅莎：我不覺得要放下蹺著的腿（羅莎聳聳肩）。

艾：我沒說你看來不舒服。沒人說你不舒服。（羅莎點頭）我只是
問這女孩，要讓你放下蹺著的腿、閉上眼睛進入催眠狀態要多
久。（羅莎點頭稱是，停頓。艾瑞克森期待地看著羅莎。對著
就在他左邊的莎莉說）看著她。（停頓。羅莎閉上又睜開眼
睛）

薩：你對羅莎間接施以很多壓力以促其改變。當你這麼做時，莎莉
夾在你們中間，失去了自我覺察。然後你迫使莎莉回來並觀察
羅莎。有兩個理由：其一，莎莉必須看見自己的失誤，真正注
意到它；其二，這給予羅莎額外的壓力，她必須回應。

艾：沒錯。

薩：但是羅莎的姿態依然防衛。很有趣的是意志的掙扎，因為你也
不打算被否定。羅莎要閉眼，但她非常阻抗。這幾乎變成一場
戰役，而她將會順從你所期待及暗示的。

艾：就當它是一場戰役吧，重要的是，莎莉是否能了解到這是一場
戰爭。

薩：她了解多少？我認為她了解這是一場戰役。

艾：好吧，但是我煽動了多少戰爭呢？

薩：你沒有煽動任何戰役，那都是間接進行的。你對莎莉說話，但是看著羅莎，而且你看她的態度充滿期待。

艾：我是在對羅莎說話。


艾：她閉上眼睛，然後又睜開。你要多久才會閉上眼睛然後就一直閉著？（停頓。艾瑞克森看著羅莎）


薩：那一天我們談到你用不合語法的句子將她的注意力拉到「閉上」。

艾：沒錯。如果我說「你閉上眼睛」，那是可以爭辯的，但如果是「閉上」——你如何反駁呢？她必須費心去定義何謂語法錯誤。

薩：是的，反駁變得更加困難，因為許多能量消耗在試圖找出語法錯誤上。

艾：完全正確。當你對聽眾演講一些具爭議性的主題時，可得非常小心。假若你看著其中一位帶著敵意的聽眾，有個字發音錯誤，他會認為「我做得比你好多了」。他會因此感到優越。但他不知道只是因為一個字發音錯誤。

薩：他反駁的是形式，而非實質內容。

艾：嗯哼。

薩：另外一種看法是，給予一個象徵物去吸收情感。舉例來說，有個個案是她在喪子的同時種了一棵樹。象徵物吸收了情感。這

裡你所說的那些不合語法的句子，便吸收並折射出一些情感。

艾：你讓敵意就針對那一個字，你讓他們覺得得意。

薩：一種優越感。

艾：嗯。高興就是高興，沒有定義是哪一種的高興。

薩：不是一種優越感嗎？

艾：與主題無關。那只是高興跟你一起。

薩：因為造成了一些失誤。

艾：一位在芝加哥教學的阿德勒學派擁護者曾與我爭辯，我並不想這麼做。我提出異議，他認為我害怕。我用了各種聲東擊西的方法，包括發音錯誤，他很高興地糾正我的錯誤，然後發現他的高興正反映了我所說的。

　　他主導芝加哥學派好一段時間，了解阿德勒比我更勝。我繼續跟他玩同一套把戲，他最後終於崩潰哭了。

薩：他哭是因為？

艾：他因為我所說的話而高興，但是無法連結到事實上他正在糾正我的用字與發音。他發現他同意我的論點，但他並不想同意我。他仍繼續與我爭辯。


艾：（羅莎眨眼）她現在有點不容易睜開眼睛。（羅莎閉上眼睛，咬唇，然後睜開眼睛。停頓。莎莉閉上眼睛）


艾：她正無望地掙扎著。

薩：當我秀這一段給人們看時，他們很擔心你對她施加如此多的壓力。她在很早期的非語言表達就指出她的合作，閉上眼睛而後

睜開。

艾：的確，聽眾有些喪氣，因為他們想放棄，而且不認同她。但她並不想遠離我。

薩：她的確不想。

艾：她希望有贏家，不論是我或她贏。她希望有一方贏，但是她不被允許說「我想贏」，因為她閉上眼又移動手。她定睛看著我。她希望能成功，那是未定義的成功。但是我知道是我的成功。她想要停在那裡直到分出勝負。

艾：她想和我玩遊戲，但是輸了。（停頓）她不知道她有多接近催眠狀態。所以，現在，閉上你的眼睛。

艾：還有一點要記著。人們來找你尋求協助，他們可能阻抗被幫忙，但是會非常希望你能贏。她希望獲得資訊，但她知道唯一的方式就是除非我贏。所以她落入自己的圈套，想要贏，更強烈地想學。

薩：是啊，你願意繼續堅持是很好的。很美的善意。你提供了某些限制，為的是最後可以因為輸而勝利。

艾：完全正確。

薩：現在你做了間接的評論：「她努力要和我玩這場遊戲。她更難張開眼睛。」但是你看著她，你間接地對她說「接著閉上眼睛，現在，持續地閉著」，雖然你知道她並不打算立刻閉上眼睛，你還是給她機會。

艾：選擇時間。因此那不再是選擇閉眼與否，而是一個時間上的選

擇。我有的是時間。

薩：是的。此外，在這個點上她也害怕你不贏。這個因素導致她待
　　會兒會有更強的動力靠向你這方。

艾：嗯。


艾：**現在**，繼續閉著。（羅莎再一次眨眼，眨得更久）很好，慢慢
　　來。（羅莎再一次眨眼）但是你會閉上眼睛。（羅莎再一次
　　眨眼）一直閉著，更久。（羅莎再度眨眼又睜開）閉眼更久。
　　（停頓。羅莎眨眼）

艾：下一次閉上眼睛時，就一直閉著。（停頓。羅莎閉眼又睜開，
　　然後閉眼再睜開。她刻意閉上眼）你知道眼睛會閉上。你努力
　　想讓它們睜開，卻不知道為什麼我要一直挑剔你（羅莎閉上眼
　　又睜開，閉上眼又睜開）。這就對了。（閉上眼睛，一直閉
　　著）。**就是這樣**。


薩：然後它們持續閉著。

艾：「就是這樣」，（溫和地）「就是這樣」。

薩：我知道，你用安慰聲調說：「就是這樣。」

艾：安慰的聲調。

薩：同時，這一次她的眼睛完全專注於你，無法再顧及周邊發生了
　　什麼。她完全專注於你。

艾：我安慰的聲調並非那種勝利式的。

薩：我明白，對她是一種安慰。

艾：如果我用勝利的口吻說閉上，她會睜開眼睛。

薩：沒錯。

艾：我用安慰的聲調說。

薩：這樣一來，她永遠都是勝利的一方。

艾：她贏得了舒服的感覺，有了嶄新的目標——讓自己舒服。

薩：事實上我們可以這麼說，這又是一個艾瑞克森製造的雙贏的例子。她閉著雙眼，即使你說「你卻不知道為什麼我要一直挑剔你」，這反而似乎解除了一些緊張，為什麼？

艾：「你卻不知道為什麼我要一直挑剔你」因此她將自己的阻抗分散在很廣的範圍。

薩：她必須對你如此注意她的原因產生聯想，她能產生非常多的聯想。

艾：而且沒有一個是正確的。

薩：為何你要一直注意或是挑剔她？

艾：為了減少她阻抗的深度，我採取分散阻抗的策略。

薩：多麼聰明的消滅阻抗的方式啊！你就是把阻抗分散，而它們變得如此輕薄……

艾：阻抗因此變成無效的。

薩：現在，她已經注視著你，她的注意力非常集中，她移動了很多。她並不是固著在自身的行為，實際上，如果我們定義催眠為一個注意力集中的狀態，那她就是進入催眠的狀態。

艾：因此，移動是為了讓她相信自己並非在催眠的狀態。知道你必須藉由每個自己做的動作來取信自己，「那之前的動作並未取信我；這個動作並未取信我，這個也不行」。

薩：所以她持續掙扎著，想要做出有意義的動作來取信自己。

艾：結果每次都失敗。傑夫，你是我遇到第一個願意嘗試同時去了解發生在個案和我身上過程的人。你願意去看到「舒服」這個字，願意在她的動作中去發現缺乏舒服（lack of comfort）的意涵。她的動作是如何的無法取信她自己，它們只是讓她更無法相信自己罷了。

薩：當我參與艾瑞克森治療工作坊時，在第一部分我會教導艾瑞克森式診斷法。這是一種不同的診斷。例如你如何診斷一個人注意的方式？你如何診斷他反應的模式？你如何診斷他溝通及語言表達的風格？這不是精神科的診斷，而是牽涉許多內在及人際因子，例如一個人控制自身關係方法的診斷。

　　然後，由這個診斷出發，我進入另一個階段，也就是考慮如何給予適合上述診斷的人暗示的階段。舉個例子說明，我運用把垃圾帶走的這個想法。如果這個人是內在取向的人，給予他的暗示就會和外在取向的人非常不同。對於一個相對強勢或是相對弱勢的人，你會運用不同的暗示方式。我認為這對想學習的人會很有用，因為有些人只著重在學習你的技巧，而不是你根植於這個個人的診斷而做的事或所達成的事實。

艾：對個案的效果。

薩：你給予暗示的方式，就是根據你對發生在個案內在的事所做出的診斷。你使用的是截然不同的診斷。

艾：這是另一件需要被考慮的事：我們所有人是如何學習說話，那過程包括漫長地犯錯的經驗，「我看見到他。我刊到過他」（I seed〔sic〕him. I sawed〔sic〕him），我們都曾在文法或是發音上犯錯。然而，從錯誤中學習是一項寶貴的財富，你可以

有意地犯錯，然後藉此得知他們實際的犯錯經驗，以及他們是如何想被矯正，而你正好可以提供這個矯正。

薩：藉由如此做的過程，你再現了過去歲月中……

艾：可接受的情感。

薩：當他們仍然年輕時。

艾：是的。「媽媽，我見到了某個人。」（Mama, I seed〔sic〕somebody.）母親會說：「你看見某人了。」（You saw somebody.）孩子會覺得很感激。所以當我發音錯誤而被他們糾正的時候，這個老時代的情節重回現場，讓他們感到安穩及感激，只是他們很難去定義這個感覺。

然後，你繼續進行到別的階段。

現在，我想舉一個例子來說明。我和貝蒂去度蜜月時，她還不會開車。車子走到一條荒涼無人的鄉村道路上，一隻蜜蜂飛進車子，叮咬她的膝蓋。她打死蜜蜂，把牠撿起來丟出窗外。我把車子開進路肩停下，用一種充滿情緒的音調說：「我真慶幸牠叮的是你，不是我。」

薩：我不了解。

艾：我是認真的。她的臉上出現極度恐懼的神情，之前我曾經被蜜蜂叮過一次，讓我昏迷不醒了三天之久。她知道後，原本認為自己的新郎幸災樂禍的生氣，轉變成一種光榮的滿足——被叮的是自己。

薩：她感到自己保護了別人。

艾：嗯。而且是她的新郎希望她受傷，她卻覺得感激。當那隻蜜蜂飛近她時，她被我的行為嚇壞了。當然，當她聽到我說幸好被

叮的是她不是我的時候，更是恐懼，這是極度的打擊。而在這個極具威脅的打擊之後，又緊接著另一個壓倒性的情緒，這兩個壓倒性的情緒幾乎是同時出現。

薩：這是一個很好的誘發負面情緒，然後又馬上將之轉換成正向情緒的例子。

艾：我能夠睡得很甜。但是如果被一隻蚊子咬，我會醒來，拉肚子，還有嚴重的全身性過敏反應，必須泡熱水澡一個小時。所以如果貝蒂在臥室中看到一隻蚊子，她會起身拿起拍子跟殺蟲劑，因為她知道蚊子接下來會對我造成的影響。

薩：所以你能夠從個案或病人身上了解這個關於保護感覺的關聯性，接著引導他們實際上有所作為來保護你。

艾：沒錯。她原先並不希望被蜜蜂叮咬，但最後決定那不過像一隻普通的蚊子咬了普通人一般。

薩：然後，任何被叮咬而產生的感覺，因為緊接著產生了不一樣的情緒而消失。

艾：先是一種可怕的感覺，也就是我很高興被叮咬的是她；緊接著是另一種更強大的感覺：如果我昏迷不醒人事，她不會開車，在一條荒涼的道路上要怎麼辦？這是難以想像的困難處境。

薩：所以當你這麼說的時候，你心裡知道貝蒂會有想保護你的想法，而且她不需要擔憂被蜜蜂叮咬。

艾：並不是這樣。事實上我覺得得救了，然後我了解到她會怎麼看待，所以我想我能解除她的不舒服。首先，有一個非常負面的情緒，然後是一個壓倒性的正向情緒。

薩：現在，回到引導階段。

艾：羅莎正感到失敗，而我給了她安慰。

薩：所以一開始會有一個負面情緒，然後是一個安慰，還會有一個阻抗。

艾：因為她感到自己正在失敗，還有關於失敗的全部負面感受，然後，是我非常深刻的安慰。

薩：如同你藉著說「就是這樣」所完成的。你可不可以多說一些關於如何診斷她獨特人格及獨特的阻抗方式？

艾：在一般教導催眠的課程中，總是教你要迴避阻抗。

薩：是的。

艾：利用它。

薩：我喜歡這個主意，用好似把阻抗攤開鋪平的方式，把它變得如此輕薄，就好像什麼都沒有。對我而言，這是個新點子，我很喜歡。

羅莎有她的固執，不同於莎莉的固執。你能告訴我這兩人阻抗方式的不同所在嗎？

艾：她的阻抗和人有關，莎莉的阻抗則是關於「我的意見還是你的意見」。

薩：所以羅莎比較是直接的衝突，莎莉則是關於事情的衝突。

艾：是的，對事。現在，羅莎對我有所防衛是因為我這個人。

薩：真好，我喜歡如此區別。


艾：現在我要你們看她的合作態度。病患能阻抗，也會阻抗。我想她會阻抗。

艾：我說「病患能阻抗」，因此她再度阻抗起來。

薩：當她移動她的身體。

艾：嗯，是的。那是為了增進她的舒適安慰。

薩：也使得她離你更近，她移得更靠近你，當她把手臂倚在椅子上時，是要讓自己更舒服一些，而且她在你說「阻抗」這個字眼的時候，做了上述這些事情。

艾：沒錯。

薩：你能將阻抗用於正面的方向？

艾：「阻抗」這個字有了新的意義，她有了安慰的這個意思，而我證實了這一點——也就是她能去阻抗。

薩：在你直接跟她談話或是間接說到她之前，當她閉上眼睛，你改變了聲音的位置，而且走回到團體。為什麼？

艾：為了讓她能享受她的舒服，這是她的舒服，讓她享受。我離開是因為我尊重她的舒服。


艾：利用她的阻抗，能把阻抗形態表現得很清楚。


艾：當她遠離我，她正在試鍊她的舒服，她仍然在享受她的舒服。換句話說，她的舒服完全是她的。

薩：然後你再度使用了這個字眼「阻抗」，你說她能把阻抗形態呈現得很好。所以在這裡，阻抗被賦予另一個正向的感覺。


艾：但是她並不知道這些，她會放下翹著的腿，但又要表現出不必然要這麼做。很好。當你與病患共事，他們總想依靠一些什

麼，身為治療師的你應該讓他們去做。（停頓。羅莎在椅子上
動了一圈又傾向前，仍然翹著腿）

艾：「他們總想抓住一些什麼」，她會在我的允許下，依靠著翹著
的腿。因為你總是依靠著某件事物。舉例來說，這裡有玻璃
珠、洋娃娃還有卡車，那些是你的，這個是我的。

薩：這種態度在童年也可以發現。

艾：小時候，你被教導要與人分享玩具，但是這還是我的。金是個
東方人，（艾瑞克森收養的孫女）有東方思維幾千代累積下來
的遺傳。金花了一年時間教導貝蒂・愛莉絲一些貝蒂認為非常
特別的事情。（金在九個月大的時候被貝蒂・愛莉絲收養）兩
歲大的金教貝蒂：「這些是大衛的玩具，只有大衛可以跟它們
玩；這些是麥克的玩具，只有麥克可以和它們玩；這些是我的
玩具，只有我可以跟它們玩；這些是我們的玩具，我們全部都
可以跟他們玩。」對千代以來的越南人來說：「這塊土地是我
的。」他們一代接著一代，用同樣的方式，灌溉涵養著同一塊
田地。

薩：你是指種族型態的意識？

艾：我們有上億個腦細胞，它們能夠對上億個不同的刺激產生反
應，這些腦細胞是經過專門化的。當你來自一個世世代代只使
用特定腦細胞的族群，每個你接收的訊息，都讓你始終環繞著
它。舉猶太人為例子，他們被迫害了數千年，所以能為自己而
戰。猶太人戰鬥時，非常的苦，除非被其他的國族侵略，這個
對抗侵略的力量，才能統一猶太人。一向爭執不休的猶太人，

為了對抗外侮而團結起來。

薩：沒錯。

艾：難道不是這樣嗎？

薩：是這樣的。

艾：挪威人世世代代都是水手，他們是探險家、傳播訊息。至於希臘人，他們世世代代都是希臘人，到達美洲時，他們形成一個大聚落，即使經過了四代，仍然用希臘文交談，他們不分裂，黏在一起。一個黎巴嫩社區始終就是一個黎巴嫩社區。一個敘利亞社區始終是一個敘利亞社區。但是挪威人散布到世界每個角落，美洲人散布到世界各地。你看，即使我們出生時具有相似的腦細胞構造，仍然有某種形式的反應模式，在我們的行為裡代代相傳。

我昨天與一個波蘭裔猶太人談話，一個非常聰明的男人。他處在非常怨怨的情緒中，與我談了大約兩個小時。他說：「到底我做錯了什麼？為什麼我在美國出生的孩子們，一點都不尊重我們波蘭的傳統？」波蘭的傳統習俗是他唯一能夠了解的事實，他是個肉販，他兒子是個核子物理學家，這個老人的心碎了，彷彿他兒子只該與他從事相同的賣肉職業。他太太是個很好的家庭主婦，女兒也想要自己的職業。他說：「究竟我做錯了什麼，使我的孩子們走錯路？」

在一些文化中，土地是屬於家庭的──打從千年以來，現在他們仍在同一塊土地上種植穀物，仍在面臨飢餓。

薩：文化的不同，是非常堅實而難以改變的。

艾：內建而難以改變，以致於你間接地警告孩子遠離他們自然的反

應。

薩：你能夠重新連結回我們的文本主題嗎？

艾：現在，羅莎已經得到她自己關於男女關係的觀念了。

薩：你是指成為一個義大利人？

艾：沒錯。

我一個親近的朋友在密爾瓦基執業，有一個病人，一個義大利男人，他告訴我的朋友：「我與我的妻子來自一個古老的國家。我回家，她一整天都在談論一些八卦，我必須自己做晚餐、洗衣服，做所有的家事。」我的朋友問：「你從義大利的哪一區來？」他說了一個明確的地區。「你的妻子是哪裡人？」他回答了一個明確的地方。我朋友對他說：「在你生長的地方，你被教導要對自己的妻子仁慈，而你的妻子來自的地方，丈夫對妻子的愛往往是以打她來表現。當你回到家，如果沒有晚餐，生氣地告訴她：『我希望我到家的時候，已經有晚餐了。』這對你的妻子來說，是最好的反應，因為她從嬰兒時期就學到，一個男人打妻子正是表達愛的方式。」

至於羅莎，她得到自己的個別性，所以能夠與男人保持距離。這是一個學習，必須通過表達自己不願服從，讓男人證實自己比較強壯。所以你必須證實這點。

薩：我想這就是華特克（Carl Whitaker，著有《熱鍋上的家庭》〔*The Family Crucible*〕）所說的，任何形式的治療都開始於戰爭，治療者必須迎向這個戰鬥，要不然，沒有任何心理治療能夠真正的發生。所以病人走進來，並且測試你的力量。

艾：他想知道你是否擁有恰當的力量，這指的是一個戰鬥。你是很

溫和怯懦，如同你應該的樣子嗎？還是你是非常強壯好戰，就如同你應該是的樣子？

一個年輕的希臘醫生曾經，我想，結婚三次吧。每次對象都是美國人。他來自希臘一個母系社會，他母親在他每次結婚時都告訴他：「你結婚幾個月後，我會要你離婚，你會再和另一個女孩訂婚。」他告訴我這件事情。我聽了他和母親雙方的說法，他母親告訴我，她覺得一個好的新郎該如何做：他必須和母親一起去度蜜月，把新娘留在家中，他的新娘必須是母親的奴隸。我告訴她，她的兒子是美國人，有權利與他想要的女孩結婚，而且她現在身在美國，不能把兒子的妻子當作奴隸。

兒子站在那裡看著，母親突然說出希臘話，他非常害怕，從不知道母親會說這種語言。

我認識另一個女孩，來自西班牙一個父系地區。在那裡，新郎留在家裡，女孩與父親去度蜜月。她比較容易接近。她結婚後我去拜訪她。被介紹給她父親時，他說：「你就是那個教我女兒跟丈夫一起去度蜜月，說我一點權力也沒有的那個人。」我說：「沒錯。」那個希臘婆婆每天到她兒子家告訴新娘該怎麼做飯、如何整理她的家。我跟這個婆婆說：「我告訴你的媳婦，當她厭倦了有你在屋子裡時，她應該說：『你希望我打電話給艾瑞克森醫師嗎？』」

薩：尋求更高的權威。

艾：這個婆婆總是立刻就離開，碧兒翠絲的媽媽（碧兒翠絲是由艾瑞克森轉介給薩德的病人）是絕對的獨裁者，她告訴我碧兒翠絲該做什麼。我說：「你已經和碧兒翠絲在一起太久了，所以

你今天到我這裡來。」碧兒翠絲來說：「我媽媽真是瘋狂，她走路回家。」一段快十公里遠的路程。「她想走到機場，不願意讓我載她去。」

薩：你願意去控制這些情況，真令人印象深刻。你的處置非常明智。

艾：在治療中，你處理所有可能出現的狀況，決定何種處置對他們而言是最好的。

薩：讓我們回到引導吧。關於羅莎的最後一件事情，應該是你談及的阻抗。你說到阻抗，說到她會放下蹺著的腿，也說到她能夠依靠某件事情。如此說來，她能夠依靠的該是繼續讓自己的腿蹺著，她會如此將兩者連結。


艾：因為病患不是你的奴隸。你想幫他。你不要求他做什麼。我們都帶著「我不是別人的奴隸，我不必依令行事」的感覺長大。即使他想阻抗他的意志，你用催眠幫他發現他能做些什麼。（羅莎睜開眼。莎莉咳嗽。跟羅莎說）現在你對於我的挑剔感覺如何？

羅莎（以下稱羅）：我只是要看看自己是否能抵擋你所說的。

艾：是的。（莎莉咳嗽）


薩：現在，莎莉開始咳嗽，這很有趣，因為你將由她的咳嗽了解到此時發生了什麼。你已經不注意莎莉很久了，你問羅莎：「現在你對於我的挑剔感覺如何？」如此問，讓她可能的負面感受退了一步，因為你著重的是正向的部分，也因此，她可能在心

裡認為，你對她的挑剔是可接受的。

艾：倒帶再看一次，你看羅莎將自己的手掌伸向我，她對我開放。

（重新放一遍錄影帶）

薩：她先向後移動，接著又向前移動。

艾：以雙手張開的姿勢。

薩：是的，就像是預期要接受的姿勢。

艾：嗯。


羅：我是說我能放下我的腿。（她放下又蹺起腿。莎莉在笑和咳
　　嗽。艾瑞克森停頓）

艾：我曾告訴你你會放下腿。

羅：嗯？

艾：我曾告訴你你**會**放下腿。

羅：是的，我能。

　　（莎莉咳嗽。這個咳嗽使她必須移動手臂遮住嘴巴。一位男士
　　給了她喉糖或薄荷之類的，她放進嘴巴，然後張開手臂向艾瑞
　　克森聳聳肩）

莎：（對著艾瑞克森說）你曾告訴我我會咳嗽嗎？（笑，碰一下艾
　　瑞克森，又咳一次）


艾：她使用屬於自己的咳嗽。

薩：是的。接著，她向你展示這就是她的方式，她接受喉糖，張開
　　雙臂向你聳肩。她用咳嗽來解除原本麻痺的手臂，了解到她正
　　在發展出一個症狀。她是一個聰明的女人，她也知道這點，知

道自己正在製造出一個可以解放自己手臂的症狀。

艾：十分漂亮地展現出來了。

薩：是的，十分漂亮。

艾：好，那是個精細的、**迂迴**的方式……（莎莉咳嗽並遮住嘴巴）一個精細、聰明、**迂迴**的方式來得到控制……她的左手。

薩：這真的太棒了。你使用這個詞彙：「那是個精細的、**迂迴**的方式……一個精細、聰明、**迂迴**的方式來得到控制……」然後你稍稍停頓了一下。

艾：我贊同。

薩：你贊同。

艾：我給她一種贊同的感覺。

莎：（笑、咳嗽、點頭）發展一個症狀。

艾：你擺脫了麻痺的手，你藉著咳嗽做到了（莎莉點頭、咳嗽）。有效，不是嗎？（莎莉笑、咳嗽）你真的不是奴隸。

莎：我猜不是。

艾：因為你厭倦一直把左手抬在那兒，要怎樣才能把手放下──只要咳個夠──（莎莉笑），然後你把手放下了。（莎莉嘆一口氣、笑了）

克莉絲汀（以下稱克）：我能針對她厭倦把左手抬著問個問題嗎？我想，在催眠狀態中，不管是在什麼奇怪的姿勢，通常不會覺得厭倦。這是個誤解嗎？你的左手一直舉在那兒真的會累嗎？

還是你是清醒的，所以覺得坐成那個姿勢很怪異？

莎：嗯，我覺得，嗯……我覺得那是一種……或許……只是一個奇怪的感覺和繃緊的覺察，但是，嗯……我或許……我能坐在那兒更久一些。

克：你能嗎？

莎：我覺得我好像能。是啊……坐在那裡久一點……嗯。是有點奇怪，你知道的，我……


艾：她能夠坐在那兒久一點。

薩：是的，她能夠。你收回對莎莉的關注。莎莉有點矛盾，她既想要你的關注又想要坐到後面。你收回了關注，去處理羅莎，那時莎莉和她癱瘓的手還在那邊。她發展出症狀來讓手自由，所以她也可以發展出另一個傑出的方法來獲得到關注。

艾：她也證實了她是右撇子。

薩：我沒注意到，她是怎麼做的？

艾：左手自由了，她繼續把右手上舉來遮住嘴巴。

薩：嗯。

艾：她的左手一定自由了，因為她用右手做（遮住她的嘴巴）的動作更自然了。（艾瑞克森用手示範）

薩：雖然她的左手自由了，可以拿來遮住嘴巴。但當她真的是右撇子的時候，而且全部需要做的事就是去遮住她的嘴巴，無論如何她都會用右手的。

艾：這是對莎莉表現的細部分析。

薩：而且她知道。莎莉知道她正發展出症狀，但還不熟練。她意識

的察覺並不熟練。

艾：是的。

薩：然後下一件事情是發生在克莉絲汀問一個問題時，莎莉開始跟
　　克莉絲汀談她感覺到什麼，她們聊了起來。但你不讓這些進展
　　下去，你打斷莎莉對克莉絲汀的回答，並且讓注意力回到你身
　　上。


艾：（艾瑞克森打斷，跟羅莎說）你叫卡羅，是嗎？

羅：什麼？

艾：你叫卡羅。

羅：我的名字嗎，不對。

艾：那是什麼？

羅：你想知道我的名字嗎？（艾瑞克森點頭）羅莎。

艾：（疑惑地）羅莎？

羅：像玫瑰般。


薩：現在你關注在羅莎身上，不讓莎莉放棄藉由症狀來獲得關注。
　　你回到先前的方向，並繼續處理羅莎。

艾：我正在掌控情境。莎莉和克莉絲汀想要掌控。我這樣做，克莉
　　絲汀並不知道我已經在掌控了。


艾：對，現在我讓玫瑰表現出阻抗了。


薩：然後她靠近了。

艾：是的。

薩：她對你接下來會怎麼說感到興趣。

艾：「阻抗」對她而言有著不同的意義。

薩：在你談「阻抗」之前，她原本保持一個覺得舒服的姿勢。一個證據。

艾：好，現在玫瑰完美地表現了阻抗，但在表現出阻抗的同時也表現了默認，因為她的眼睛還是閉著的。你叫什麼名字？（對莎莉說）

莎：莎莉。

艾：莎莉，玫瑰表現阻抗但屈服了。（莎莉笑）莎莉在這兒藉咳嗽得到自由，同樣也表現了阻抗。

艾：她往前移。

薩：當你再說一次「阻抗」這個詞時。（這個引導重播了一次，當「阻抗」這個詞被說出來的時候，羅莎的確移動了。）

薩：當你說「阻抗」時，她往前移動並讓自己舒服。這真是太不可思議了！

艾：她有時間去消化這個字。

薩：對，去做這些完全是無意識的反應。她被制約了。你說「阻抗」，然後她移動，變得更加舒服。

艾：（向著羅莎）而你為莎莉做了榜樣，讓她的手得到自由。

羅：我閉上眼睛，因為我想在那個時刻閉著比較容易。此外你一直

要我閉上眼睛，所以我說好吧，我就閉上，然後你就會停止要我閉上眼睛。

薩：那時候你恭喜羅莎：「你為莎莉做了榜樣，讓她的手得到自由。」為什麼用恭喜羅莎來鋪路呢？

艾：無論如何，要盡可能給予信任。我對羅莎說「阻抗」時，莎莉利用了它，所以我恭喜羅莎和莎莉去分享這些。

薩：莎莉分享了。很好，這在她們之間建立了一個連結。

艾：嗯。但是你閉上眼，而莎莉跟隨你的阻抗表現，她用咳嗽間接表現（莎莉笑）。聰明的女孩。（莎莉咳，清喉嚨）（向著莎莉）現在你要怎麼讓你的腿自由？（莎莉笑）

莎：嗯，我就做些什麼。（艾瑞克森等著）好，看著。（莎莉在移動腿之前看看四周。艾瑞克森看著她的腿，等待著）

艾：這是一個有趣的情境，而不是幼稚的情境。

薩：是的，變成了遊戲。

艾：和我一起玩的遊戲。

薩：她跟你玩在一起了。

艾：是的，她正與我分享一件有趣的事情。我們一起分享著。

薩：然後呢？你在她的阻抗上放進一些正向的感受嗎？

艾：我把正向的感覺放在與我分享這件事上。

薩：是的，但在移動之前，她有一些負面的感覺，只是你不讓她對症狀有任何負面的感覺，反而恭喜她的聰明和智慧。現在你要

求她去移動她的腳。所以你在確認催眠狀態，確認你的控制，但像玩遊戲般的。

艾：我們都很享受。享受是對的。

薩：在做這些的時候，還有做其他的教導嗎？

艾：我正保持正向的治療關係。

艾：她做了什麼？她先運用視覺線索，尋找一個不同的地方好放下腳。

薩：移動她的腳之前她必須看。她想透過另一個感覺歷程。

艾：是的，她的感覺歷程。我的字眼是「視覺的」，她的行動也是「視覺的」。

薩：她在移動腳之前先看，所以你再一次指出解離。

艾：嗯。將解離保持在我的控制之下，在我們的控制下，並且在我們的合作下。協助她保持在我的控制之下。

艾：她運用另一個感官過程得到肌肉反應。（向著莎莉）
現在你要怎麼站起來？

莎：這個，我就是站起來。（她先往下看，笑，然後傾向前站了起來）

艾：通常需要這麼用力嗎？（莎莉咳，清喉嚨）

艾：她再次熟悉她的肌肉。

薩：是的，這是一個緩慢的過程。再一次地，她確認在催眠的狀態

中。下一件事你做的是回到糖果上。在之前的催眠狀態下，她還是小女孩時，你用催眠給了她一些糖果。這是建立治療關係和信任的象徵。

艾：你確定你吃了一些糖果嗎？

莎：剛剛？是……還是以前？

艾：以前。

莎：是啊。但我記得那是個暗示。

艾：（向前移動並更靠近莎莉）你想你現在非常清醒嗎？

薩：「你想你現在非常清醒嗎」這是下一個催眠的引導。你談論著糖果，使她再次熟悉先前的催眠狀態，設計了下一段的催眠。這是很好的，因為，她有一點懷疑。

莎：（笑）是呀。我想我現在很清醒。

艾：非常清醒。你是醒著嗎？

艾：她更靠近我了。

薩：然後莎莉更靠近你。之後她說「很清醒」，你質疑她、直接要她確定。「你醒了嗎」，她說「是」，你就說「你這麼確定」，她習慣性地回應你的懷疑，但你設計過了，所以她在一個正確的方向上質疑。

莎：是的，我是清醒的。

艾：你這麼確定？

莎：（笑）是啊。

艾：（慢慢地抬起她的右手。她的手緊握，他慢慢鬆開它，從手腕
　　處抬起她的左手）

莎：它看起來不像是我的。

艾：什麼？

莎：它不是屬於我的……當你這麼做時。（艾瑞克森抬起她的手
　　臂，讓它僵硬地懸空。莎莉笑）

艾：你比較不確定自己是不是清醒的了。


艾：「它看起來不是屬於我的」，我保持接觸，她有時間去思考
　　「它看起來不是屬於我的」，（艾瑞克森指著錄影帶播放機並
　　暗示薩德）這屬於你。

薩：我希望是的，但並非如此。

艾：看看發生什麼事了，一個相反的想法來了。

薩：是的，（笑）如果那屬於我又怎樣呢？

艾：你在接下來的時間要做些什麼？

薩：（笑）重複來回吧？我幫不上忙，但可以思考一下。好，首先
　　看你讓她去確認她是否清醒，你的聲音有點嚴屬，這讓她真的
　　去確認。然後你舉起她的手臂，如同你在指出第一個催眠時所
　　做的，然後說「你比較不確定自己是不是清醒的了」。習慣性
　　地，她已經接受這些模糊的陳述，所以當你說「比較不確定」
　　時，她必須同意她比較不確定關於清醒的狀態。

莎：（笑）是的，比較不確定了。我沒經驗到什麼，喔，重量是在我的右手臂，我的右手臂沒有感受到重量。

艾：經驗到無重量。（轉向克莉絲汀）這回答了你的問題，不是嗎？


艾：羅莎把左手舉到臉上。

薩：模仿。

艾：羅莎把手舉到她的臉上。

薩：羅莎在模仿莎莉？

艾：嗯，並且確定她可以把手放下。

薩：所以她在模仿，同時也是在阻抗。她想要有這些經驗，想要去探索並知道這些經驗像什麼，在無意識裡。

艾：但是，首先，她真的舉起手，而不去感覺正在舉起的感覺。她感覺到正在放下它。倒帶再看一遍。（錄影帶再播放一次）


艾：（向著莎莉）你能一直**保持在那個位置**嗎？還是它會被抬高到你的臉？（艾瑞克森做了個抬高左手的手勢）


薩：我想你在第一個子句的時候轉了個彎。「你能一直**保持在那個位置**嗎」你用左手模仿了這個動作，但我想是這個轉彎讓她有所反應。她有一個選擇，比起視覺取向，她更語言取向，所以對語調有所反應。

艾：這就是為什麼觀察個案需要一遍又一遍的原因了。

薩：繼續提醒我吧。

艾：因為你沒看出羅莎舉起右手是一個方式，放下又是另一個方
　　式。

莎：嗯，我或許能保持這樣。
艾：看著。我想它會抬高。
莎：嗯，不會。（莎莉搖頭表示不會）

薩：你暗示它會往上移。你再一次確認控制和指導。

艾：它會稍微地猛然一動就抬高了。（停頓）（莎莉茫然地向前
　　看，然後看著艾瑞克森。她搖頭表示不）
艾：或許你感受到晃動。它正在升高（莎莉看著她的手），看到那
　　晃動了嗎？

薩：現在是一個雙重目的的字，這個字「晃動」。你記得莎莉遲到
　　了，她說了很多次，表示很在意干擾到所有的人。然後在她能
　　看到人的視覺範圍之外，你說「晃動」，並看著這晃動。你造
　　成了雙重目的的關聯是為了稀釋感覺或是質疑她？
艾：我不是。

莎：當你這麼說時我感覺到了。
艾：嗯？
莎：當你提到晃動時我能感覺到。
艾：你沒有感覺到所有的晃動。

莎：嗯。（艾瑞克森藉著把她的手指放在手腕，慢慢地逐步壓下她的手、然後收回他的手）

艾：我將她的手推下，非常溫柔而持續地。

薩：是的，她阻抗著。

艾：我推下她的手，然後停止去推。她想維持著直立的姿勢，所以只有放下手配合我向下的動作。

薩：再一次強調了她是在你的控制之下，特別是在非語言的層次。

艾：你阻抗放下來，不是嗎？

薩：她阻抗著放低，同時也產生了另一種感覺「阻抗」。她阻抗讓手放低。

艾：但她正在維持和我的關係。

薩：如同你的定義，在你的定義之下。

莎：嗯。

艾：為什麼呢？

莎：我覺得保持那樣挺好的。（笑）

艾：（微笑）是很好……那個樣子。

薩：你結束了對她的催眠，還有第二次的催眠，然後你開始告訴她金鼓槌的故事。這故事的主題是你可以活在非常困苦的環境，並且成為贏家。你在今天一開始的時候，就讓莎莉處在這樣的

狀況，讓她經歷了相當不同的經歷，顯而易見地，讓她覺得很難受。然後你根據莎莉發生了什麼事，告訴她一件有著相同主題的小故事，這是一個正向的結束。換句話說，是用一個更有彈性、更開闊、也更有效的方法來生活在這世界上。好，但為什麼第二次催眠要讓莎莉的手晃動？

艾：在這裡，我有多重目的。我擁有一整個團體，我利用莎莉去闡明，當然我也可以用一個小故事來闡明，來符合莎莉個人的狀況也滿足這個團體。

薩：是的，你可以同時教導這個團體。你做得優雅極了。你描述一個原則並且用一個小故事來說明，同時，在房間內又示範了一次。但為什麼第二次的催眠要讓她的手晃動呢？

艾：告訴你一個故事。一位年輕男性想進入老男人們在英格蘭的俱樂部。他跟其中一位老紳士對話。年輕人問說：「你曾經爬過任何一座山嗎？」老先生說：「是的，一次。」他們轉到另一個話題，年輕人又問說：「你曾經出國旅行嗎？」老先生說：「是的，一次。」然後老先生的兒子進入房間，老先生介紹兒子給年輕人認識：「這位是我的兒子。」年輕人問說：「這是你唯一的兒子？」

我不想讓它變成這段時間唯一的一件事。因為這樣就結束了。當你有第二次的催眠時，就可以有第三次，第四次，第五次，可以將這樣的想法「從現在開始，我可以在催眠狀態十年」延續下去。

薩：直到未來。沒錯。

我還有另一個事情想問你，關於澄清：你處理莎莉的同時，也

精確而完美地處理羅莎，沒有遺漏任何發生的事。你為她們做了許多也都很完美，然後你說了一些你的事和還有你教導的小故事，人們通常無法好好了解，就像歐·亨利（O. Henry）短篇故事一樣，所有的細節要到結局的時候才變得明朗。但他們在決定性的處置之前，並不了解所有的細節，而你也不強調你的小故事。如果他們要接受，就接受。如果他們不要接受，就不能接受。

艾：人是懶惰的。如果我一開始就教得很詳細，會讓他們覺得很厭煩。現在，多少人看到這次的教學分析，了解到他們過去忽略了多少。他們覺得自己看見了每一件事。

我知道 R 醫師一個月之後回來時帶了一份副本。我在某頁，就說第八頁吧，詮釋了一個特定的字，然後在第十六頁詮釋了另一個字，那是第八頁那個字的延伸，他說：「你在編造嗎？」我說：「不，我們往回去看舊的手稿吧！」我用這樣細微的方式告訴他這個字的特別詮釋，這樣在第八頁以後，才能主要的詮釋。

大約兩個月以後，他帶來原稿，讓我再次詮釋。他有一個祕密手稿，用來比對我第一次的詮釋。他發現我兩次都給他相同的詮釋。現在 R 醫師已經被訓練好了詳細地探究病歷，但他不知道我比他更能注意到細節。

人們總是有許多假設。第一次 R 醫師與他太太來看我，太太穿著涼鞋穿襪子。他介紹我給她認識，我送她走出房間後問他：「你們結婚多久了？」他說：「十五年。」我說：「你來我這兒學習觀察嗎？」「是的。」我說：「你已經結婚十五年

了，那你太太的趾頭有蹼嗎？」他說：「沒有。」我說：「她有，現在我叫她回來，你先不要看她的腳，我問她同樣的問題。」當她回來時，我問她同樣的問題。她說：「沒有。」我說：「你確定嗎？」她說：「是的。」我說：「你的丈夫也如此確定。現在讓我們來看看。」她兩隻腳的第二趾和第三趾都有蹼。人們總是有許多假設。

薩：忽略一些明顯的事。（下一次，艾瑞克森告訴一些其他指導薩德的小故事，這些小故事必須加強視覺的知覺，並且相信一個人的無意識）

# 催眠引導

傑弗瑞・薩德
蔡東杰／翻譯

## 介紹

　　開始催眠引導（hypnotic induction）有點像培養感情。想要引發出一種情緒狀態，例如愛情，我們不能只說「進入深深的戀愛」。相同地，我們不會只是命令一個被動的病人「進入深深的恍惚中」而引發催眠。

　　注意前面句子中的一個關鍵詞引發（elicit）。催眠是引發出來的，不是引導出來的（雖然本文的標題是「引導」〔induction〕）。恩尼斯特・羅西（Ernest Rossi, 1976）在他和米爾頓・艾瑞克森共同著作的許多書中，包括《催眠的實際狀態》（*Hypnotic Realities*）一書；中肯地說明引發模式。「引導」一詞讓人在腦海中出現的畫面是對一個被動的病人植入一個暗示。引發則說出催眠的精髓。催眠治療師建立了讓病人可以將過去蟄伏的恍惚（trance）要素萌芽的條件。

# 傳統催眠

在描述艾瑞克森學派催眠治療模式的優點之前，我將先探討傳統催眠模式。傳統催眠模式是由五個階段呈直線排列的方式完成：**前引導期**（pre-induction）、**引導期**（induction）、**深度期**（deepening）、**治療期**（therapy）和**結束期**（termination）。直接暗示是常用的技巧。以下是關於傳統催眠模式簡單的描述：

**前引導期**，治療者建立關係，對問題做診斷，解釋說明什麼是催眠，使用傳統的受暗示性測試來確定病人被催眠的能力。

**引導期**，治療者通常使用個人喜歡的催眠腳本，大多是根據放鬆和迷惑的暗示。

**深度期**，催眠師會使用一些技巧加強這樣的經驗，例如直接暗示（「進入更深更深」）；數數字（「當我從一數到十，你將會隨著我每數一個數字進入更深的催眠狀態」）；以及想像（例如：「海灘的景色」或是「走樓梯的方法」）。有時候也會使用挑戰性的暗示，例如：「你閉上眼睛被黏住了，試著打開你的眼睛；你將會發現你辦不到」。

**治療期**，催眠師提供直接暗示，通常是正向的（「你在飛機上將會覺得放鬆」）或是負向的（「香菸的味道將會變得很難聞」）。

**結束期**，催眠師讓病人重新獲得定向感，提供自我價值的暗示（「你是一個很好的人，有能力可以自己完成許多的事情」），以及重新建立關係。在引導期、深度期以及治療期，關係的建立是在潛意識的層次。

傳統的催眠引導模式是直線排列的。那是建立恍惚狀態的一種方法。

艾瑞克森學派模式是以病人為基礎而且很有彈性的。相對於傳統的直線排列方式，艾瑞克森學派模式是比較複合式而且是多層次。要了解艾瑞克森學派的優點，我們應該先了解恍惚的現象。

## ▌恍惚的特質

延續前面的類比，當一個愛人希望和一個夥伴引發出愛的感覺時，他和她也會擺設一個舞臺，而且用許多的「道具」來裝飾這個舞臺。例如，一個男人可能會送她的愛人鮮花、詩或是其他的一些浪漫的表示。相對的，他的對象可能會從他的身上得到一些溫柔的感覺。

還可以被視為一些特殊現象的集合體，包括尊重、讚美、渴望、光明以及依附等配方。為了引發出愛的現象，愛人雙方建立特殊的環境，做一些特殊的事情，讓彼此都能經驗到愛的現象。

相似的，我們可以想像催眠師的工作就像是一個「舞臺導演」，在病人的心理社會劇場中擺設出許多道具，希望能引發出特定的現象。

# 催眠的現象

什麼是催眠現象的特質呢？將病人催眠後，詢問並分析他們的經驗，他們會報告出一些現象的成分，包括：

- 注意力改變（alterations in attention）
- 強度調整（modifications in intensity）
- 解離的感覺（sensations of dissociation）
- 反應性改變（changes in responsiveness）（摘自 Zeig,1988）

　　這四個種類並不能包括所有的催眠現象。被催眠的病人常會報告其他的經驗，例如：輕微地感覺到迷惑和不真實感。恍惚的另外一種特質是，催眠被社會所禁止的，這種被社會所禁止的特質，包括將這一個特殊的狀況定義為「催眠的（hypnotic）」(Barber, 1969)。用這種方法定義這種狀態，會將被催眠者經驗催眠的方式改變。

　　前面提到最常出現的四種催眠現象，可以被認為是催眠特質的主要現象，其他因素則可被認為是次要的現象因素。而經驗上哪些現象是構成催眠經驗的主要和次要特質，則決定於病人和治療師態度之間的互動。

　　了解病人的催眠現象來架構最有效的催眠引導是治療師的責任。因此這四個主要特質將會做詳細的描述。

## ▎注意力改變

　　注意力通常在兩個方面有改變：它被引導到內心深處，而且聚焦。有一些臨床狀況，將注意力擴散和向外，催眠會得到最好的效果，但他們並不在本章的討論範圍。雖然改變注意力的講法是比較準確的，因此注意力擴散和向外是可能的，然而大多數的病人，是在被要求描述他們在睡眠時注意力的過程，他們會特別提到他們的

注意力向內，而且他們的注意力是集中而不是渙散的。

## 強度調整

強度的調整可以有兩個方向：可以是增加或是減少的。被催眠的病人通常都會報告生動鮮明的感覺增加，例如：鮮明地放鬆了。他們也可能報告其他生動鮮明的感覺經驗，包括觸覺、視覺、聽覺、本體感覺，以及化學感覺（味覺和嗅覺）的改變。身體感覺可能變得更是鮮明，聲音可能變得更鮮明，時間流逝的經驗可能變得更鮮明等等。

被催眠的病人也可能報告任何一種感覺確實消失了。病人可能描述無法知覺到畫面、聲音、氣味、味道、觸摸或是四肢的位置。此外，也可能會出現感覺扭曲。四肢可能感覺變大或變小了，聲音可能變近或變遠了。

## 解離

解離有兩種狀況：對一個經驗感覺到「變成一部分或分開了」，還有感覺到自動現象，因此經驗到「就這樣發生了」。被催眠的病人常常報告：「我在治療室這裡，但是我卻被自己的幻想吸引到那裡。」被催眠的病人也可能經驗到精神上或身體上的自動現象。例如：影像和記憶可能「就這樣發生了」，也可能是身體的移動，例如手臂會抬起來。

## 反應改變

被催眠的病人常會對一些比較細微的暗示有反應，也就是說，

他們對諷刺和弦外之音有反應。這一類的行為被描述為對微小提示的反應。例如，如果催眠治療師說：「你可以進一步地進入恍惚狀態。」被催眠的人可能會將他們的腳向前移動，來對這個暗示做反應。

同時，被催眠的病人通常會投入對意義的仔細搜尋，對催眠師所說的話發動一種內在搜尋，以尋找個人和經驗上的意義。例如，催眠師說了一個含混的故事，被催眠的病人相較於清醒的狀態，傾向於將這個故事做個人化的解釋。

對任何一個特別的病人，很難去了解那一個特別的現象，會讓那個病人報告說：「我被催眠了。」我們通常會假設在一個催眠的狀態，如果病人報告了所有的四種主要催眠現象，那個病人會同意他被催眠了。然而，有一些病人可能只達成催眠現象中的一種，就報告他已經被催眠了。他們可能僅僅將注意力聚焦在內心，然後說他們進入一種催眠的恍惚狀態。催眠師的藝術之一，是決定那一個催眠現象，對一個特別的病人足以顯示恍惚狀態的存在。

就如前面已經指出的，催眠治療師的工作是在一個病人的心理社會舞臺上擺放道具，如此病人可以藉由「表演」那些「道具」，而能引發他獨特的催眠現象。引導一個新的病人進入恍惚狀態，治療師可以藉由涵蓋四種領域的暗示，將四種催眠道具都擺放在病人的舞臺上，同時觀察病人對哪一個玩具特別有反應。間接的方法可以用來提供催眠現象，因為這些方法對於觸發某些現象的經驗是最好用的。

# 間接方法

我們可以注意到間接方法對催眠的重要性，特別是他們對目標現象的關係。前兩個現象，注意力改變和強度調整，可以經由直接暗示誘發出來。然而，解離和細微提示的反應性，則以間接暗示是最有效。我們不能告訴一個病人：「抬起你的手。」而且這個動作是不自主的。最好是使用某種程度的間接方法，來促發自動性。

在建立反應性時，治療師可以使用直接暗示「閉上你的眼睛。」但是，因為催眠師在引發的過程中，培養對細微提示的反應性，間接暗示的使用逐漸增加。間接暗示的方法可能是嵌入命令，例如：「你可以……抬起你的手」說一系列意涵抬手的軼事，例如，描述在教室裡一個學生想要問問題，或是一個小孩想要架子上的餅乾。直到抬手的反應出現為止。

間接暗示藉由培養目標現象來加強恍惚狀態。艾瑞克森主張間接暗示，還有他的同伴如羅西，將艾瑞克森使用的間接暗示加以分類。下面是四種間接暗示的例子，每一個可以用來引發一個特別的現象反應。

## ▎間接暗示的例子

- 「是的套組」（the "yes set"）
- 嵌入命令（embedded commands）
- 解離陳述（dissociation statements）
- 隱含原因（The implied causative）

思考一下每一個是如何架構的，還有為什麼在引導催眠現象時是有價值的。

## 是的套組

「是的套組」是經由安排一系列明白可見的事物而形成的，例如：

「你可以聽到外面的聲音。」

「你可以聽到我說話的聲音。」

「你可以聽到你自己的呼吸。」

「同時，你會發現當你注意到你的內心，聲音已經發生了改變。」

「是的套組」在引導注意力的現象反應時特別有用。

在上述的例子中，「是的套組」將注意力導向聽覺領域，漸進地，由外在到內在的世界。

## 嵌入命令

在一個助動詞後面停頓（還有語調變化），可以形成嵌入命令，因為在英文裡面，接下來的動詞是一種命令的形式。下面的句子「你可以進入恍惚狀態，」可以被改變成嵌入命令：「你可以……進入恍惚狀態。」進入這個動詞可以被不強調或是過度強調以加強這個命令。

嵌入命令會造成輕微的困惑，因為他們同時注意到兩個層面：治療師究竟是要提供訊息或是命令病人做一個反應，並不是馬上就可以很清楚的。

嵌入命令可以用來達成其他的目的：達成增加強度的現象，例如：「你可以⋯⋯真正的經驗，舒服的鮮明感覺。」

## 解離陳述

解離陳述有許多形式，例如：「你心理的意識可以聽著我的聲音，而你的潛意識心靈可以飄浮，因為它對於了解不同的經驗是如此的有興趣。」

解離陳述可以被用來達成解離的現象，用這方法一些事情「就這麼發生了」，和（或）這個人覺得「成為這個經驗的一部分，並且和這個經驗分開了」。

## 隱含原因

隱含原因的形式是這樣的：「當 X，然後 Y。」在這裡 X 可以是一個行為，而 Y 可以是使用的狀態，或者是反過來也可以；例如「當你做一個深呼吸，然後你可以進入恍惚狀態」，或是「當你進入恍惚狀態，你可以做一個深呼吸」。隱含原因被用來**促進反應性**，這是四種主要現象之一。

這四種間接暗示的例子代表某些催眠語言。他們常被用在「引導」結構中，當作是刺激引發目標現象的道具。間接暗示也會造成多層次的引導，促進病人的活化，讓病人必須去尋找他的個人意義。

所以我們可能最好要了解如何使用催眠語言，讓我們檢討艾瑞克森基金會所使用的催眠結構吧。

## ARE 模式

在艾瑞克森基金會舉辦的密集訓練計畫，布蘭特・季利（Brent Geary）和我發展成一套受到艾瑞克森影響的通用模式。我們教導一種三階段的步驟，將催眠道具放置在病人的舞臺上。「引導」步驟被稱為 ARE 模式：A 代表吸引（absorb），R 代表確認（ratify），E 代表引發（elicit）。

治療師可以用連續的方式來使用 ARE 模式。吸引可以藉由使用一些特別的技巧而引發出來，這些技巧有許多都是間接的。確認則是用一種比較直接的方式達成。引發則又是間接的。

## 吸引（absorption）

吸引同時有吸引設計和吸引技巧。吸引設計可能牽涉到讓病人專注於一個感覺、知覺、催眠現象、幻想或是記憶。有經驗的治療師不會隨意地使用吸引設計：相反的，設計的選擇會依據病人的特質，和想要達成的引導和治療目標而定。引導設計的選擇，並不在本章討論的範圍之內。

有許多初級和次級技巧，可以用來達成吸引。初級技巧包括由現在式說話，使用可能性的字句，提供鉅細靡遺的細節。而次級技巧則是改變聲音的語調、停頓，和聲音位置的改變。初級和次級性技巧的分類是人為的，而且和使用的頻率有關。

讓我們以這個例子來思考：催眠是選擇了一個感覺當作吸引設計，例如說是溫暖。接著，催眠治療師可以描述溫暖，以現在式的方式說出所有的細節和可能性。

當你閉上眼睛，進入你的內心深處，你也許可以注意到溫暖。而我不知道你將會注意到溫暖會出現在你身體的前面或後面。或許，溫暖的感覺似乎是大的或是小的……或許，當你了解到那些溫暖的感覺，它對你似乎就好像有一個溫暖的坐墊，感覺就好像你可以開始在那個非常愉快的溫暖坐墊裡輕鬆地休息。你可以注意到溫暖雙腳的感覺；你可以注意到雙腿溫暖的感覺；你可以注意到身體溫暖的感覺；你可以注意到溫暖的感覺正在發展。而且那些溫暖的感覺，可以是如此地有趣。而且你可能注意到溫暖的感覺可能如何開始改變。它們可能開始移動。它們可能開始在裡面發展。而且你的意識可以注意到溫暖的感覺，當你的潛意識專注在那些發展。它們可能開始改變形狀……而你不需要去注意所有的感覺……

在吸引的階段，當以現在式描述細節和可能性，催眠治療師強調現象的經驗。再次地，這就好像催眠治療師把道具放置在病人的心理社會舞臺上。藉由吸引暗語，病人被鼓勵集中注意力，將注意力導向內心深處，以及經驗到感覺更加鮮明和更不鮮明。可以看到的是，也可以插入一些解離的暗示。要注意的是並不是催眠治療師的命令會發揮作用，而是催眠治療師暗示一些可能性，病人可以從中做一些選擇。當病人活化了，可以經驗到暗示的現象，催眠就完成了。

## ▍進一步的吸引策略

吸引階段提供完成進一步治療的機會。例如，治療師可以在吸引階段藉由對即將採取的介入方式做間接暗示，來為想要達成的治

療做播種的工作。如此的暗示可以增加對想要達成的治療目標的反應。

在吸引階段，治療師可以依據病人的特殊形態，為病人量身訂做吸引的技巧和設計，藉此增加治療關係。同時，催眠治療師可以使用連結的技巧，使用連接詞如：「和」或是「或」來連接詞句，創造一種思想的交織流通，可以反映真實的內在經驗。

此外，吸引讓治療師有機會在不預期的狀況下，提供治療指令。吸引階段不僅僅是建立恍惚狀態的方法，同時也可以當作一種治療的方法。藉由技巧上的「加倍」以及使用「濃縮的溝通」，治療師提供了豐富的多層次架構，可以同時完成引導和治療的目標。這有別於傳統引導方式，傳統領導方式是直線式的方法來達成恍惚狀態。

## ▌催眠的語言

間接技巧組成的催眠語言可以被插入引導中，進一步完成想要達到的現象目標。例如，「溫暖引導」可以被修飾如下：

當你閉上眼睛，進入你的內心深處，你也許可以注意到溫暖的感覺。而我不知道你將會注意到溫暖的感覺出現在你身體的前面或後面。或許，溫暖的感覺似乎是大的或是小的……或許，當你了解到那些溫暖的感覺，它對你似乎就好像有一個溫暖的坐墊。而且它感覺就好像你可以開始在那個非常愉快的溫暖坐墊裡輕鬆地休息。**你可以注意到溫暖雙腳的感覺，你可以注意到雙腿溫暖的感覺，你可以注意到身體溫暖的感覺，你可以……注意到溫暖的感覺正在發**

展。（**是的套組和嵌入命令**）而且那些溫暖的感覺可以是如此地有趣。而且你可能注意到溫暖的感覺可能如何開始改變。它們可能開始移動。它們可能開始在裡面發展。**而且你的意識可以注意到溫暖的感覺，當你的潛意識專注在那些發展。**（**解離陳述**）它們可能開始改變形狀……而你不需要去注意所有的感覺。但是當你開始了解到這溫暖的感覺，**你可以做一個深呼吸，然後真正感受正在發展中舒服的感覺。**（**隱含原因**）

請注意到催眠語言，如何使得「引導」變成多層次，以及如何增加達成目標現象的可能性。點綴地使用催眠語言，可以在病人的舞臺上置放新的現象道具。治療性的指導語，也可以使用直接或間接語言形式，點綴在引導中。

## ▌ 確認（ratification）

在確認階段，催眠治療師使用一系列簡單的陳述句來確認恍惚狀態，而這些陳述句，可以反映出病人在引發過程開始時候所出現的變化。請注意到在確認時，催眠治療師在描述各種可能性，反而是描述事實。例如，在確認階段，治療師可能會說：

當我跟你談了一段時間之後，一些變化已經發生：你呼吸的速度改變了；你脈搏的次數改變了；你吞嚥的反射動作改變；你身體的感覺可能變得不一樣了。

確認陳述的意含是病人正在反應，而這些反應是「催眠的」改變，而這些改變表示病人正在正確地經歷催眠的改變。

## 引發（elicitation）

引發包含三個方面：

- 引發解離
- 引發反應性
- 引發資源

## 解離（dissociation）

解離可以藉由暗示的技巧引發出來，例如解離陳述。它也可以藉由催眠現象引發出來，例如抬起手臂，僵直，和正性和負性幻覺，這些現象都或多或少有一些主觀的解離成分。例如，催眠治療師可能會暗示「它對你而言可能好像你是一個沒有軀體的靈魂，飄浮在空間中，飄浮在時間中」。引發的催眠現象促進解離的經驗，因為解離是每一個催眠現象完整的一部分。

解離指示的加入，可以經由某種事情「就這樣發生了」，和（或）讓病人同時成為某個經驗的「一部分或是分開了」，而讓病人進一步的經驗解離狀態。

## 反應性（responsiveness）

在引發解離之後，催眠師進一步發展反應性。例如：以艾瑞克森的風格而言，治療師可能會暗示「當下一次我說到『現在』，你可以深呼吸。現在。」。為了引發病人對不預期暗示的反應，治療師或許可以用一種逐步的方式，建立病人對治療師明確和隱含式指導語的反應。催眠的主要目的之一，是建立一個純淨的合作氣氛。

## 資源（resources）

　　一旦治療師引發的反應，特別是對細微提示的反應，「引導」的過程就已經結束。引發資源是催眠治療的範圍。因為本章集中在討論「引導」，對於引發資源的討論，並不在本章的範圍之內。一般而言，治療師可以使用間接暗示，例如軼事和隱喻，來刺激病人過去隱藏的資源。例如，有特別恐懼症的病人，例如害怕飛行，有許多資源可以讓他們在其他能感覺到有困難的場合下覺得舒服。例如，他們可能是很優秀的大眾演說家。那些飲食過量的人可能有許多資源，可以控制他們雙手的動作。一般而言，治療師的工作，是幫助病人經驗性地找到隱藏的資源，如此病人可以利用這些資源，來解決和應對那些讓他們需要尋求治療的問題。

　　引導的主要目的是建立接下來治療的舞臺。如果治療是傾向於使用間接技巧，例如隱喻、軼事或是象徵，來幫助病人引發改變的現象，那麼引導就可以經由間接方式，引發催眠現象來為治療鋪路。

　　有三種現象牽涉在催眠治療中：問題現象、催眠的現象和解決的現象。在治療的評估階段，治療師決定病人特殊的症狀現象成分。在考慮到一個憂鬱的病人時，憂鬱的現象經驗可以有以下的組成：注意力的內在聚焦、消極、趨向過去、缺乏生氣、絕望以及缺乏目標。

　　治療師建立一個新的現象——催眠的現象，包括了前面提到的主要和次要的特質。我們可以了解的是，如果病人可以改變現象一

次，他可以再改變一次，朝著更積極正面的方向。

在催眠的治療（引發資源）階段，治療師努力幫助病人建立解決的現象。例如：快樂的現象，和「憂鬱」相反的現象，包含了較為外在聚焦、積極正面、有活力、有希望、有建設性，以及未來導向的目標。依據這樣的概念，催眠引導是問題和解決之間的橋梁。病人在治療剛開始的時候處於「倒檔」的狀態，經驗到問題的現象。接著，催眠治療師在病人的舞臺上擺設道具，讓病人經驗性地移動到「空檔」的狀態，即催眠的狀態。最後治療師幫助病人經驗性地引發「一檔」，也就是改變或是正確地應對的現象。而剩下的那些「檔」加速病人對生活更加的滿意，同時加強他們運用過去隱藏的資源來過生活的能力。

# 延伸閱讀

## 中文著作

- 《艾瑞克森：天生的催眠大師》（2023），傑弗瑞‧薩德（Jeffrey K. Zeig），心靈工坊

- 《催眠引導：讓改變自然發生的心理治療藝術》（2022），傑弗瑞‧薩德（Jeffrey K. Zeig），心靈工坊

- 《存在催眠治療》（2022），李維倫，心靈工坊

- 《催眠治療實務手冊》（2022），蔡東杰，心靈工坊

- 《聽懂未被訴說的故事：催眠，喚醒內在療癒者》（2022），凌坤楨，張老師文化

- 《喚醒式治療：催眠‧隱喻‧順勢而為》（2020），傑弗瑞‧薩德（Jeffrey K. Zeig），心靈工坊

- 《催眠之聲伴隨你》（2020），米爾頓‧艾瑞克森（Milton H. Erickson）、史德奈‧羅森（Sidney Rosen），生命潛能

- 《催眠和你想的不一樣》（2020），唐道德，商周

- 《經驗式治療藝術：從艾瑞克森催眠療法談起》（2019），傑弗瑞‧薩德（Jeffrey K. Zeig），心靈工坊

- 《生生不息催眠聖經：創造性流動的體驗之旅》（2015），史蒂芬‧紀立根（Stephen Gilligan），世茂

- 《讓潛意識說話：催眠治療入門》（2014），趙家琛、張忠勛，心靈工坊

## 英文著作

- *The Letters of Milton H. Erickson*, by Milton H. Erickson, Jeffrey K.Zeig,Brent B.Geary.Zeig Tucker & Co Inc.,2000
- *The Handbook of Ericksonian Psychotherapy*, by Brent B. Geary,Ph. D.Milton H Erickson Foundation Press, 2002
- *The Legacy of Milton H. Erickson: Selected Papers of Stephen Gilligan*,by Stephen G. Gilligan.Zeig,Tucker & Theisen, Inc.,2002
- *Assembling Ericksonian Therapy*,by Zeigtucker & Theisen. Zeig Tucker & Co Inc., 2003

PsychoTherapy 068

# 跟大師學催眠：米爾頓・艾瑞克森治療實錄
## A Teaching Seminar with Milton H. Erickson
傑弗瑞・薩德（Jeffrey K. Zeig）——著
王浩威——審閱　朱春林、朱恩伶、陳建銘、秘魯等——譯

出版者—心靈工坊文化事業股份有限公司
發行人—王浩威　總編輯—徐嘉俊
特約編輯—林韻華　封面設計—羅文岑
內頁排版—龍虎電腦排版股份有限公司
通訊地址—10684台北市大安區信義路四段53巷8號2樓
郵政劃撥—19546215　戶名—心靈工坊文化事業股份有限公司
電話—02）2702-9186　傳真—02）2702-9286
Email—service@psygarden.com.tw　網址—www.psygarden.com.tw

製版・印刷—彩峰造藝印像股份有限公司
總經銷—大和書報圖書股份有限公司
電話—02）8990-2588　傳真—02）2290-1658
通訊地址—248新北市新莊區五工五路二號
二版一刷—2023年8月　ISBN—978-986-357-305-0　定價—650元

國家圖書館出版品預行編目(CIP)資料

跟大師學催眠 : 米爾頓.艾瑞克森治療實錄/傑弗瑞.薩德(Jeffrey K. Zeig)著 ;
朱春林, 朱恩伶, 陳建銘, 秘魯等譯. -- 二版. -- 臺北市 : 心靈工坊文化事業股份有限
公司, 2023.08
　面 ;　公分
譯自 : A teaching Seminar with Milton H. Erickson.
ISBN 978-986-357-305-0(平裝)

1.CST: 催眠療法

419.952                                                                112010842